【基金项目】

厦门大学双一流建设项目“中国历史上的社会经济发展模式”

中国历史研究院重大课题“中国历代国家治理经验研究”

中国社会经济史新探索丛书

听涛斋自选集

傅宗文◎ 著

厦门大学出版社
XIAMEN UNIVERSITY PRESS
国家一级出版社
全国百佳图书出版单位

图书在版编目（CIP）数据

听涛斋自选集 / 傅宗文著. -- 厦门 ：厦门大学出版社，2021.10（2024.3 重印）
（中国社会经济史新探索丛书）
ISBN 978-7-5615-8394-4

Ⅰ. ①听… Ⅱ. ①傅… Ⅲ. ①中国经济史-文集 Ⅳ. ①F129-53

中国版本图书馆CIP数据核字(2021)第202621号

责任编辑 林 灿 薛鹏志
美术编辑 蒋卓群
技术编辑 朱 楷

出版发行 厦门大学出版社
社 址 厦门市软件园二期望海路 39 号
邮政编码 361008
总 机 0592-2181111 0592-2181406(传真)
营销中心 0592-2184458 0592-2181365
网 址 http://www.xmupress.com
邮 箱 xmup@xmupress.com
印 刷 厦门集大印刷有限公司

开本 720 mm×1 000 mm 1/16
印张 15.75
字数 250 千字
版次 2021 年 10 月第 1 版
印次 2024 年 3 月第 2 次印刷
定价 64.00 元

本书如有印装质量问题请直接寄承印厂调换

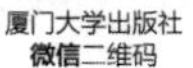
厦门大学出版社
微信二维码

厦门大学出版社
微博二维码

自　序

狮山坡头，鹭海岸边，我曾经在那儿住过颇长时间。碧波万顷的港湾上，鸥影横斜，波光潋滟，无时无刻不令人心旷神怡。然而夕阳归去，夜幕遮掩之后，那一串串明珠似的远近灯光除外，就什么也看不见了。这时，海涛，只有海涛，还像白昼那样，哗哗隆隆，响彻夜空，乐而不疲。聆听阵阵涛声，声声入耳，似古时沙场，战鼓轰鸣，催促战士向前。如今，我易地居止，搬来五老峰下。推窗启扉，满眼是层层耸翠的松柏、相思树林，悦目赏心。岛居多风，岩壑共鸣，林歌树吟，与古刹钟鼓汇为山居交响曲，别有一番韵味在心头。

感谢大自然的慷慨赐予，我获致自由自在地享受：观沧海，揽莽苍，碧波澄心，翠樾滤怀，读书挥毫，写下一批长短文章。它们无疑是一个中国古代史探索者留下的斑斑屐痕，是海涛林涛催生下心血的结晶。所以书斋既以听涛为标榜，移作书名也便颇为妥帖。

本书所收篇什，偏重中国古代经济史方面的文章，就中尤以福建地方史的文章为多。这不仅由于福建是我的乡园所在，而且还在于我长期一直以为：乡园的一草一木为我所挚爱，为我所眷恋，所以研究的劲头较足，也能在历史文献的掌握之外，有更深切的了解，有更熟练的运用。熟能生巧，或许比人地生疏地方的研究，有更可靠的成分，更少一些隔靴搔痒的弊病。此外，我对福建地方史还有一个情有独钟的秘密：这个直至秦汉历史时期仍是百越人口为主的地方，自中原汉族移民入境开发并与百越族融合发展之后，筚路蓝缕，冉冉崛起，“三山六海一（分）田”（明代谣谚）、

“瘴烟为屋海为家”(元人诗)。在这方贫瘠的大地上,一个世界最大的贸易港从这里铸就,一支最大的举子、进士群体从这里涌出,一大批华侨也从这里向五洲四海奔迸。奇迹连连,奥秘深深。挖掘并解读福建的历史之谜,必将为古代中国东南海岸带的研究提供钥匙。当然,要做到这一层不容易,我的耕耘也始告破土。此外,集内也辑入若干战例论析之类的文章。丛杂兼容,无非呕心沥血,舐犊情深,一得之见,贻笑大方。

以历史眼光编选史学文章,故尽量保持原貌,编旧如旧,仅改正个别词句及错别字。其中一二篇文章注释,原发表刊物的编者大约为省篇幅,删繁就简,书名卷帙以后文字概加删削,或作者与其诗文名称前的文字全部删削,难以检索,殊深为憾。一时未能完全补正,尚希读者鉴谅。

2003 年冬月

目　录

中国古代海关探源

中国历史悠久，海关源远流长。有人根据今本《周礼》，主张海关萌芽于西周，但更多的研究者则主张始于唐代的市舶司。笔者不揣谫陋，试立新说，兼就海关萌芽形成期间多源头、多模式特点略作探索。

一

地球上某一地域一旦出现国家，其周边也就或早或迟地要出现保卫境土主权的边关。中国夏代有无边关，缺乏记载，尚不清楚。商代甲骨文，虽无酷肖后代關字的字，但有閂字①，门加键，会意于闩门，当即关字。周代金文，有閂、閅、閅、闗②诸關字造型。许慎《说文解字》门部："關：以木横持门户也。"注引《周礼》"界上之门"，捍卫边界的意思十分明显。由于当时是广泛实行宗法制的封邦建国，诸侯政权林立，边关数量庞大。《礼记·王制》所谓"关执禁以讥，禁异服，察异言"，显然是治安机构。诸侯政权有互相冲突、争霸、战争的一面，也有互相勾结、妥协、聘问的一面。所以关又被历史赋予礼宾的职能。周定王（前606—前586年在位）时单襄公聘宋，回来复命时，说："《周（礼）》之《秩官》有之曰：'敌国宾至，关尹

① 李孝定《甲骨文字集释》卷十二，顾炎武《日知录》卷三十二《关》引字例甚多，以证拒门之木为关，故门字可确认为关字初文。

② 容庚：《金文编》，第770页。

以告。”韦昭注曰：“敌国，位敌也。关尹、司关，掌四方之宾客，叩关则为之告。《聘礼》曰：及境谒关人，关人问从者几人，遂以入境告之。”[①]进而征收关税则较后，因此《王制》又说：“市廛而不税，关讥而不征。”

关隘实施征税的始年，我们不得而知。公元前666年，齐“桓公践位十九年，驰关市之征，五十而取一”[②]。已经到了春秋中期，五十取一是减轻了税率，实际的征敛当然比这要高。所以稍后，晏子于公元前523年对齐景公说：“县鄙之人，入从其政。逼介之关，暴征其私。”[③]苛税关市已成为诸侯政权继续其存在不可缺少的条件之一。战国时期，愈演愈烈，“古之为关也，将以御暴。今人为关焉，将以为暴”。[④] 孟子将关隘的暴征，作为实行仁政的对立面的严重问题加以批评。正因关税有利可图，转而在诸侯政权间发挥其外交手段的作用。魏安釐王十二年（前265年），魏无忌谏魏王联秦攻韩，力主救韩，“通韩之上党于共、莫，使道已通，因而关之，出入者赋之，是魏重质韩以其上党也。共有其赋，足以富国，韩必德魏”。[⑤] 因而结成韩魏联盟以抗秦，最终达成“存韩安魏”的政治目的。魏无忌这一利用关税以收合纵效益的战略构想，并非无源之水。在这以前，齐桓公也曾经使用过。齐桓公为争取盟友，曾经采取正相反措施，输送齐国的鱼盐于他国，“使关市几（讥）而不正（征），壥而不税，以为诸侯之利，诸侯称宽焉”。[⑥] 蠲除关市税，减少齐国的财政收入，用以减轻输入国的负担，争取人心，笼络感情。前后做法的核心关键只有一个，即关市税收在政治实践中具有相当重要的作用。政治家常能因地制宜，因时而异，以收战略运用之妙。

显然可见，从春秋到战国，关隘从“讥而不征”发展为“暴征”，关税也日益在政治生活中发挥其应有作用。然而尽管如此，这种古代税关，仍然并不具有管理进出口贸易的职能。先秦各个诸侯政权，无非是周王朝版

---

① 《国语》卷二，《周语》中。单襄公所引《周礼》，早已散佚，现存《周礼》，学术界大多认定系汉儒臆测之作，据以论述海关始于西周，未必妥当。

② 《管子》卷七，《大匡》。

③ 《左传》昭公二十年。

④ 《孟子》卷十四，《尽心》下。

⑤ 《战国策》卷二十四，《魏将与秦攻韩》。

⑥ 《管子》卷八，《小匡》。

图以内的地方政权，“普天之下，莫非王土；率土之滨，莫非王臣”。诸侯国边关，无非此疆彼界。稀疏的、偶发的、非常微弱（或根本不存在）的商品交换，还不曾使设立古代海关必要性、可能性的曙光跃出地平线。松松垮垮的周王朝的政治联盟体制，也不具备创设能够驾驭各诸侯税关的中央职官机构的条件，各自为政是当时唯一的可能形态。当时真正与周王朝取敌国关系的是北有猃狁、西有西戎、南有百越、东有东夷等远较“中国”为落后的国家或部落，偶尔有经济交往，也不外是物物馈赠或贡献。况且春秋战国时期，关隘既以守土攻战为重大使命，又以暴征而成为商品交换的障碍。所以司马迁高度评价汉初天下一统，废除关隘的历史性举措，说：“汉兴，海内为一，开关梁，驰山泽之禁，是以富商大贾周流天下，交易之物莫不通，得其所欲。”①况且周王朝虽有广阔的版图，但华夏族的基本经济区在相当长的时间内，却局限于关中、三河两大地域。为适应春秋战国列强图霸争雄，烽火连年的需要，“关必据险路”②，深入不毛，因而边关与两大经济区中心的距离便颇为遥远。《史记·货殖列传》披陈的彰彰可数的富商豪贾，其致富之路，又无不回旋于大河上下，“朱公以为陶天下之中，诸侯四通，货物所交易也。乃治产积居，与时逐。”“十九年之中，三致于金”。陶朱公范蠡所以致富，即由于善择地利，“百里不贩樵，千里不贩籴”。③ 社会主要商品流通局限于狭小的基本经济区内，使边关管理进出口的使命甚至不可能出现。可见认为周代边关含有海关萌芽的看法，显然缺乏根据。

秦汉大一统国家建立后，屡“除边关，边关益斥”④。周代关设关尹、关吏、关令，秦汉改称关都尉⑤。但其时“尚建关梁”，仍在于“以制诸侯”⑥。不过沿边州郡也开“胡市”，与周边部族交易，宁县（今河北宣化境）、上谷（今河北怀来境）有与乌桓、鲜卑，姑臧（今甘肃武威境）有与西域

---

① 《史记》卷一二九，《货殖列传》。

② 《旧唐书》卷九十四，《崔融传》。

③ 《史记》卷一二九，《货殖列传》。

④ 《汉书》卷九十五，《西南夷传》。

⑤ 《国语》卷二，《周语》中；《吴越春秋》卷一；《史记》卷六十三，《老子列传》；《后汉书》卷一下，《光武帝纪》。

⑥ 《汉书》卷九四上，《匈奴列传》。

羌胡交易的“胡市”,“市日四合”①,获得诸族欢迎,民族关系也有所发展。随着“丝绸之路”的开拓,西域贾胡的来华,日趋繁盛。迨至汉武帝平定岭南和闽中,与南海海外国家或部落的往来,又出现了新局面。

但据《唐六典》记载,西北边郡的胡市,“并郡县主之,而不别置官吏”②。出使西域,则“募吏民,无问所从来”③,也不另设专门机构。与东南亚、南亚国家或部落的海上贸易交往,汉武帝以降,“有译长,属黄门,与应募者俱入海,市明珠、璧流离、奇石异物,赍黄金杂缯而往”④。黄门属少府,并不专主海上贸易,无非是临时派遣⑤。

西汉后期,珠崖至少有一处“海关”,但旨在讥察问,检查违禁品,汉“法:内珠入于关者,死”。“关侯士吏搜索”行人,捉拿罪犯⑥。有“海关”其名,仍无海关其实。

总之,这种由中外交易口岸地方政权兼管“胡市”,或需要时由朝廷临时遣使出国的历史,汉魏六朝持续不变。

二

魏晋南北朝是一个纠纷争斗不绝的历史时期,但在战乱连绵,经济倒退同时,却开创了中外交往的新格局。

黄河流域先后出现的割据政权,戎马倥偬,但也并未忘记与海东、西海的国家或部落互相往来。如前秦苻坚即位后,经过努力,“康居、于寘及海外诸国,凡六十有二五,皆遣使贡其方物”⑦。北魏建立后,气象更加恢

① 《后汉书》卷三十一,《孔奋传》。

② 《唐六典》卷二十二,《互市监》。

③ 《汉书》卷六十一,《张骞传》。

④ 《汉书》卷二十八下,《地理志》第八下。

⑤ 《后汉书》卷四十三,《朱晖传》:朱穆以为汉代黄门侍郎用宦官始于后汉殇帝时邓太后称制年中。

⑥ 刘向:《列女传》卷五,《珠崖二义》。

⑦ 《十六国春秋辑补》卷三十五,《前秦苻坚》。

弘,“自葱岭以西,至于大秦,百国千城,莫不欢附。商胡贩客,日趋塞下”①。蕃客入居洛阳达一万多家。北魏朝廷为此特地设立扶桑馆、崦嵫馆、燕然馆以供海东、西域、漠北的蕃客居住。北周年中,与西域的交往仍有所发展,“卉服毡裘,辐辏于属国;商胡贩客,填委于旗亭”②。

江南六朝,自孙吴派遣宣化从事朱应、中郎将康泰出使东南亚,“其所经及传闻,则有百数十”③。风声所及,此后陆续来华,历晋、宋、齐、梁、陈各代,“舟舶继路,商使交属”④。或“每岁数至”⑤,或“岁十余至”⑥。南海口岸广州,也日渐崛起,珍奇牣积,权贵瞩目,“世云广州刺史但经城门一过,便得三千万也”⑦。

隋统一黄河、长江流域各割据政权后,既成的中外交往现状,不但是现实的基础,而且是促进对西域、南海二线加强联络的激素。文帝仁寿末年,即因“林邑多奇宝”而用兵⑧。迄炀帝即位,“募能通绝域者”⑨,屡遣使者。西域,先后遣侍御史韦节、司隶从事杜行满“使于西蕃诸国”⑩,云骑尉李显使波斯。东南,大业三年(607 年)遣羽骑尉朱宽使流求。同年,屯田主事常骏、虞部主事王居政使赤土。翌年,文林郎斐清使倭国。大业中于是有南海海外十多个、西域三十多个国家或部落来使回访或从事贸易的记录。

随着中外关系的持续发展,文帝于开皇八年(588 年),应东突厥都蓝可汗“请缘边置市与中国贸易”⑪,创立“缘边交市监”,监设正、副监各一人,“各掌诸蕃交易之事”⑫。炀帝即位,旋加扩充:

---

① 杨衒之:《洛阳伽蓝记》卷三。
② 《周书》卷四十九,《异域传叙》。
③ 《梁书》卷五十四,《诸夷传》。
④ 《宋书》卷九十七,《夷蛮传论》。
⑤ 《梁书》卷三十三,《王僧孺传》。
⑥ 《南史》卷五十一,《肖励传》。
⑦ 《南齐书》卷三十二,《王琨传》。
⑧ 《隋书》卷八十二,《林邑传》。
⑨ 《隋书》卷八十二,《赤土传》。
⑩ 《隋书》卷八十三,《西域传序》。
⑪ 《隋书》卷八十四,《突厥列传》。
⑫ 《唐六典》卷二十二,《互市监》。

初，炀帝置四方馆于建国门外，以待四方使者。后罢之，有事则置，名隶鸿胪寺，量事繁简，临时损益。东方曰东夷使者，南方曰南蛮使者，西方曰西戎使者，北方曰北狄使者，各一人，掌其方国及互市事。每使者署典护、录事、叙职、叙仪、监府、监置、互市监及副、参军各一人。录事主纲纪，叙职掌其贵贱、立功合叙者，叙仪掌小大次序，监府掌其贡献、财货，监置掌安置其驼马、船车，并纠察非违。互市监及副掌互市，参军事出入交易。①

这就在中国历史上首次创设了直属中央、独立于地方行政机构之外，并分管东、南、西、北各方国家或部落"方国及互市事"务的机构。应当认为该机构确实是古代海关的萌芽实体。

北周时，秋官府宾部曾设东南西北四掌客，掌四方宾客礼仪、饮食事务，系礼宾机构。炀帝设四方馆，置四方使者，将交市监的沿边贸易与朝廷的礼宾事务结合起来，将边郡基层机构提设为中央鸿胪寺的直属部门，将朝廷的政权指向全方位展开，既包括陆上西北二边，又包括沿海东南二边的国家或部落；既管理其政治交往，又管理其经济贸易的一应事务。显而易见，这种政府机构同时兼具外交与海关双重职能，在中国古代政治制度史上，是一大创举。四方馆置立始年不清楚，但不迟于大业三年（607年）。这一年炀帝于洛阳举行蕃客宴犒贸易大会，典蕃署派掌蕃官向导。该署与四方馆同时设立②，从此可以得到一个相对证明年限。

裴矩是交市监的一个典型人物。大业元年（605年）夏秋，他赴张掖莅职③，"监知关市"④。张掖为其时西域蕃商来华交市的中心，到任，裴矩即检寻文献，询访蕃商，撰《西域图记》三卷，图写千户以上共四十四处国家或部落人像，并绘制西域三道交通地图以献朝廷。随又想方设法引致数十个西域国家或部落的蕃商来华朝贡或交市。大业三年（607年），炀帝西巡，裴矩率诸酋长、贵族、贾客与张掖士民，举行盛大庆典。旋又怂恿炀帝在洛阳举行达一个月宴犒蕃商的百戏娱乐贸易大会，朝廷"遣掌蕃

---

① 《隋书》卷二十八，《百官》志下，引文内互市监应作交市监。

② 《唐六典》卷十八，《典客署》。

③ 据《裴矩传》，元年三月炀帝开始营建东都，裴矩参与其役后，分管的建筑项目仅九旬（即三个月）而就，旋即委为交市监之任。

④ 《隋书》卷六十七，《裴矩传》。

率蛮夷与民贸易”[①]。裴矩的政治形象虽然可憎，但他继续开拓汉代奠定的丝绸之路，发展中外关系，却生动地为当年交市监的历史作为做了注脚。

爰及大业季年，裴蕴恃宠弄权，奏设御史百余人，把持朝廷各要害部门，因之“与诸蕃互市，皆令御史监之”。[②] 是交市监人选的一大变动，但不旋踵隋朝即告覆灭。

三

唐朝建国，继续设置四方馆与交市监，但隶属关系做了改动，四方馆移隶中书省，交市监“各隶所管州府”[③]，统于少府。太宗贞观六年（632年），交市监改称互市监，武后光宅元年（684 年）或垂拱元年（685 年），又改称通市监，其后恢复旧称，职任也依然如故，“诸互市监各掌诸蕃交易之事”[④]。不过，初唐时期的海关机构，至少有三次变动：（一）四方馆与互市监脱离关系，前者职任移易，黯然失色；（二）据其时《关市令》，互市监似乎只限设置于北边、西边陆上诸州郡[⑤]。武后长安三年（703 年），凤阁舍人崔融疏谏关市税行人：“夫关市之税者，谓市及国内、关门者也，唯敛出入之商贾，不税来往之行人”[⑥]。边关已实行进出口双向征税；（三）高宗显庆六年（661 年）二月十六日敕：“南中有诸国舶”，委当道“长史”收市所需货物，“市了，任百姓交易”。[⑦] 可知沿海口岸，其时不但不设互市监，而且对数量不多的外国舶，一时也不实行征税。同时采取纵容政策，允许他们在朝廷收市以后，直接从事民间买卖。

唐朝强盛，太宗被西北各族尊为“天可汗”，本可迎来一个西边、北边

---

① 《隋书》卷六十七，《裴矩传》。

② 《隋书》卷六十七，《裴蕴传》。

③ 《唐六典》卷二十二，《互市监》。

④ 《庙六典》卷二十二，《互市监》。

⑤ 《唐律疏议》卷七，《卫禁》引。

⑥ 《旧唐书》卷九十四，《崔融传》。

⑦ 《唐会要》卷六十六，《少府监》。

互市的高潮。武后圣历初年，也还派出西域安抚使。但自中宗神龙元年(705 年)白衣大食崛起南亚后，旋即入侵中亚，原来与唐朝互相友好往来的国家或部落，相继沦没，兵锋东及帕米尔高原与喀什噶尔。继起的黑衣大食，踵武东征。玄宗开元七年(719 年)，受害国家纷纷向唐廷求援，安国“从此年来，被大食贼每年侵扰，国土不宁”。康国“从三十五年来，每共大食贼斗战”。“经今六年，被大食元率将异密屈底波领众军兵来此，共臣等斗战”。① 天宝二年(743 年)，唐朝索性关闭西域通道，“丝绸之路”从此禁断。

坏事转化为好事，广州却迎来了南海风帆的春天。

由于长江流域社会经济的长足进步，中国传统的经济重心逐渐南移，东南沿海带向纵深开发，一批港口陆续崛起，商品腹地趋于巩固。航海技术与装备手段日臻发达，唐王朝高度发展的物质、精神文明，辉耀在世界东方，成为向往华风的有识之士的巨大吸引力等等，这都为广州的新繁荣奠定雄厚的基础。天宝九载(750 年)，鉴真和尚东渡日本不成，飘抵岭南，随行僧众亲见广州城外，珠“江中有婆罗门、波斯、昆仑等舶，不知其数，并载香药、珍宝，积载如山。其舶深六七丈。师子国、骨唐国、大石国、白蛮、赤蛮等往来居住，种类极多”②。中唐年中，蕃舶多时一“年至者乃四十余柂”③，甚至“外国之货日至”④。其繁荣情状，可见一斑。

于是广州市舶司应运而生。

《唐会要》卷六十二《谏诤》：

> 开元二年十二月，岭南市舶司、右威卫中郎将周庆立，波斯僧及烈等，广造奇器异巧以进。监选司、殿中侍御中柳泽上书谏曰：“……陛下即位日近，万邦作孚，固宜昭宣菲薄，广教节俭，则万方幸甚。”

《册府元龟》卷五四六《谏诤部・直谏》条文同上。《旧唐书》卷八《玄宗纪》、《新唐书》卷一一二《柳泽传》也大体类似，又多一句“上嘉纳之”、“玄宗称善”。

---

① 《册府元龟》卷九九九，《外臣部・请求》。

② (日)真人元开：《唐大和上东征传》。

③ 《新唐书》卷一三一，《李勉传》。

④ 韩愈：《昌黎集》卷二十一，《送郑尚书序》。

市舶司为海交史上荦荦大端。要了解它的社会意义，须先弄清其历史背景及其始建年月。

按威卫中郎将为守卫唐朝皇城东面禁卫军的高级军官，左右分设。该军队始建于太宗贞观年中，择官户蕃口骁勇少年百人组成，称为“百骑”。骑豹纹鞯，着兽纹衫，陪伴皇帝狩猎行幸，渐成亲军。武后时扩建为“千骑”，并入左右羽林营。中宗时又扩为“万骑”。“玄宗在藩邸时，常接其豪俊者，或赐饮食财帛，以此尽归心焉”①。景龙四年(710 年)六月，韦后毒死中宗，称制执政，委其爪牙为羽林将军。李隆基即与万骑营官兵密谋宫廷兵变。当月二十日夜，遂率万骑官兵中的敢死队，往玄武门诛韦派羽林将军，破宫门，诛韦后、安乐公主及韦氏党人。少帝李重茂依李隆基请求，封赏兵变有功将士，“功大者为将军，次者为中郎将”。② 李隆基封平王，拜殿中监兼押左右万骑。景云二年(712 年)，李隆基以皇太子监国，奏改左右万骑左右营为龙武军，与左右羽林为北门四军。“龙武军尽功臣，受锡赉，号为‘唐元功臣’。长安良家子避征徭，纳资以求隶于其中，遂每军至数千人”。③ 其年又将万骑左右屯卫改为左右威卫。先天二年(713 年)七月三日，太平公主与其党羽(其间有左羽林大将军常元楷、右羽林将军李慈参与)图谋于翌日叛乱，推翻玄宗。玄宗再次率万骑入宫，诛太平公主及其党羽，除去隐患。年终，改为开元元年(713 年)。

从上可知，右威卫中郎将系玄宗身边禁卫军中屡建奇功、最为贴身亲军的高级军官(仅次于将军)，周庆立是名符其实的皇帝宠臣。正因如此，玄宗方能于底定宫闱的次年，创设市舶司，并委之兼掌其事。

自武后年中起，唐朝社会的商品经济有较快的发展，形成与海上贸易同时并进的局面。中、睿二宗年中，基于其在社会经济领域中日益上升的优势，朝廷被迫抛弃不予商贾仕进的神圣传统，“遂使富商豪贾，尽居缨冕之流”④。与此同时，蕃商、蕃僧来华也日益增加，并千方百计跻身于唐朝宫闱，冒险猎奇，为非作歹。蕃僧慧范竟矫托佛教，出入中宗宫闱，勾引太

① 《旧唐书》卷一〇六，《王毛仲传》。

② 《旧唐书》卷一〇六，《王毛仲传》。

③ 《旧唐书》卷一〇六，《王毛仲传》。

④ 《旧唐书》卷一〇一，《辛替否传》。

平公主,"公主与之私,奏为圣善寺主,加三品,封公。殖货流于江剑"。[①]又恃权"逼夺百姓店肆,州县不能理"[②]。太平"公主由是滋骄,田园遍于近甸膏腴,而市易造作器物,吴、蜀、岭南供送,相属于路"[③]。可见在这个伪装蕃僧,事实上是"家富于财宝"[④]的贾胡的诱唆下,太平公主等一批宫廷权贵,已为商品拜物教所沉溺,"比来蕃夷等辈及城市间人,递以奢靡相高,不将礼仪为意"[⑤]。侈风日炽,"礼仪"转衰,向海外猎取奇珍异宝,逐渐地成为宫廷生活的一大乐趣。新即位的年轻君主李隆基也未能幸免。

李隆基"知音律,善八分书"[⑥],小少"好走马击球""戎服臂小鹰"驰猎。又好海外奇珍,开元四年(716 年),林邑进贡白鹦鹉,玄宗"以金笼饰之,示于三相,上再三美之"[⑦]。当时久旱,同年又命宦官前往江南采捕鵁鶄等珍禽,"远自江岭,达于京师,水备舟船,陆倦担负"[⑧]。也就在这一年,有"胡人"上言南海海外多宝,市舶多利。玄宗遂命监察御史杨范臣与之同往,范臣不从,"从容奏曰:陛下前年(按即二年)焚珠玉锦绣,示不复用。今所求者,何以异于所焚者乎!彼市舶与商贾争利,殆非王者之体"[⑨]。杨范臣疏语所谓开元二年(714 年)"焚珠玉锦绣"一事,当即柳泽广州上疏,玄宗不得不稍为敷衍,以杜御史口舌。从此不难想象,像李隆基这样,育于帝城王宫,长在声伎酒色、呼鹰逐兔环境中的年轻君主,即位之后,踌躇满志,向往海外珠翠珍宝,创设市舶司,委任腹心,以进"奇器异巧",是符合情理的逻辑行为。

迨高力士得宠,李辅国专权,宦官蔚成左右宫廷势力后,市舶使一职,遂落入他们的掌握。此事始见于玄宗天宝初年,时卢奂任南海太守,刚正

---

① 《旧唐书》卷一八三,《太平公主传》。

② 上书卷一〇一,《薛登传》。

③ 《旧唐书》卷一八三,《太平公主传》。

④ 《旧唐书》卷一八三,《太平公主传》。

⑤ 《旧唐书》卷九十六,《李璟传》。

⑥ 《旧唐书》卷八,《玄宗纪》。

⑦ 李濬:《抚异记》。

⑧ 《旧唐书》卷一八五下,《倪若水传》。

⑨ 《资治通鉴》卷二一一,《开元四年》。

廉洁,"中人之市舶者,亦不敢干其法"①。及代宗广德元年(763 年),宦官市舶使吕太一竟兴兵作乱,驱逐节度使张休,大掠广州,并诬奏韶州刺史韦伦为非作歹。大概朝廷出于无奈,所以有时又让岭南节度使兼职,以便牵掣,于是就有押蕃舶使、结好使诸职衔。

广州以外,唐朝较重要的港口还有扬州、登州、泉州等处。就目前的史料掌握与研究水平而言,广州而外,其他口岸尚无可靠材料可以论定也设置市舶司。扬州的繁华仅次于广州。文宗开成三年(838 年),日本遣唐使藤原常嗣一行航抵扬州,学问僧圆仁等人因故稍事滞留。为向开元寺僧众供饭,出资沙金小四两,"寺家报称:须具金数,更报官取处分"②。为给傔从缝僧衣,出"砂金大二两于市头,令交易"③。另批先已到长安的日本使人为买杂物特地东来,几天内,有人"为买香药等,下船到市,为所由勘追,舍二百余贯钱逃走",有人"为买物,下船往市,所由捉缚,州里留着",有人"于市买物,先日被捉,闭缚州里。又有人往市买物,所由报州请处分"④。市头当即市令。贞观十七年(643 年)一度废罢,垂拱元年(685 年)复置。所由系城坊吏卒。根本不见有市舶司出面过问其事。著名政治家李德裕当时驻节扬州,《李文饶文集》也不曾有片言只字关乎扬州市舶司事。当时扬州严格禁止日本僧俗直接从事民间交易,原因在于开成元年(836 年)京兆府请准朝廷依令式严禁中国人直接与"外国人交通买卖、婚娶来往"等⑤。该禁令由扬州州衙执行。可是贞元年中,广州市舶使对蕃舶商品"收市"、"进奉"后,即准"蕃商列肆而市,交通夷夏"⑥。而扬州交易事务全归州衙,正可从一个侧面证明该口岸未设市舶司。

扬州犹且如此,登州未设市舶司更可不待证明。

泉州起步较晚。开元八年(720 年)析南安县东南地置晋江县,治今市区。州治也自晋江上游的丰州南徙此地。二十九年(741 年),别驾赵赜贞自城下开凿人工运河,以通江流而利航运,与海外国家或部落的贸易

① 《新唐书》卷一二六,《卢奂传》。

② (日)圆仁:《入唐求法巡礼行记》卷一。

③ (日)圆仁:《入唐求法巡礼行记》卷一。

④ (日)圆仁:《入唐求法巡礼行记》卷一。

⑤ 《册府元龟》卷九九九,《外臣部·互市》。

⑥ 《全唐文》卷五一五,王虔休《进岭南王馆市舶使院图表》。

往来更在其后。据大历中中书舍人包何《送泉州李使君之任》一诗"市井十洲人"、"还珠入贡频"[1]，则时过二三十年，泉州已扶摇直上。近年，关于泉州市舶机构的聚讼史料不外是明陈懋仁《泉南杂志》卷上：泉州唐时设"参军事四人，掌出使导赞"。此为唐朝府州衙门普遍置备员额，与市舶机构无关，可以不讨论。另一系清蔡永蒹《西山杂志》残本（福建晋江县图书馆藏抄本）："至德、乾元时，鱼朝恩奏设立福建观察使清源参事处、平海参事处，署安海稽征蕃舶、商舟之税。"按观察处置使初设于乾元元年（758年），分十五道命使。时福建隶江南东道。直至大历六年（771年），方分设福建泉州汀漳军事领观察处置等使。鱼朝恩已卒于上年。平海，宋建隆三年（962年），留从效卒，将领陈洪进掌权。乾德二年（964年）改清源军为平海军，始有其名。安海，原称湾海，津际渔村。宋初，唐玄宗年中特封代国公安金藏的家族，避五代干戈南迁，入居当地，地随人名，改称安海。鱼朝恩在世时，安氏家族仍住京兆长安县，未曾南下，焉有其名。参事处，唐朝州县无此机构。故蔡氏云云，恐是想当然耳。

未设市舶司不等于不从事市舶贸易。其管理办法，就是朝廷委节度观察使兼管，从事"舶脚"、"收市"和"进奉"物品的征敛、代购与筹划[2]。

跨过唐末社会动乱的岁月，东南沿海带先后建立吴、南唐、吴越、闽、南汉诸割据政权。历史并不能任意割断，财政的需要和对友好往来悠久历史的尊重，各沿海政权也无不继续开拓海上贸易事业，也自必设置相应的管理机构。

吴越版图占有长江三角洲部分及钱塘江流域，土地肥沃，物产丰饶，海岸绵长，良港颇多，对外贸易有坚实的基础与优越的条件。

周昂《十国春秋拾遗》："梁时江淮道梗，吴越泛海通中国（按指中原朝廷），于是沿海置博易务，听南北贸易。"[3]博易一词，至迟唐初已用于对外互市场合。《唐律》禁中国人"共化外人私相交易"，长孙无忌等疏议曰："若共化外蕃人私相交易，谓市买博易或取蕃人之物，及将物与蕃人。"[4]

---

① 《全唐诗》卷二〇八。

② 《全唐文》卷七十五，文宗太和八年病后德音。

③ 《十六国春秋》卷一一五引。

④ 《唐律疏议》卷七，《卫禁》。

因此,吴越置博易务,包含有既可管理对中原,及其他沿海朝廷的民间交易,又可管理对海外国家或部落的民间交易。总之,是对外贸易的管理机构。正因如此,吴越库藏海外珍宝极多。吴越忠懿王钱俶归宋,贡品之中有通犀带七十余条,金饰玳瑁器一千五百余件,水晶玛瑙玉器四千余件,珊瑚十株各高三尺余,白龙脑二百余斤。其宫内至以日本松木为翠寒堂,历久不朽,南宋年中还白如象齿。又常以大片生龙脑十斤,赐妃兄孙承祐,供一聚之焚。

王潮、王审知兄弟占领福建,以福州为首府。福州地处闽江三角洲,向来有蕃舶往来,"闽越之间,岛夷斯杂"①。闽政权建立前后,又加大力推动。乾宁五年(898 年),疏凿甘棠港,扩宽航道,使"江海通津,帆樯荡漾"②。天祐元年(904 年),"授(张)睦三品官,领榷货务。睦抢攘之际,雍容下士,招徕蛮裔商贾,敛不加暴,而国用日以富饶"③。显然,榷货务就是管理"蛮裔商贾"交易的机构。所以闽政权也能历次以蕃货犀角、玳瑁、真珠、龙脑、沉香、象牙等为贡品,向中原朝廷进奉。通文三年(938 年)一次进真珠二十斤,犀角三十株,象牙二十株,香药一万斤。

泉州的海上贸易,五代年中获得持续发展。王延彬自天祐元年(904 年)刺州,前后历二十六年之久,"仍岁丰稔,每发蛮舶,无失坠者,人因谓之招宝侍郎"④。保大三年(945 年),南唐夺取泉州,将领留从效、陈洪进先后掌权,海外交往依然向前发展。因此也依然能够以大量海外珍宝、香药向中原贡奉,以换取其半独立状态。如北宋初年,平海军节度使陈洪进向北宋贡奉,其中香料一项,即多达十五万七千斤,另有象牙七千斤,犀角二十五株,白龙脑二十斤,以及真珠、玳瑁、没药、阿魏、麒麟竭等贵重药品。

由于政权的系属前后不同,泉州海上贸易的管理机构自也不一。属闽时,它由榷货务管理。属南唐后,势必有所改更。近年泉州开元寺南唐保大四年(946 年)《佛顶尊胜陀罗尼经幢》出土⑤,落款题名行列有:

---

① 《文苑英华》卷四五七,《授王潮威武军节度使制》。

② 《金石萃编》卷一一八,《王审知德政碑》。

③ 《十国春秋》卷九十九,《张睦传》。

④ (宋)佚名:《五国故事》上。

⑤ 载《泉州文史》第 9 期,1986 年,第 30 页。

军事左押衙充海路都指挥使兼御史大夫陈匡俊

榷利院使刘拯

海路都指挥使显然是维护航道安全的军事指挥官，而榷利院使当即是海上贸易管理机构的长官。

统观吴越的“博易务”，闽的“榷货务”，泉州的“榷利院”，其命名措辞，与宋太宗太平兴国初年建立的“榷易署”有异代同工之妙。故可从宋代榷易署之职权，反馈理解各该机构。《宋史》卷二六八《张逊传》：

太平兴国初，补左班殿直。从征太原还，迁文思副使，再迁香药库使。岭南平后，交趾岁入贡，通关市，并海商人遂浮舶贩易外国物，阇婆、三佛齐、渤泥、占城诸国亦岁至朝贡，由是犀象、香药、珍异充溢府库。逊请于京置榷易署，稍增其价，听商入金帛市之。恣其贩鬻，岁可获钱五十万缗，以济经费。太宗允之，一岁中果得三十万缗。自是岁有增羡，至五十万。

这里仅举榷易署设置背景及其职权的一个方面。从中可以窥见对海上贸易实行禁榷是封建朝廷的一大利源，是市舶管理的一大关键，也透露出中国古代各王朝所以重视海上贸易的奥秘。

四

综上所述，笔者认为以中国古代史实为根据，隋唐五代十国时期，是中国古代海关萌芽形成阶段。源头众多，模式不一，它集中反映了中国古代历史的多样性。入宋，始于各沿海贸易口岸遍置市舶司，实现古代海关名称的划一化。爰及清初，康熙年中才又最终地创设“海关”一词，沿用至今。

原载《中国历史上市舶制度与海上贸易国际学术讨论会文集》，

《海交史研究》1988 年第 2 期

中国古代海上贸易的管理传统与早期海关

清康熙二十三至二十四年(1684—1685年),清廷相继设立闽(福州、厦门)、粤(广州)、浙(宁波)、江(镇江云台山)四海关。从此,中国古代的海上贸易正式被置于海关的管辖之下。海关长官称监督,其出任途径不同,闽海关由将军兼,江、浙海关由巡抚兼。粤海关在总共一百七十多任监督中,由督抚兼职者不过五十六人,其余则概归内务府"包衣"(皇家"家人"),由皇帝简点,任职期间"不必听督抚节制",可作为"皇帝的直接代表"行事①。身份卑下,来路特殊,权柄显赫,是早期海关人事中一个相当引人注目的现象。因之就形成了这样的权力结构模式:垂直驾驭,州郡兼理,可以概括之为纵主横辅的十字框架。

中国历史悠久,朝代繁多,"前事不忘,后事之师"。新一代人的行事,除在现实物质利益和营构意念驱动外,还不能不借鉴历史这面镜子。

海上贸易管理模式的变动,当然不能不追寻历史的履痕,以揭示问题的深刻诱因。

---

① 邓开颂:《清政府对广东海外贸易的特殊政策》,载白寿彝主编《清史论文集》,辽宁人民出版社1990年版,第481～482页。

一

中国东临太平洋，海岸线曲折绵长，造船与航海技术，远古时代已兴起并渐趋发达，海上交通相随出现。但算得上是海上贸易行为的最早记录，见东汉班固所撰《汉书》。该书记述今东南亚国家与地区同中国汉朝的关系说：

> 其州广大，户口多，多异物，自武帝以来皆献见。有译长，属黄门，与应募者俱入海。市明珠、璧流离、奇石异物，赍黄金杂缯而往。①

显然可见，西汉武帝扩疆南抵珠崖郡（今海南省），为中国与东南亚国家或地区的交往，开辟了一个历史新时期。因此，明代人称作贡舶贸易的朝贡关系便自然开始（所谓“献见”即朝贡）。为海外珍奇所诱惑的汉廷，也便招募“蛮船”（估计当是岭南越人）南下，明代人称作市舶贸易的经济交流亦宣告产生。“有译长，属黄门”，杜佑《通典》卷二十一《职官三》指出：“凡禁门黄闼，故号黄门。其官给事黄门之职，后汉并为一官。故有给事黄门侍郎，掌侍从左右给事（于）中，使关通内外，及诸王朝见于殿上，引王就坐。无员，属少府。”可知译长（市舶长）当即黄门侍郎，少府属官。按少府设自秦代，掌山海池泽税收，“而山川园池市井租税之入，自天子以至于封君汤沐邑，皆各为私奉养焉，不领于天下（《汉书·食货志》上作‘天子’）之经费”②。是名符其实的皇帝封君的私家库藏机构。少府属下又有管“海税”的“海丞”，掌果实的“果丞”③，以及采购珠玉金银的专官④。因此，海外珍奇的采购便也由少府黄门管领。当时侍中、中常侍、黄门侍郎“皆用姓族”，直至后汉和帝皇后邓绥临朝听政时（106—121年）才改命宦竖执事⑤。这样，汉武帝时期，海上贸易的两个管理机构基本定型：贡

---

① 《汉书》卷二八下，《地理志》。

② 《史记》卷三十，《平准书》。

③ 《汉书》卷十二，《平帝纪》。

④ 《汉书》卷七二，《贡禹传》。

⑤ 《后汉书》卷四八，《朱穆传》；《后汉书》卷十，《皇后纪》。

舶贸易归大鸿胪(秦设典属国主朝贡,成帝时并入大鸿胪),市舶贸易发自少府。盖因其时海外珍异物品的采购与享用,一时还只是君主贵胄的特殊权利。所以无论何种贸易,都不能不在皇帝的直接掌握中。魏晋以降,兵荒马乱,生产衰退,海上贸易管理机构的适应性没有变化,而稳定性却得到加强,以致唐朝初年,将隋文帝创设的"缘边交市监"①,从隋炀帝移入四方馆的隶属关系中分割出来,更转交给少府监②。高宗显庆六年(661年)二月十六日敕:

> 南中有诸国舶,宜令所司,每年四月以前,预支应须市物,委本道长史,舶到十日内,依数交付价值市了,任百姓交易。其官市物,送少府监简择进入。③

显而易见,时迄公元七世纪,唐廷依恃牢固的历史传统,仍将边境交市和有所发展的南方市舶交易,交由少府监管辖和搜罗。根本原因就在于社会商品经济以及市舶贸易的发育程度极其有限,浩大的宫廷需要铸就了海上贸易必须严格纳入帝室吮吸管道。

但从另一个视角观察,又不难发现,东汉以后,长江流域及其以南的广袤境域,虽属缓慢,却又以蚕食的方式点点滴滴、条条块块地得到垦辟,文明的星火在持续撒播。三国孙吴政权立国东南,加大了垦辟力度。征山越,设郡县,于今福建福州置典船校尉,建造海舶:"篙工楫师,选自闽隅。"④组建闽海百越人船队,于是黄龙二年(230年)派船队搜寻夷洲和亶洲。赤乌五年(242年),派兵征讨珠崖和儋耳。黄武五年至黄龙三年(226—231)间,更遣中郎康泰、宣化从事朱应出使印度支那半岛,"其所经及传闻,则有百数十国"⑤。扩大了中国文明向境外宣传的社会效果。这些都为南朝时期南海国家与地区对华贸易新态势的出现创造了条件,"故

---

① 《隋书》卷二八,《百官志》。

② 《唐六典》卷二二,《互市监》。

③ 《唐会要》卷六六,《少府监》。

④ 《太平御览》卷七七一,《舟部》四,引左思《吴都赋》,中华书局1960年重印影宋本。

⑤ 《梁书》卷五四,《诸夷》。时间据《三国志》卷六〇,《吴书·吕岱传》。

舟舶继路,商使交属"[①];"商舶远届,委输南州"[②];"航海岁至,逾于前代矣"[③]。文帝元嘉七年(430 年),诃罗陀(在今印尼境内)王竖恺派员来华,其表词竟请求:"市易往返,不为禁闭。""愿敕广州,时遣舶还。"[④]——"商使"、"商舶"、"市易",一串新概念,报道了海上贸易的早春信息。

经过时光酝酿,作为对华贸易新态势的折射反应,是隋炀帝于即位后对鸿胪寺的改组,增设一个下属机构四方馆,辖东、西、南、北四个使者。其功能是:

> 掌其方国及互市事。每使者署典护、录事、叙职、叙仪、监府、监置、互市监及副、参军各一人。录事主纲纪,叙职掌其贵贱立功合叙者,叙仪掌小大次序,监府掌其贡献财货。监置掌安置其驼马船车,并纠察非违。互市监及副掌互市,参军事出入交易。[⑤]

四方馆的特色在于首次把贡舶、市舶贸易的经管职能合并,并肆图独立设馆,"有事则置,名隶鸿胪寺。量事繁简,临时损益"[⑥]。对鸿胪寺无非尚仍挂名,实际上置废不常,损益由己。如果说日后的市舶司是中国海关的前驱,则四方馆应就是市舶司的滥觞,只是它的寿命与隋朝相一致,过早夭折。

二

市舶司韧创于盛唐。以盛唐为标志,中国封建社会步上经济、文化发展的高峰阶段。正由于这种灿烂夺目的物质文明和精神文明所发挥的强大吸引力,又由于中亚大陆"丝绸之路"的遽然阻断,以及太平洋、印度洋国家与地区各方增长了的交流冲动力汇合在一起,遂将大唐帝国与海上的贸易潮流推成波澜。

---

① 《宋书》卷九七,《传论》。

② 《南齐书》卷五八,《扶南传》。

③ 《梁书》卷五四,《诸夷》。时间据《三国志》卷六〇,《吴书·吕岱传》。

④ 《宋书》卷九七,《夷蛮列传》。

⑤ 《隋书》卷二八,《百官志》。

⑥ 《隋书》卷二八,《百官志》。

市舶司创立于玄宗开元二年(714年)。[①] 其年为底定宫闱、扫除政敌而屡建奇功的万骑御林军的高级将领,右威卫中郎将周庆立便首膺是职。周不负年轻君主的委寄,莅职后"广造奇器异巧以进"[②]。然即招致谏臣的切责。为"昭宜菲薄",玄宗不得不稍作姿态。开元四年(716年),谏臣杨范臣指出:"陛下前年焚珠玉锦绣,示不复用。"[③]便是明证。以之对照高宗显庆六年(661年)敕文,追寻汉武帝,遣少府黄门下南海的历史端倪,对市舶司初设的底蕴,旨在为皇帝进献"御府珍贡"[④],当能得到确解。宋人最不明白玄宗的初衷,喋喋不休:"炳炳祖训,舶利最博,庶宽民力,免于榷剥。祖宗之意,盖念民泯。宣和以来,悉归应奉,如唐舶使,以奇器进,治乱之几于此分。"[⑤]其因盖在于草创时期的市舶司,适应着低度的贸易额与专制政体,只能是对此前历朝皇室通过鸿胪寺与少府监直接渔夺海外珍宝历史积淀的继承和发展,与日后市舶贸易炽盛时期的市舶司职能颇不相同。

迨天宝初年,宦官势力膨胀,市舶司监官就又转入阉竖掌握。宠臣与宦官几乎霸占了市舶使职位。但另外一方面,唐廷仍适当借重地方,给岭南节度使兼带押蕃舶使[⑥]、结好使[⑦]等系衔。不过,朝廷派来的市舶使或宦官"监舶使"[⑧],"虽有命使之名,而无责成之实,但拱手监临大略而已,素无簿书,不恒其所"[⑨]。直到德宗贞元前期,王虔休以郡王馆改建为市舶使院,才正式有了市舶使馆署,十字框架的结合更趋于完善。

开天以后,市舶贸易总体上是日见兴旺的,"异域殊乡,往来辐辏,金贝惟错,齿革实繁"[⑩]"溟涨之外,巨商万舰,通犀南金,充牣狎至"[⑪]。市

---

① 详拙作:《中国古代海关探源》,《海交史研究》1988年第1期。

② 《唐会要》卷六二,《谏诤》。

③ 《资治通鉴》卷二一一,开元四年条。

④ 《全唐文》卷五一五,王虔休:《进岭南王馆市舶使院图表》。

⑤ 许月卿:《百官箴·提举市舶箴》。

⑥ 《全唐文》卷五八〇,柳宗元:《岭南节度饷军堂记》。

⑦ 《全唐文》卷六一一,裴次元:《奏广州结好使事由奉诏书谢恩表》。

⑧ 《全唐文》卷七六四,萧邺:《韦正贯神道碑》。

⑨ 《全唐文》卷五一五,王虔休:《进岭南王馆市舶使院图表》。

⑩ 《全唐文》卷三五五,萧昕:《张九皋神道碑》。

⑪ 《全唐文》卷五〇二,权德舆:《徐申墓志铭》。

舶贸易显已超过贡舶苴茅。海外舶商航抵广州后，唐廷规定："除舶脚、收市、进奉外，任其来往通流，自为交易。"①可在被指定街衢"列肆而市"②。凸显了在封建经济体制夹缝中也有一小股商品市场经济的涓涓细流。而其消长涨落，正是日后市舶司管理体制变动的制约因素。

唐朝崩溃后，横亘长达半个世纪的五代十国过渡时期。在戎马倥偬的岁月里，东南诸割据政权依然建立名异实同的市舶司机构，诸如吴越的"博易务"③，闽的"榷货务"④，漳泉的"榷利院"⑤等等，持续发展沿海一线各自的海上贸易，只是由于文献缺略，不得详闻。

宋元二代，海上贸易繁荣昌盛，市舶司的数量和体制有了较大变化。

北宋建国后，社会经济得到迅速恢复和发展，经济重心所在的江南广大区域商品经济尤为突出。城镇草市星罗棋布，河汉海岸港口繁多，风帆所向，自太平洋西北海岸逶迤西南，穿越印度洋直抵非洲东海岸，寄碇港口多达一百余处。宋代市舶司最多时有 10 个。元代兴废不常，最多时也有 7 个。南宋高宗绍兴末年，泉州、广州和两浙路市舶司年入高达 200 万缗，约占当时国家货币岁入总数的五分之一。元仁宗年间，市舶司年入也高达数十万锭。从北宋后期崛起为海上丝瓷、香药之路东方最大港口的泉州刺桐港，蜚声中外，记录该港市舶贸易的专著，南宋末有赵汝适《诸蕃志》，元末有汪大渊《岛夷志略》。中国历史上最早的市舶法规，也相继在宋元二代问世，前有《广州市舶条》（又称《元丰市舶法》，1080 年），后有《市舶则法》（1293 年）。

宋代贡舶贸易仍有所发展。约略统计，入贡的国家或地区约有 26 个，先后入贡 300 多次。中央主管机构，北宋前期实行名实乖异、事权分化的职官建制，历史上的传统做法大幅度改变，鸿胪寺、四方馆等机构实同虚设，入贡使团按区位"分隶于往来国信所、都亭、怀远驿、礼宾院"⑥。

① 《全唐文》卷七五，唐文宗：《太和八年疾逾德音》。

② 《全唐文》卷五一五，王虔休：《进岭南王馆市舶使院图表》。

③ 周昂：《十国春秋拾遗》。

④ 《十国春秋》卷九九，《张睦传》。

⑤ 福建泉州开元寺《佛顶尊胜陀罗尼经幢》（南唐保大四年，946 年）。

⑥ 《宋会要辑稿·职官》卷二五之一。

如礼宾院"掌蕃夷朝贡、互市,以阖门祗候已上及三班、内侍二人监"①。宋初定供奉官、殿直、殿前承旨为三班,太宗雍熙四年(987 年)组建三班院,内侍即宦官,均系御前人员,常由皇帝简任出使,作为最高统治者的心腹,掌管或过问各有关政府职能事务。不仅如此,宋代皇帝对朝贡一事常常亲自把持,包括接待礼仪、食宿安排、回赐物品、引伴途程等等②。对于贡品,或优估回赐,或抑价收购。进贡人员的"私觌"(私市)物品,则转交市舶司处理。

宋承唐制,初期市舶司实行"州郡兼领":

初于广州置司,以知州为使,通判为判官,及转运使司掌其事。又遣京朝官、三班、内侍三人专领。③

太祖开宝四年(971 年),灭南汉,即命同知广州潘美、尹崇珂并充市舶使,通判谢处玭兼市舶判官。之后,杭、明州市舶司援例命使,但"每岁止三班、内侍专掌,转运使亦总领其事"④。显然,"州郡兼领"乃虚衔,御前人员"专领"、"专掌"则实权所在。这种做法大致延续到神宗即位前。神宗即位后,以理财为急务的变法逐步展开,凡常平、坑冶、茶马与市舶各置提举并设相应独立的衙门,"俱号监司"⑤。市舶司自此从州郡脱颖而出。因此宋人又曾以为严格意义上的市舶司,便在此时,"熙宁初,创立市舶一司"⑥。迨元丰改制,市舶提举明令由转运使兼掌,"州郡兼领"局面结束。转运使是宋朝管理路一级财政并对地方吏治实行监督的中央要员,其兼掌市舶司,标志着朝廷直接掌握市舶贸易的垂直驾驭的权力结构只在形式上做出调整,动作的实质未变。徽宗即位,为粉饰"丰亨豫大"局面,朝廷开支急遽上升,罗掘费用财源成为燃眉之急。崇宁初年,便将浙、闽、粤三路市舶司提举官改为中央派遣的专官出任。其收入"宣和以来,悉归应奉(局)"⑦,成为赵佶、蔡京集团糜烂生活的物质基础。至此,市舶

---

① 《宋会要辑稿·职官》卷二五之六。
② 《宋会要辑稿·职官》卷三五之一六至二一。
③ 《宋会要辑稿·职官》卷四四之一。
④ 《宋会要辑稿·职官》卷四四之一。
⑤ 蔡戡:《定斋集》卷二,《乞选择监司奏状》。
⑥ 《宋会要辑稿·职官》卷四四之二七。
⑦ 许月卿:《百官箴·提举市舶箴》。

司垂直系统再次加强，一线到底，完成北宋一代的第三次改革。

因应前述局面，北宋京师汴京分设二座当年国内最大的香药库，补助国用的称外香药库与真宗天禧五年（1021 年）设立的归皇室私用，“贮细色香药，以备内中须索”[①]的内库。后者库房多达 28 间，此外，存贮海外舶货的尚有内藏库与奉宸库，均由皇帝支配，规模庞大，如奉宸库曾奉旨一次提取“象牙、真珠直总二十万缗于榷场交易”[②]。金宝满仓情形由此可以想象，从而可知宋代皇帝对市舶贸易确实做到专其权而收其利。

南宋建立于遍地狼烟中，境土半蹙，财政竭蹶，鼓励并切实发展海上贸易自为当务之急。所以从其诞生之日起，便继续对外开放政策，恢复并添设长江下游三角洲一批市舶司（机构先后共 8 个），依然奉行由中枢派遣市舶提举官，并实行把市舶收入转交户部的新制度。对市舶提举官的遴选，高宗皇帝颇为郑重，例如：

> （绍兴）二十一年（1151 年）闰四月四日，右中奉大夫直显谟阁知抚州李庄，除提举福建市舶。上曰：“提举市舶官，委寄非轻，若用非其人，则措置失当，海商不至矣。庄可发来赴阙禀议，然后之任。”[③]

其用意可能有二：品评其人之资质，面授其人以机宜。但无论如何，皇帝召见一个正欲履新的市舶长官，仍具有勉励与告诫不可低估的双重意义。同时，这又是皇帝驾驭市舶贸易的表征。

南宋初年，地方政权大多重新组建，新朝廷一时也难遥控地方衙门之间的争斗。因此，炎、兴年中市舶司的分合与改隶显得颇为频繁，而中期以后，北宋“州郡兼领”的现象则又有几分回泛，如泉州市舶提举官自宁宗嘉定后皆以知州兼权，即为显例。

宋亡元兴，来自漠北草原社会经济发展水平远较中原为低的蒙古贵族掌握了最高统治权力。海外的珠光宝气使他们为之目眩，垂涎三尺。所以攻占福建泉州刺桐港之后，翌年即率先在这个世界大港口重设市舶司，重用阿裔大海商蒲寿庚，任命其长子蒲师文兼福建路市舶提举并以正奉大夫工部尚书海外诸蕃宣慰使职衔，与副使孙胜夫、尤永贤等“通道外

---

① 《宋会要辑稿·食货》卷五二之六。

② 《宋会要辑稿·食货》卷三八之三二。

③ 《宋会要辑稿·职官》卷四四之二五。

国，抚宣诸夷”[①]，泉州市舶司则以福建都督忙古觧兼领。之后，又设上海、宁波、澉浦三个市舶司，以福建安抚使、澉浦海商世家杨发为监督。正是由于元朝政府的纵容鼓励，市舶贸易迅速出现高潮，“和尚、先生、也里可温、答失蛮人等过蕃兴贩”[②]。沸沸扬扬，“舶商往海南贸易宝货，赢亿万数”[③]。世祖二十六年(1289 年)，行泉府司所统市舶海船多达 15000 艘。然而基于蒙古、色目人文化素质低下，对中国传统的治国之术所知甚少，因之未能在多处市舶司设立之后，进行有效的管理，忽兴忽废，四开四禁，直至英宗至治二年(1322 年)以后，才趋于稳定。与此同时，市舶司的隶属关系亦处于经常变动状态。自然，外部政治环境、文化氛围的动荡，与乎自身内部机制之间的纠葛摩擦，不能不给元朝的市舶贸易带来损伤。

三

“驱逐鞑虏，恢复中华。”明代元谢，标志着以儒家思想为指导的周秦以降中国传统文化的复兴。因此，明太祖尚未即帝位，便于“吴元年置市舶提举司，以浙东按察使陈宁等为提举”[④]。即位后，又置市舶提举司于太仓黄渡镇。旋罢，又置于宁波、泉州、广州，似乎可以迎来一个市舶司复兴的黄金年代。但由于自元朝后期即从东北亚朝鲜半岛浸淫南扰中国沿海的倭乱蔓延扩大，明太祖断然采取了隔离外患的禁海措施，同时为甄别域外国家与地区通商诚意与否，树立宗藩秩序，明廷制定出严格的朝贡制度，又把历史久远、素称发达的市舶贸易错误地颠倒为贡舶贸易附庸。明人坦承：“我朝贾海有禁，其所司者朝贡一事而已。”[⑤]这就不能不阻碍市舶贸易发展商品经济的前途，摧残了唐宋元各代曾经生气蓬勃的海上经济文化交流。

---

① 汪大渊：《岛夷志略》卷首吴鉴序。

② 《元典章》卷二二，《户部》八，《市舶则法》。

③ 吴澄：《吴文正集》卷三二，《董文炳神道碑》。

④ 《明太祖实录》卷二八下，吴元年十二月条。

⑤ 高岐：《福建市舶提举司志 · 艺文》，林玭《福建市舶提举司记》。

按明廷规定，朝贡必须依所定贡期、贡道、贡舶、贡规等一整套烦琐制度行事。如泉州市舶司专理琉球贡事，宪宗成化十年(1474 年)移往福州，一旦贡舶抵岸，即派兵封船，引入馆驿，仍由兵将“守把柔远驿门，(市舶)提举司给示，禁止夷人，不许擅自出入交通，贸易违禁货物”[①]。自京城贡毕回福州，则刻日“将夷人逐一搜检上船，防送至(长乐县)梅花千户所地方开洋回国去讫，取具沿途经过各该巡司地方，各不致纵容登岸，收买违禁货物并夹带人口等项结状缴报各衙门”[②]。且不论明廷如何将贡奉人员视同敌人，即以不许他们与中国百姓交易接触而言，朝贡纯粹只是一种政治装饰品。当然，明太祖为表示“皇恩浩荡”“泽及四海”，允许将数量有限的“附至蕃货”，按规定在严格范围之内“官给价钞收买”[③]，或在京师设定区域(会同馆)内，在礼部官员监督下与商民交易。其情状委实苍白可怜。但到洪武二十七年(1394 年)，又扩大严禁“民间用蕃香、蕃货”，“蕃香、蕃货，皆不许贩鬻”、“敢有私下与诸蕃互市者，必置之重法”[④]。既已“禁海”，而又“禁陆”，至此完全斩断了市舶贸易的历史传统，来了一个历史大倒退。

迨成祖即位后，鉴于其时国内外情势的变化，虽重申“禁海”，但对若干“祖制”渐予松弛。同时又开放“库市”，许“贫民承令博买”[⑤]、“许令贸易”[⑥]、“官设牙行，与民贸易，谓之互市”[⑦]。这种极有限的“开放”措施，总算是海上贸易锁国坚冰开始丝丝融化了。

代市舶提举司大致与宋元相似，设正副提举及吏目若干，隶于所在布政司。而自成祖永乐元年(1403 年)始，命宦官齐喜提督广东市舶，又命宦官杨斌提督泉州市舶司。泉州市舶司北移福州后，建市舶太监府于柏衙，市舶提举司于澳桥，进贡厂、柔远驿于河口。但三衙虽分设，实际统于

---

① 高岐:《福建市舶提举司志·宾贡》。

② 高岐:《福建市舶提举司志·宾贡》。

③ 《明会典》卷一一一,《礼部》六九《外夷》上。

④ 《明太祖实录》卷二三一,洪武二十七年正月甲寅条。

⑤ 严从简:《殊域周咨录》卷九,按语。

⑥ 《明会典》卷一一一,《礼部》六九,《外夷》上。

⑦ 王圻:《续文献通考》卷二六,《市粜考》。

一。时人云:“主以中贵一人。”①“总闽蕃舶事”②“统其事。”③宦官在事实上成为市舶司事务“总”而“统”之的指挥官。其提督市舶司不仅表示御前人员直接掌握贡舶贸易的一个升级,同时又是推戕贡舶贸易于泥潭的一个倒退。如宪宗成化时:

广东市舶太监韦眷招集无赖驵侩数十百人,分布郡邑,专鱼盐之利,又私与海外诸蕃相贸易。金缯、宝玉、犀象、珍玩之积,郿坞不如也。然犹奋其威诈,渔猎民财无厌,衔冤者莫敢诉,待禄者莫敢问。官府所鞭挞者,囹圄所系者,皆种禾捞蚬之民。④

这仅仅是明代税珰罄竹难书的恶行之一斑,其严重程度已令人毛发悚然。

显然,市舶司机构背离了市舶贸易的历史轨道,成为中外经济文化交流的桎梏。而随着当时社会生产的进步(尤以东南地区为突出),商品经济日逐浪高,资本主义性质的经济关系亦依稀地在手工业、商业乃至农业生产部门里破土萌芽。从世宗嘉靖至神宗万历年中,这一新生事物渐为世人刮目相看。东南沿海,福建土瘠民贫,历来恃海为生。宋元二代,以泉州刺桐港为枢纽,福建的市舶贸易获得长足发展。明初禁海之后,社会矛盾日趋尖锐。于是“成弘之际,豪门巨室,间有乘巨舰,贸易海外者”⑤。岁月渐深,小舸巨舶,云帆争发,海上走私不可遏止,其势荡荡,与炽烈的倭乱一时间构成沿海荦荦大端。明朝政府无法镇住这股市舶洪流,穆宗隆庆元年(1567 年),福建巡抚涂泽民呈“请开海禁,准贩东西二洋”⑥。经明廷上下长时间的争论,隆庆六年(1572 年)批准实行“引税制”,一船一引,按引分等征税,并于主要发舶港口月港所在地海澄县改海防馆为督饷馆,由海防同知及漳州府佐分署税务、饷务官。当地时人《东西洋考》作者张燮确切指出:

① 高岐:《福建市舶提举司志·艺文》,林玭《福建市舶提举司记》。
② 高岐:《福建市舶提举司志·艺文》,林瀚《尚公桥记》。
③ 高岐:《福建市舶提举司志·艺文》,杭济《提督福建市舶题名记》。
④ 黄瑜:《双槐岁钞》卷九,《奖贤文》。
⑤ 张燮:《东西洋考》卷七,《饷税考》。
⑥ 张燮:《东西洋考》卷七,《饷税考》。

> 市舶(司)之设,是主贡夷及夷商来市者,与今漳(州)税(饷)不同。①

饷税开征后,增长极为迅速。隆庆末年年额原定 3000 两,至万历二十二年(1594 年)跃为 29000 两,递增 967%,有贸易关系的国家或地区近 50 个。时人周起元曾加以评论:

> 我穆庙时除贩夷之律,于是五方之贾,熙熙水国,刳艅艎,分市东西路。其捆载珍奇,故异物不足述,而所贸金钱,岁无虑数十万,公私并赖。其殆天子之南库也。②

即此可见,顺应历史发展,既不同于宋代纲船,又有别于元代官本船的月港商舶,在私人商家出资、船主指挥下,开辟了海上贸易的崭新局面,而其管理机构——督饷馆,也与明代市舶司迥然不同,带有向"自由"贸易时期海关转化的新特点。

原载《海交史研究》1997 年第 1 期;《中国海关史论文集》,香港中文大学 1997 年 12 月版

---

① 张燮:《东西洋考》卷八,《税珰考》。

② 张燮:《东西洋考·序》。

宋代的私庄

一

中国地主田庄经济出现得很早，汉代已颇为发达。《史记》卷三十《平准书》记武帝通过杨可告缗打击商贾地主，“得民财物以亿计，奴婢以千万数。田大县数百顷，小县百余顷，宅亦如之”。《后汉书》卷四九《仲长统传》引《昌言·理乱》说：“豪人之室，连栋数百，膏田满野，奴婢千群，徒附万计。”这两则史料告诉我们，汉代地主占有广大田地，使用奴婢或依附农从事生产活动，并为他们提供相应的住宅设备。《平准书》所谓“宅亦如之”者，盖谓住宅也如田地之多也，正好与《理乱》篇一豪便有“连栋数百”相吻合。显然，由于中国具体的国情，在地主经济出现之后，奴隶制度、农奴制度都可能在新的历史条件下以其残余形态或被改造了的形式重现出来。地主田庄一旦应用奴隶或依附农以从事生产，当然要为他们提供生活条件，住宅正是最根本的条件之一。所以秦汉以后，文献往往以“田宅”或“田宅奴婢”、“田宅僮奴”连称，绝非偶然。

西汉前期，在商品经济的刺激下，渭水、黄河与长江中下游部分地区，曾经涌现种植单一作物以应市场需要的田庄①。但到了两汉之交，随着社会经济的逆转，田庄的自然经济色彩逐步趋于浓烈，樊重的湖阳田庄，

① 《史记》卷一二九，《货殖列传》。

“六畜放牧，鱼赢梨果，檀棘桑麻，闭门成市，兵弩器械，资至百万。其兴工造作，为无穷之功，巧不可言。富拟封君”①。真正是一个自给自足，农牧兵工兼备的经济单元。这种经营趋势，到南北朝时期愈益增强。“闭门而为生之具以足”②、“谢工商与衡牧”③，深刻地揭示了这一时期田庄经济的本质特征。

南朝田庄承袭汉季陋习，盛行僮奴部曲制。到了唐代，这种情况才逐渐地有所变更。

隋朝统一全国，从政治割据桎梏下解放出来的社会生产力，汇成冲刷僮奴部曲制的激流，又经过隋末农民战争，所以入唐之后，世族地主衰竭了。僮奴部曲制也日益为均田制小农与租佃制佃农所取代，因之“百室合户，千丁共籍”的田庄，就逐渐地演变为新一代的村庄。这时的地主田庄或小农乡村，也就以境赋义，把汉代原来释为丛草、岔道的“庄”，魏晋以来序音野下出现的“墅”，作为自己的专称了④。

唐代普遍发达的田庄经济，是宋代田庄的历史前提。但是宋代田庄的更大进展，仍然有其特殊的历史条件。

宋朝“不抑兼并”的国策，促成土地兼并的激烈进行。赵匡胤通过军事政变建立的新王朝，为了广泛笼络地主各派别，满足地主阶级在新的历史条件下对土地的强烈欲望，因而在其建国之初，“杯酒释兵权”时，便劝臣下“择便好田宅市之，为子孙立永久之业”⑤。晚唐以来，中国的商品经济日趋发展，田地的商品化程度有了相应的提高，均田制的彻底瓦解，田地的买卖摆脱了官田授受的种种约束。由于五代兵燹的宁息，那些早先蛰伏在田间的地主、豪贾、富工纷跻于仕宦行列，因而求田问舍、兴头大足等等，都构成“不抑兼并”的历史背景，从而促进这一国策的奠定。宋人周煇记某显贵说：“人生不可无田”；“有田方为福，盖福字从田从衣。”⑥宰相

① 《水经注·比水》引司马彪曰。

② 颜之推：《颜氏家训·治家篇》。

③ 《宋书》卷六七，《谢灵运传》引其《山居赋》。

④ 参见《尔雅》卷四，《释宫》，《玉篇》，魏了翁《鹤山先生大全集》卷三五，《答李遂宁埴》，《旧五代史》卷一二三，《宋彦筠传》。

⑤ 司马光：《涑水记闻》卷一。

⑥ 《清波杂志》卷一一。

晏殊《答赞善兄家书》说:“置得一两好庄及第宅,免得茫然。此最良图。”①这都清楚地表露了地主阶级兼并土地的勃勃野心。所以自北宋建国之后,土地所有权的集中迅速展开,“名园易主似行邮”(司马光),“千年田换八百主”(辛弃疾),农民大量丧失土地,地主内部的兴衰无常,因而阶级矛盾与地主阶级内部各阶层的矛盾也一一上升起来。

以土地为根基,并借助其政治权力,通过分成租或定额租,及人身依附诸条件,把貌似自由的客户束缚于田庄,以进行生产活动,是宋代田庄的普遍特点。

现先从民俗学的角度,弄清田庄的基本构成。

田庄大体可分三大区域。

庄院,即地主家族成员住宅区。宋朝重视维护与培养宗法势力,作为其统治的基本力量,因而地主几代同堂、数房一家,非常普遍。所以庄院本身就是一个聚落。

宋代庄院承唐代庄墅园林布局的余韵,也大多包含一定的园林景物。如北宋末年薛俅致仕回河中府,建乐安庄(在河东县)。庄设重门,南北二园,住宅居中,北有逸老堂,东为三径堂,西则无无堂。东南垒台构亭,远眺中条、太华诸山,近抱五老峰,故名五老榭。西北为蔬圃、筑坞、凿井。外围环峙客舍、厨房、粮廪、畜厩、仓库,“殆将百楹”②。又如南宋中期曹彦约在南康军都昌县城郊建湖庄,浚湖修堤,种松栽竹,先后又建成一批亭台楼阁,而“农事参错其间”③。这类诗文,宋人集中常可见到,证明宋代的庄院园林化,已到了成熟时期。

庄舍,为佃客住宅。由于土地兼并的大规模进行,北宋中期以后,赤贫的农民大量地离乡浮游。因此,地主必须以庄屋、牛具、种食为吸收佃户的前提条件。宋朝厉行兵权集中,地主普遍没有家兵。因此,他们往往“于(庄院)周围要害去处,置立庄屋”,使“庄客环居”,一旦有警,可以拱

① 《晏元献遗文》。

② 范纯仁:《忠宣集》卷一〇,《薛氏乐安庄园亭记》。

③ 《昌谷集》卷七,《湖庄创立本末与后溪刘左史书》。

卫。[1] 或在耕地边缘,“必立庄舍,佃户聚居”,以便耕作[2]。这后一情况最为普遍,特别是由于田庄地主通过契约手续,依据佃户家庭耕种能力为界限予以分割。其结果势必使庄舍星散为大小聚落,“今之民无常居也,有团落之间杂数十百家者,有五里三里寂无一家者,有东西相望而阻以山川者,有悬绝之聚止于三两家者”[3]。

庄舍不断外延为各种聚落,标志了宋代田庄经济与租佃关系的发展水平,也导致田庄词义发生相应变化,“夫田畴、庐舍之富则曰庄”[4]。庄字头的语词,如庄居、庄屋、庄主、庄佃、庄农、庄户、庄家、庄叟、庄妇等等,越来越多。

庄田,宋代地主扩张田产的手段,除买置外,还有负债平入、豪取蚕食、赖讼折合以及朝廷赐予、包佃、力田等等。因之地产的一般形式,便是犬牙交错。北宋初年,孟州汜县“李诚庄,方圆十里,河贯其中,尤为膏腴府”[5]。这是一个少见的例子。当然,在北宋荆、襄、唐、邓等垦荒地区,南宋两淮战后恢复地区,可能会有成片的大田庄。此外,零碎撒花应是一般大中型田庄的常态。宋初淳化二年(991 年),永兴军广慈禅院受纳的安守忠私庄,其中泾阳县临泾教坊庄一处,其田地共有一百三十五个地段[6]。宋季抚州乐安县地主周九十,其田产分布于该县坪上庄、坳背庄、竹园里庄、上巴庄、东坑庄、陈城渡黄细乙家庄、饶辰家庄、南揵庄、焦坑庄、丁陂庄、康材庄诸处[7]。当时“吞噬千家之膏腴,连亘数路之阡陌”的特等地主,其田产的零碎状态就更不用说了。足见自宋初迄宋季,大抵如此。这种状态的长期存在,同时还是宋代农业经济内在矛盾的一种反映,即土地所有权相当程度的集中,与生产力水平不相称。因此,波浪式发展与呈零碎状态的田地,则与生产的细小分散属性相适应。

---

① 袁采:《袁氏世范》卷三,《山居须置庄佃》。

② 卫泾:《后乐集》卷一三,《论围田札子》。

③ 吕南公:《灌园集》卷一四,《与张户曹论处置保甲书》。

④ 姚勉:《雪坡姚舍人文集》卷三四,《左氏书庄记》。

⑤ 魏泰:《东轩笔录》卷八。

⑥ 陆耀遹:《金石续编》卷一三,《广慈禅院庄地碑》。

⑦ 黄震:《慈溪黄氏日钞》卷七八,《六月二十日委乐安知县施享祖发枭周宅康宅米》。

二

宋代田庄的田地生态为分散撒花。因此需要有一定的组织系统，以便地主约束佃客并进行不可或缺的管理。

这里仅就地主及各种“中间人”在生产管理上的作用加以阐述。

田主，宋代兼并之家，文献正式称为田主，表明他们拥有田地的所有权。当然也就握有生产的决定权。

宋代田庄的耕地，粗略地说，一般划为两大构成：留用地与出佃地。留用地以备给庄内的“小客”耕种，出佃地经过契约，佃与“牛客”耕种。小客是具有比较严格依附条件的客户。田主对待他们，“鞭笞驱策，视如奴仆”“无有一人违其节度以嬉”①。南朝世族地主，农事“皆信僮仆为之”，相反，宋代地主却乐于“挟册视田园”。这里拟以松隐山庄为例：曹勋，京东西路人，南宋绍兴中退闲，定居于台州天台县天台山下，营松隐山庄。根据他的《山居杂诗》②“户蓄千指客”，按宋代，单个劳力耕作面积四十亩计算，约有四千亩田地。曹勋早年“农事未历览”，建庄以后，经过摸索，逐渐熟悉农事活动，“耕凿顷亩地，远近先视水，沟塍欲利达，农具毋委靡”“田头与地尾，一一意所量。躬耕辨好怯，择种均丰荒”。同时又勤于督耕，“清晓看田去”、“操刀时遣獠”。在他的颐指气使下，佃客不敢偷懒，“收割不闲手，垄亩无空阡。”

宋代文献称田主的这种督耕行为为“检视”、“检校”，收获时到庄监督为“监割”。如江西南城邓椿年，“每出巡庄，好精意检校”③。乐平向某，有旱地在怀义乡，命佃客种绿豆，佃客改种山禾（占稻），竟“悉加芟荡”④。这都能说明，宋代田主普遍干预田庄的生产活动，所以“检校”、“监割”等字眼，在诗文中屡屡出现。

---

① 苏洵：《嘉祐集》卷五，《田制》。

② 《山居杂诗》，见《松隐文集》卷二一、二二，共 180 首，本文不一一注明出处。

③ 洪迈：《夷坚志》三志壬，卷一，《邓生畏萝卜》。

④ 洪迈：《夷坚志》三志支庚，卷七，《向生驴》。

监庄，撒花状态的大地产，需要分片设庄，各别进行管理。秦桧当权期间，金陵一地有田庄多处，其中永宁庄由保义郎刘稳主持，荆山庄由陈某主持。刘稳、陈某即监庄。监庄北宋称勾当人，入南宋，避高宗赵构讳，改称干当人、干人，也有称掌管人、管佃人、管田人等等。这些受雇的代理人，其身份各不相同，大致视田主身份为高下。宋季福王赵与芮的监庄曹某，系知县出身①。秦府监庄刘稳系保义郎，张俊府干张贵武职和州防御使②。普通田庄，则常常雇用中产人家，或停罢公吏等③。

监庄受庄主委托，广泛管理田庄一应事务，安排生产、出纳钱粮、经营商业、参与词讼，等等。

监庄在代庄主管理田庄的同时，往往利用其代理人身份，在监守自肥后，套佃公私田地，分佃给客户，从事二地主剥削。南宋韩蕲王府干人郁明长期占佃苏州府学田二千四百田④，以从事大量的二地主勒索，是最突出的一例。他们还常利用管庄之便，对佃农进行额外榨取。北宋中期出现划佃恶习后，监庄利用佃客的畏惧心理，肆意增加租额以外的产品租等剥削。如浙西秀州佃户缴租，亩一石，庄干故意量石五以上，额外的入己。湖州乡俗，用 112 合大斗，庄干取其二合。有沈二八其人，更创设 120 合大斗，残酷剥削农民⑤。又毛翊《吾竹小稿·吴门田家十咏》，其四："今年田事谢苍苍，尽有瓶罂卒岁藏。只恐主家增斛面，双鸡先把献监庄。"佃农害怕地主增租，不得不向监庄献鸡。

甲头，熙宁新法创立保甲，取代乡里制度，此后袭而不替。熙宁七年(1074 年)，命甲头代户长催税。绍兴之后，役法与地方行政体制逐渐合流。大致自此以后，甲头制度也被移植到公私田庄里来。绍兴六年(1136 年)，都督行府拟定的江淮营田官庄则例，规定五顷一庄，招客户五家为一甲，"以甲头姓名为庄名"⑥。以后营屯田多援以为例，至迟在宁宗庆元初

---

① 长谷真逸：《农田余话》。

② 周密：《武林旧事》卷九。

③ 袁采：《袁氏世范》卷三，《淳谨干人可付托》。《宋会要·刑法》二之一一九。

④ 《江苏金石志》卷一三，《吴学粮田籍记(二)》。

⑤ 洪迈：《夷坚志》补，卷七，《沈二八主管》。

⑥ 《宋会要·食货》二之一五。

年，苏州府学田也设立“田甲头”①。与此同时，寺院田庄也有了“甲首”。如庆元三年(1197年)五月风灾，江西鄱阳芝山禅院的田庄甲首，即到寺报告灾情②。私人田庄自不能例外，如某地田主胡小七家，其“干甲”梁兴二率群佃与人斗殴，争夺墓木③。某地谢知府宅，其田庄“甲头彭彦，不肯前来支量米谷，赡给佃户，心曲走闪”④。可见田甲头负有催纳甲内佃户地租与办理庄内赈贷事务等项责任。田甲头多时，又增设一名都催⑤。田甲头还有催租人、管纳人等称呼。

总之，宋代田庄的组织管理系统颇为严密。它证明了一条经济规律：随着生产力的发展，剥削量也就增加，榨取的手段也愈精致，巧立机关的管理制度也会随以俱来。

三

宋代是中国封建经济鼎盛同时逐步发生转变的时代，这种两重性也强烈地反映于田庄经济。

南宋人程俱曾这样描写一处田庄：“桑麻无外求，茶果供日富。夭条列僮奴，花草更黼秀。生生所应有，取足谢奔走。”⑥显然，这里自然经济的色彩还十分浓厚。这样的田庄在宋代当然还有一定的数量，但它已经不是反映社会经济发展主流的典型现象了。

宋代社会生产力发展的结果，推动着商品经济渗入农村，一个明显的征象就是自宋初便见诸文献的乡间草市的蓬勃兴起。《宋会要·食货·商税》部分，大量列举村市、庄虚、道店、乡镇的商税年额，说明到了北宋中期，各地的草市镇发展，已达到相当水平。南宋以降，又进一步，“今夫十

① 《江苏金石志》卷一三，《吴学粮田籍记(二)》。

② 洪迈：《夷坚志》支癸，卷九，《东塔寺风灾》。

③ 《名公书判清明集·户婚门·争墓木致死》。

④ 黄榦：《黄勉斋集》卷三九，《彭念七论谢知府宅追扰》。

⑤ 刘宰：《漫塘文集》卷三一，《陈修职墓志铭》。

⑥ 《北山集》卷三，《朱氏山居》。

家之聚,必有米盐之市”[①]。乡间市场的广泛发展,致使农村生产活动日益与市场发生密切联系。田庄经济也就必然地要发生不同程度的变动。

曹勋的松隐山庄,种植早晚稻、大小麦供饭,胡麻榨油,瓜豆园蔬做菜,杏桃梨蕉消食,秫稻、蒲桃酿酒,以及莳茶品饮。对田庄的经营,他也持有“为农本桑麻”的传统观点,力求“年丰禾稻香”。但种种生活需要和侈奢的享受物欲,却逼迫他不得不和商品市场发生联系,“买鱼沽市酝,借姓过州城”。

耕织结合是农村经济历史悠久的传统现象。稻、麦、豆菽是耕的主要作物,拥有大量耕地、单位面积产量也高的田庄,其所积存的巨量粮食,就可能从食品粮转化为商品粮。这种现象南宋时期尤为显著,其地域又以东南为突出。自北宋中期起,东南地区已成为国家漕粮的主要产地,亩产量也最高。因此大庄主手中,常有大批谷物。如张俊岁收租米六十万斛[②],淮东土豪张拐腿岁收谷七十万斛[③],苏州富裕庄主,也常贮米谷十至百万石[④]。这种家存大量粮食的田主,被人称作“塌家”[⑤]。他们平时或在租谷之外,为了扩大粜卖赢利,不惜采取种种手段,抢购粮食,囤积居奇,一旦谷昂,便“舟车四出”[⑥],牟取厚利。甚至掺假抬价,扰乱市场。江西乐平县明口田主许德平闻谷贵,命干人“押一船出粜”。干人中途用沙砾拌和卖人,一石又多赚五升[⑦],便是塌家贵粜一例。

经济作物在田庄的种植活动中,逐渐成为重点,是田庄经济变动不可忽视的倾向。种桑养蚕原是地主田庄耕织结合的传统,大约到北宋末年,这种情形也开始有所变化。徽宗宣和年中,国内诸州都有了专门化的“机户”,纺织业大有进展。于是桑叶、蚕丝、紬绢市场相应地扩大了。蚕乡地区,专营桑蚕的田庄便可能出现。如湖州武康、安吉一带,“山乡以蚕桑为

---

① 刘宰:《漫塘文集》卷二三,《(丹阳)丁桥太霄宫记》。

② 李心传:《建炎以来系年要录》卷一三五,绍兴十年四月乙丑。

③ 李心传:《建炎以来朝野杂记》甲集卷八,《张子长筑绍熙堰》。

④ 王炎:《双溪文集》卷一一,《上赵丞相书》。

⑤ 廖刚:《高峰文集》卷二,《乞予备赈济札子》。

⑥ 王炎:《双溪文集》卷一一,《上赵丞相书》。

⑦ 洪迈:《夷坚志》丁志卷一九,《许德和麦》。

岁计，富室育蚕有至数百箔，兼工机织"，桑树"富家有种数十亩者"。[①] 陈旉《农书》对该地的蚕丝生产做了一蕃计算：每箔得茧十二斤，每斤抽丝一两三分，丝五两织小绢一匹，可换米一石四斗[②]。数百箔蚕可以织成几百或上千匹小绢，并换到上千石米。润州织罗十二日成一匹[③]。绢罗幅重等同，小绢半重，约六日成匹。几千匹约需几万工，因此势必要雇工机织，才能不误妙价绢时。像这样的田庄，拥有品类单一化的桑园、蚕箔众多的蚕室、绢机也不能太少的作坊，庄主同时就是为市场工作的机户与丝绢商人了。

茶是晚唐以来重要的经济作物。晚唐产茶州县只有数十处，入宋，四川之外，东南十路六十六州二百四十二县均大面积植茶。全国年产量高达四五千万斤，茶成为朝廷与园户的一大利薮。产茶州军的田庄，不少弃农就茶，四川彭州大茶园私庄竟能年产三五万斤。中等茶叶每斤二十文，五万斤值千贯，粮食生产自然不能比拟。据园户称：茶每称十八斤为一袋，需破四工。采茶季节限于立夏并小满一段时间，约略估算，大茶庄每日需雇工几百人。每名工钱六十文(钱粮混支)，以纯货币计，约需几百贯钱[④]。整年累计，就是一个十分可观的数目。由此可见，大茶庄庄主经过商品市场，已获得相当数量的货币积累。

甘蔗也是广泛需要的经济作物。宋代四川、岭南、福建、江西、浙东等地均有种植。糖霜(冰糖)以广东番禺，福建福州、仙游，浙东明州及四川遂宁，质优量多。如仙游"岁运入浙淮者，不知其几万坛"[⑤]。四川遂宁凤台镇，蔗农三百余家，"每家多者数十瓮"[⑥]。毫无疑问，生产巨量糖霜的田庄，当然应是主要或单一种植甘蔗，并紧密地与市场联系在一起。

果树，宋代城镇经济繁荣，果树、蔬菜园艺经济也随之发达。荔枝，四川、岭南、福建诸地都有出产。福州城内外，遍植荔枝。洪塘水西一带，私人田庄，"一家之有至于万株"。鲜荔枝经过加工，可以运销远地、北亚与东南亚，

---

① 谈钥：《嘉泰吴兴志》卷二〇，《物产》。

② 《农书》下，《种桑之法篇第一》。

③ 李焘：《续资治通鉴长编》卷六三，景德三年五月丙午。

④ 吕陶：《净德集》卷一，《奏具置场买茶旋行出卖远方不便事状》。

⑤ 方大琮：《铁庵文集》卷二一，《救荒策》。

⑥ 王灼：《糖霜谱》第三。

遐迩驰誉,“故商人贩益广,而乡人种益多。一岁之出,不知几千万亿”[①]。柑橘:江南多处都有出产,而以温州、太湖洞庭山为盛。洞庭柑绍兴中一对值二千文,利润优厚,所以一乡遍植。北宋熙宁七年(1074年)大旱,太湖柑橘田庄雇工挑水浇灌,“有一家费十万钱雇人者”[②]。如按当时建州、彭州茶工日值六十文计算,可以雇到一千六百余人,足见这处柑橘园面积一定很大。

田庄在商品化程度日益提高的稻麦种植之外,侧重或单一种植桑、茶、蔗、果等经济作物,经过市场牟取厚利,这是宋代田庄经济变化的新动向。其动力是什么呢?笔者认为它是一代商品经济日见进展中,价值规律的魅力在起其历史性作用。

原载《中国社会经济史研究》1982年第2期

① 蔡襄:《荔枝谱》第三。

② 陈舜俞:《都官集》卷一四,《山中咏桔长咏》。

宋代的草市镇

草市镇的繁荣，是宋代社会经济发展的一大成就。阐明其发展状况，探索其内部结构及其对社会发展的作用，这将有助于对宋代经济整体的研究。

一、草市镇的兴起

宋代社会生产力曾有较大的发展。江东犁、踏犁、銐刀、龙骨车、筒车、秧马的应用日益普遍，陡坡（梯田）、陂泽（围田）、荒滩（涂田、沙田），甚至江湖水域（葑田）的多种开发，上百种水稻品种的广泛种植，二麦播种的扩及岭南，灌溉、施肥、深耕技术及复种指数的提高，促使农业不断进步。其明显标志就是单位面积产量的提高。北宋中期，浙西苏州中熟亩得米二三石。南宋初期，浙东绍兴、江东徽州也能亩得米二石，闽、浙上等田则普遍亩得米三石。以后苏、湖、明州最好的田地能够亩收五六石。所以农民在维持较低生活消费与扣除租税、种子以外，大致有一定数量的余粮。“水碓长腰米，村船巨口鱼”①，“舡收麦入市”②，诗人咏唱的正是余粮上市的情景。这就成为草市镇发展的有利条件。经济作物也有相应的发展。茶叶、甘蔗、棉花、桑柘、果蔬的栽培，在江南日见普及。这又为手工

① 严粲：《秋风》。

② 陈著：《嘉兴道中》。

业提供了充足的原料和分工发展的物质前提，丝棉麻纺织、陶瓷、矿冶、纸张、船舶各行业都向前跨进。纺织这种耕织长久结合的手工业，有了新的变化。北宋仁宗年间，四川梓州便有机织户数千家，徽宗时许多州也都有了"机户"。这是农业、手工业进一步分工的结果。社会分工的扩大，恰好是草市镇成长必不可少的历史因素。

此外，还有一系列政治因素。宋代赋税的特殊，是草市镇成长的一个强制性力量。折变、支移、税钱项目，迫使纳税对象更广泛地与市场取得联系。熙丰后，加征青苗、免役、无额上供。宣和开始又创立经制，绍兴增设总制、月桩、板帐、绢估种种税钱色目，以致穷乡僻壤的农民，不得不"为了官租才出市"①。

地主阶级则从另一角度进入市场。职役轮充的宽乡、狭乡之别与批朱、白脚之法，往往导致乡间上户竞相市居，借以捞取歇役的最优年限，或逃脱差役。官户地主不必应役，但自来他们就热衷于经商，"纡朱怀金，专为商旅之业者有之"。② 本来宋太祖在即位之初便拟订"薄税敛"以奖掖商人的则例。仁宗嘉祐间，又订定了"犯榷货者，不根问经由"的"海行条法"。③ 对政府专卖品的走私活动，大为放松。以后南宋朝廷又重申此令。这种政治保障，自然给商业带来了十分有利的局面。所有这些都从不同的方面给草市镇的兴发以推动。

草市始见于南北朝文献，南朝、隋、唐各代已经有了初步的发展。市本由朝廷建立，草市应是官办市外，民间"自为聚落"、私相贸易的集市。在宋人笔下，草字就常有私自、专擅的含义。这说明草市是社会生产力发展的自然产物，是商品经济的必然体现。

宋代草市如雨后春笋，因之称谓极多。诸如店（道店、庄店、草店、野店）、步（山步、水步）、虚（草虚、村墟、墟市）、市（山市、河市、村市、庙市、岳市、蚕市、痎市、亥市、三家市、鲈鱼市）等名目。

墟市是间日暂时市。岭南墟市"三数日一次市合"④。兴国军一带逢

---

① 朱继芳：《城市》。

② 蔡襄：《蔡忠惠集》卷十五，《废贪赃》。

③ 李心传：《建炎以来系年要录》卷一三二，绍兴九年九月己卯。

④ 《宋会要辑稿·食货》卷十八之八。

卯酉日(间隔五日)趁墟[①]。海南岛昌化县逢寅酉日(间隔四、六日)趁墟[②]。池州则有子午会,即逢子午日(间隔六日)趁墟[③]。渔村水市,市集常在清晨,“草市朝朝合”、[④]“晓日鱼虾市”[⑤]。一般的农村,草市昼间都在营业,“日暮人收市”[⑥]。在驿路上,和人烟稠密的乡村,还有“小市晚犹合”[⑦]、“小市疏灯有酒垆”[⑧]那样的晚市、夜市。

镇是比草市高一级的市场建制。晚唐五代时期,藩镇飞扬跋扈,往往于冲要地点设镇,差遣心腹,主持镇务,插手地方政治,从事商业经营。因此军镇自始便具有二重性。随着时间推移,它的军事、政治性质逐渐为经济职能所取代,因而镇使、镇将往往带上兼知税、勾当酒曲等职衔。[⑨] 北宋开国后,于建隆三年(962 年)十二月癸巳诏置县尉,削夺镇将干涉地方政权。接着,“诸镇省罢略尽,所以存者特曰监镇,主烟火兼征商”[⑩]。由朝廷正式确认其为县市与草市之间的市场建制。北宋的许多镇名恰好说明这个问题:如开封府“草市镇”(草市升镇),齐州“新市镇”(草市升镇),真州“瓜步镇”(步市升镇),滨州“马家庄镇”(庄店升镇),梓州“吴店镇”(村店升镇),泰州“柴墟镇”(墟市升镇)等。草市提升为镇市,有宋一代几百年都在不断进行。如湖州乌程县震泽乡南林(又作南浔)村,原只是“一聚落耳”,后来“市井繁阜,商贾辐辏”,理宗淳祐年间便敕准设镇[⑪]。

建隆三年(962 年)罢黜镇将后,于镇市设监镇。《哲宗正史·职官志》:“诸镇监官,掌警逻盗窃及烟火之禁,兼征税榷酤,则掌其出纳会计。”[⑫]文武京官以上的监镇官许断杖罪以下公事,小使臣或选人监管的

① 项安世:《平庵悔稿后编》卷三,《佛图市》。

② 赵汝适:《诸蕃志》下,《海南》。

③ 叶廷珪:《海录碎事》卷十五,《子午会》。

④ 张津:《乾道四明图经》卷八。

⑤ 梅圣俞:《送马廷评之余姚》。

⑥ 罗与之:《江行阻风小市》。

⑦ 李纲:《玉山道中》。

⑧ 陆游:《游山步》。

⑨ 《八琼室金石补正》卷八十二,《佛顶尊胜陀罗尼经序》。

⑩ 谈钥:《嘉泰吴兴志》卷十,《管镇》。

⑪ 《吴兴金石志》卷十一《安吉州乌程县南林报国寺记》,卷十二《嘉应庙敕牒碑》。

⑫ 《宋会要辑稿·职官》卷四八之九二。

杖罪也必须送县处理，婚田词诉不得过问。这些约束使镇市完全摆脱晚唐五代时期军镇色彩，纯粹以贸易镇市出现于经济领域。

草市的另一个发展方向是作为城市的新市区存在，“城小人多，散在城外，谓之草市者甚众”。① 如鄂州南草市，“沿江数万家，廛閈甚盛，列肆如栉，酒垆楼栏尤壮丽，外郡未见其比”。② 所以宋朝政府也一向把它们作为新城区对待，设厢虞候进行管理。如绍兴十一年（1141 年）把临安城外江涨桥镇与浙江市置为南北左右厢，差京官主管。

北宋，黄河流域的草市镇发展要比江南快一些。现据《宋会要辑稿·食货》商税部分仁宗、神宗时期县以下场务（包括草市镇与津渡）数字列表如表 1③。

按表中南北对比，增长率为仁宗时期 135.85，神宗时期 -7.23。仁宗时期南方场务数字比北方多，到熙宁十年（1077 年），北方迅即超越而上。其中除四京由于特殊条件因而草市镇发展较快外，就算河北东路与京东路最快了。这个地区地处华北平原，濒临渤海、黄海，物产富饶，交通方便，津港市镇首先获得发展。如淄州邹平县济河津渡赵岩口镇，商税年额 28389 贯 97 文，比州治 6758 贯 786 文、县治 3327 贯 852 文都高。莱州掖县海边的沧海镇年额 12921 贯 90 文，比州治 6241 贯 375 文高。再者，村庄市镇也有相当的进展。如沂州临沂县王相公庄市年额七千多贯，沂水县苏村市四千多贯。滨州招安县马家庄镇 5185 贯 978 文，比县城 2392 贯 243 文高一倍还多。密州板桥镇则更为突出。板桥镇滨黄海，西集京东、河北、河东诸路的丝绵、绫绢、铜钱、杂货，南接两广、福建、浙淮北上海船舶来的乳香、犀象、珍宝，有集有散，“交易繁夥”。因此北宋朝廷于元祐三年（1088 年）三月决定设置市舶司，是镇市唯一设司的一个。④

江南经济区，自晚唐以来，日渐崛起。宋初，陶谷已认为：“轻清富丽，东南为甲。富兼华夷，余杭又为甲。百事繁庶，地上天宫也。”⑤南宋以后，“上

---

① 苏轼：《苏东坡奏议集》卷十二，《乞罢宿州修城状》。

② 范成大：《吴船录》下。

③ 据笔者研究，商税旧额多属仁宗后期数字，元丰年中三司整理时，取场务比较数字凑合而成。

④ 李焘：《续资治通鉴长编》卷四百九。

⑤ 《清异录》卷一。

界有天堂，下界有苏杭”的谣谚更广为流传。东南地区乡间，“村南啼布谷，村北响缫车。隔浦卖鱼市，傍桥沽酒家”①“今夫十家之聚，必有米盐之市”②。

表1 《宋会要辑稿·食货·商税》仁宗、神宗时期坊场河渡统计

地区	路别	仁宗时期	神宗时期	增长率%
华北	开封府	8	20	250
	京东东路	39	56	143.59
	京东西路	18	29	161.11
	京西南路	23	11	−52.18
	京西北路	34	40	117.65
	河北东路	72	117	162.5
	河北西路	31	42	135.48
	永兴军路	37	57	154.05
	秦凤路	31	43	138.7
	河东路	11	28	254.55
	合计	304	443	145.72
华南	淮南东路	29	32	110.34
	淮南西路	43	36	−16.28
	两浙路	31	50	161.29
	江南东路	23	20	−13.05
	江南西路	14	14	100
	荆湖南路	3	17	566.67
	荆湖北路	25	33	132
	成都府路	48	24	−50
	梓州路	42	3	−92.86
	利州路	11	8	−27.27
	夔州路	18	14	−22.22
	福建路	12	17	141.67
	广南东路	60	66	110
	广南西路	54	77	142.59
	合计	413	411	−0.49

① 陈允平:《过田家》,作者明州人。

② 刘宰:《漫塘文集》卷二三,《(丹阳)丁桥太霄观记》

这里根据有关文献，将两浙路部分地区草市镇场务统计如表 2。①

表 2　两浙路部分地区草市镇场务统计表

地区	仁宗时期	神宗时期	南宋	南宋比熙宁
杭州	8	15	24	160
越州	3	10	17	170
明州	1	3	28	933
台州	3	10	23	230
湖州	5	6	6	100
合计	18	39	98	251

上表数字并不精确，例如在一份嘉定十三年九月十七日的臣僚上言中，罗列了平江府海港顾迳市周近十六处口岸市镇②，多未见于记载。但也可看出，南宋时期，东南沿海地区草市镇已经大有发展。岭南也不例外。乾道中，韶州有墟三十九处，贺州有市三十处。开禧元年，广州、肇庆府、惠州有墟市八十三处③。

南宋草市镇横向发展的另一特征，是母市镇分蘖出子市镇。如潭州长沙县桥口镇，"四通八达"，商旅如织。南宋前期，"市户二千余家，地狭不足以居，则于夹江地名暴家歧者又为一聚落，亦数百家"。④ 分蘖现象表明南宋草市镇商业网的不断扩大，居民点向外围延伸，因之不少镇市常提升设县。

宋代草市镇的纵向发展，是在农业与手工业分工进一步扩大基础上，涌现出一批具有手工业专业倾向色彩的市镇。陶瓷业：如饶州景德镇、徐州白土镇；矿冶业：如筠州清溪市；盐业：如陵州赖镬镇；茶业：如彭州蒲村镇；糖业：如遂州凤台镇、兴化军龙华镇；航运业：如泉州安海镇、秀州青龙

---

① 仁宗时期数字据《宋会要辑稿·食货》商税旧额与酒曲杂录。神宗时期数字据商税熙宁十年新额及《元丰九域志》。南宋数字依次据潜说友《咸淳临安志》、施宿《嘉泰会稽志》、张淏《宝庆会稽续志》、罗濬《宝庆四明志》、陈耆卿《嘉定赤城志》、谈钥《嘉泰吴兴志》各有关部分。

② 《宋会要辑稿·食货》卷一八之二九。

③ 《宋会要辑稿·食货》卷二三之一，卷二三之四，卷一八之二三。

④ 《宋会要辑稿·职官》卷四八之一四。

镇等等。这批市镇的出现，不但显示宋代经济作物、手工制造与商业的发展高度，同时还标志着草市镇经济自身发展到了一个新的境地。

二、广度·深度·限度

宋代的草市镇，一般都拥有固定的居民点。江西“余干古步，有墟市数百家”。[①] 镇市，居民较墟市为多。长沙桥口镇二千多家，福州海口镇三千多家[②]，秀州澉浦镇五千多家[③]，嘉州苏稽、符文镇，“两镇市井繁遝类壮县”[④]。这些居民长年累月在一起谋生，有着大致类似的经济利益、生活旨趣，因而逐步形成人口共同体。他们经常地称为“市人”、“市户”或“市井小民”。他们是近代市民阶级的先驱。现剖析如下：

第一，“小市藏百贾”[⑤]。草市镇的居民，主要的是商贩和手艺工匠。按其经济状况，可以分为三等。

上等市民包括官商、豪贾、富民、行业总首、官僚。他们资产巨万，势力雄厚，是草市镇的上户与兼并之家。南宋杨存中，曾于绍兴末年献纳其买扑的酒坊，有临安府硖石镇坊四处，湖州新市镇坊并子坊一处，乌墩镇坊及上伯市坊，秀州皁林市坊并子坊二处，石门市坊、魏塘镇坊及风泾市坊，外加其他几处，固定资产折钱七十二万五千余贯，酒坊所在，“自来人烟繁盛，系是三万以上场务”。[⑥] 其收入自必十分惊人。湖州德清县某市镇李从之药铺，“庀徒数百人”，生意范围：“自浙东西，至两淮二江数十州。”[⑦]这是名符其实的豪贾。徐州肖县白土镇拥有三十余窑的窑户总首

---

① 洪迈：《夷坚志》三志壬，卷九《古步王屠》。

② 梁克家：《淳熙三山志》卷六，《地理》。

③ 常竹牕：《海盐澉水志》上，《户口》。

④ 范成大：《吴船录》上。

⑤ 陈师道：《山口阻风》。

⑥ 《宋会要辑稿·食货》卷二一之二、三。

⑦ 孙觌：《鸿庆居士文集》卷三九，《李从之墓志铭》

邹师孟[①]，舒州宿松县仓步市酒坊擅利人汪革，同时兼为麻地铁冶冶户[②]，当然都其富不赀。草市镇也居住许多大地主。鼎州查市余某，“岁收谷十万石”。[③]，平江常熟县直塘镇张三八，“仓廪帑库所贮钱米万计”。[④] 江西鄱阳墟市也“多富民居”[⑤]。草市镇里也居住达官贵人，如平江横金市寓居大理少卿王珏，伊阳县小水镇寓居宰相张齐贤的后代。

中等市民是那些营运和手艺顺利的小康人家。如在常熟梅里镇又在平江城内两处开设药铺的江仲谋，“收市良材，不惜价值”。[⑥] 鄱阳石门镇屠户羊六，累代宰羊，积有家资[⑦]。市驵、揽户、行钱则是他们之中富有时代特色的流辈。

宋代城乡商品经济发达的结果，促使驵侩阶层空前发展。他们“邀接商旅作牙侩”[⑧]，从中渔利，也拥有一定资财，多方经营。揽户是驵侩的一种转化形态。它的产生有多种原因。大体说来，货币赋税的日益增长，以及通过市场关系巧妙加强剥削量的做法，使地租的再分配范围扩及与市场价格、商业利润有关联的人，为市驵与仓斗的勾结提供了条件。“究其大指，则揽户城居也，仓斗亦城居也”。[⑨] 城镇便成为二者结合的场所，从而产生揽纳官赋的专业户。宋廷在许多市镇（如宣城水阳镇、芜湖采石镇、常熟梅里镇、桐城枞阳镇）设立仓储，受纳周围的赋税，所以草市镇又是揽户丛集之区。地主税户出于寄生成性，农民税户迫于畸零合钞、远道艰阻，或避免仓斗的刁难，往往“附钱与在城揽人”[⑩]，或将户钞转托揽户，以了官赋。揽户则从中敲诈，与仓斗刈分所得。行钱是高利贷资本的代理人。宋代长期存在的“百物皆贱，而惟钱最贵”局面[⑪]，使得货币更加表

---

① 洪迈：《夷坚志》三志巳，卷四《萧县陶匠》。

② 岳珂：《桯史》卷六，《汪革谣讦》。

③ 洪迈：《夷坚志》甲志，卷七《查市道人》。

④ 洪迈：《夷坚志》志补，卷七《直塘风雹》。

⑤ 洪迈：《夷坚志》支癸，卷六《彭居士》。

⑥ 洪迈：《夷坚志》支庚，卷四《伏虎司徒庙》。

⑦ 洪迈：《夷坚志》三志壬，卷十《石门羊屠》。

⑧ 洪迈：《夷坚志》三志巳，卷二《姜七家猪》。

⑨ 周应合：《景定建康志》卷四，《赋税》。

⑩ 欧阳守道：《巽斋集》卷四，《与王吉州论郡政书》。

⑪ 苏辙：《栾城集》卷三五，《画一状》。

现为一般财富，贮藏货币与放高利贷之风，也随之更加猖獗。平江常熟直塘镇张三八既“贮钱米万计”，兼又大做“典质金帛”营运。衢州江山峡口市祝大郎大开“质库”。高利贷者需要行钱为之奔走驱使，行钱辈也乐得在钱孔中斡旋寄生。所以他们是剥削者与被剥削者的中介人，虽能“颇获赢润”，以致华衣美食，但地位卑贱，“富人视行钱如部曲也”。①

下等市民是所谓猥琐细人、市井小民。他们或经营微末生理，或售其技以糊口。鄱阳石头镇市民龚三鬻蒸芋，汪三与陈二“共本”宰牛，秀州魏塘镇铁工与宿迁崔镇锻工卖佣为生，以及那些售卖稀粥、豆乳、糍饵、猪羊血羹、批炙猪肉片脯的小经纪人，结络、凿纸钱、剃剪、编草履的小手艺人，和售佣“得钱以给“的居民。这些“街市小民，一日失业，则一日不食”。②就中也有“极贫秀才”，如江西南城县童蒙未第时，居城外塔步市，“贫甚，聚小儿学以自给”。③

当然，上中下界线，也会随着他们的财产而变动。如湖州市民许六，原来卖饼饵蓼糤，获利后兼放高利贷，“家业渐进”。穷时诨称“许糖饼”，富时惬号“许六郎”④。有的则纳资得爵。宿州临涣县柳子镇市民朱亿、朱杰兄弟，年荒献粟，得本州助教（从九品），从普通市户转化为官户。

第二，草市镇“市户自有经纪，工匠自有手作。”各色工匠的“工业”⑤生产活动，是草市镇经济的一个组成部分。

制造生产、生活这二大部类用品，是当时手工艺的基本生产形态。他们有的自产自销，有的为顾客来料加工。秀州白牛镇机户，即为华亭盐仓祇园局来料织造盐袋，按月领取工钱⑥。有的用自备工具，出外趁活，为顾客加工。江西乐平桐林市银匠，远到德兴为人打银⑦。这类草市镇手艺人，虽然独立谋生，却严重地受乡间经济状况的制约。范浚《铁工问》记述婺州兰溪县香溪流域乡间铁工的自叙：

---

① 王明清：《投辖录·玉条脱》。

② 《宋会要辑稿·食货》卷一二之六。

③ 洪迈：《夷坚志》志补，卷九《童蕲州》。

④ 洪迈：《夷坚志》支景，卷五《许六郎》。

⑤ 《宋会要辑稿·食货》卷二六之一三。

⑥ 黄震：《慈溪黄氏日钞》卷七一，《申乞散还盐袋机户钱讫再乞立定期限状》。

⑦ 洪迈：《夷坚志》乙志，卷二〇《童银匠》。

始小人贫时，无以自业，恃炭铁为命。而世久无事，所锻冶必农器。适岁荐饥，农不得利，率逋亩去为末业，耕者日益落。吾为犁、铫、镈、锄，穷一日力，仅得一器，辄一月十五日不售。故甚窭如昔时。①

可见乡间草市镇的手艺生产，与农业关系密切。年荒时歉，农民逋逃，购买力萎缩，市场随之衰敝。这是草市镇手艺市场狭小脆弱的本质表现。它对农业生产的依赖性还十分突出，二者之间的分工距离还很有限。

在个体手工艺生产之外，草市镇也逐渐稀疏地萌生了一批手工作坊。饶州浮梁景德镇的陶瓷生产相当兴盛。据元人蒋祈《陶记》，宋代已有“三百余座”瓷窑，生产工艺已有陶工、匣工、土工，利坯、车坯、釉坯，印花、画花、雕花这些工种及工艺程序类别。徐州白土镇“凡三十余窑，陶匠数百”。按照这种配置比例，景德镇从业人数一定繁多。类似这种大小不一的其他行业作坊，当不在少数。

南宋初人王炎曾分析湖州境内的制甲工匠，认为：“士农工商，虽各有业，然锻炼工匠，未必不耕种水田。纵不耕种水田，春月必务蚕桑，必种园圃。”②显然，草市镇工匠也不能例外。这说明当时手工业工匠的独立性不高，在生活上，他们难能与农民有多少差别。

第三，随着城镇的兴起，为其居民生活服务的果蔬经济也得以发展。尤其在南宋，随着草市镇以前所未有的速度横向扩展的结果，供应果蔬的园艺种植业作为一种崭露头角的城镇辅助经济形态确立起来。镇江丹徒大港镇孙沂兄弟，“竭力灌园，园之果蔬畅茂，他植者莫及，负贩者争趋之”。③ 丹徒孙大成有园三十亩，经营之后，“嘉蔬美实，收利十倍”④。黄州黄岗县阳逻镇市民宁文，“以灌园为生”⑤。台州仙居县“园人”陈甲种菜卖钱⑥。鄱阳县阳步市民吴六，受佣于城中“菜园家”做“园丁”⑦。吴

---

① 《香溪集》卷五。

② 《双溪文集》卷十一，《上宰执》。

③ 刘宰：《漫塘文集》卷三一，《孙沂墓志铭》。

④ 刘宰：《漫塘文集》卷三三，《孙大成行述》。

⑤ 洪迈：《夷坚志》支庚，卷三《黄州宁氏儿》。

⑥ 洪迈：《夷坚志》支景，卷四《宝积行者》。

⑦ 洪迈：《夷坚志》支癸，卷九《吴六竞渡》。

江“菜户”孙氏，种菜为生①。菜园经营的优点是：菜户不一定要付出一笔高昂的地价垫支，檐前屋后，荒园闲畦均可种艺。管理方便，成本低廉，成熟期短。市场稳定，销售迅速，资金周转快。而且往往省却官私租税，因而有利可图。所以它出现后，就为人们所赏识、所推广，以至城镇附近农民，也半稻半菜兼营起来。一首《鬻菜者》诗道：“早禾未熟晚犹迟，卖菜归来始得炊。谷者本从田户出，未滋反取市人嗤。”②正由于菜园业的日趋发达，南宋初年伪齐政权曾一度试图“专立菜园户法”以从事新花样的剥削③。

草市镇在宋代虽然以史无前例的步伐迈进，却又厄于封建经济发展的界限。

穷乡僻壤，墟市居多。墟市深入乡间，为广大农村小生产者交换自己的产品，方便生活，起着有益的作用。但它却是一种十分狭小的市集。试看南康军星子县归宗墟：

> 农夫争道来，聒聒更笑喧。数辰竞一虚，邸店如云屯。或携布与楮，或驱鸡与豚。纵横箕帚材，琐细难具论。老翁主贸易，俯仰众所尊。区区较寻尺，一一手自翻。④

显然，这里是小生产者自产自销，或以物易物，达成彼此之间产品交换的贸易形式。所以它可以不要商人，也可以不借货币媒介，而只要委托乡社老者主持，就能够实现贸易的目的。市场狭小，生产者与消费者（他同时又是生产者）之间的距离极短。商品流通范围不出本地区。墟市正是自然经济枝干上冒出的第一片商品经济幼芽。墟市在外观上也十分原始，虽然已有固定店铺，但与村舍相间，与田园错落。秀州有陶庄墟市一处，元代时还是：“村落成行市井连，日中云集自年年。”⑤墟市一散，便又十分萧索。台步墟在湘水之滨：“人散谁复撞？鸥鸟亦来下，酒旆停空杠。”⑥间日市合，恰好就是农村小市场必然的表现。

---

① 洪迈：《夷坚志》支庚，卷四《吴江二井》。
② 赵蕃：《淳熙稿》卷十七。
③ 《宋会要辑稿·食货》卷九之二七。
④ 释道潜：《参寥子诗集》卷一，《归宗道中》。
⑤ 杨维贞：《陶庄》。
⑥ 沈辽：《湘中宿台步寺》。

镇市比墟市有较高的发展水平。它在较大范围内为乡间建立地方性的经常市场。但它的商业深度依然有限。

兹以秀州场务为例。据《宋会要辑稿·食货》卷一六之九,熙宁十年(1077年)商税额如表3。据表列,草市镇共五处,魏塘场(南宋升镇)在内地,其余为沿海口岸。其中青龙镇税额最高,占秀州总税额的五分之一强。魏塘场最低,不到总额的百分之一。

表3 熙宁十年(1077年)秀州商税额

县名	场务	税额	总额中的%
嘉兴	县城(州治)	27452贯640文	38.74
	魏塘场	288贯470文	0.40
华宁	县城	16018贯671文	22.61
	青龙镇	15879贯403文	22.41
	金山场	712贯21文	1.00
海盐	县城	3660贯168文	5.16
	澉浦场	1819贯476文	2.56
	广陈场	937贯825文	1.32
崇德	县城	4078贯260文	5.75
合计		70846贯934文	100

青龙镇税额高,原因在于:

青龙镇瞰松江,上据沪渎之口,岛夷闽粤交广之途所自出。风樯浪舶,朝夕上下,富商巨贾,豪宗右姓之所会。①

像这样交通发达,船舶云集的近海镇市,舶税必然异常充沛。反之,魏塘居太湖平原,土地高度集中,客户麇集,税额却为何那样低呢?附近风泾人陈舜俞,在北宋仁宗末年曾替农民算了一笔账:千人乡村,佃客九百。夫妇二人,耕田不能百亩。收成五等分:地租二份,牛租、农具租各一

① 杨潜:《绍熙云间志》下,陈林《隆平寺经藏记》。

份，剩下一份家用①。按范仲淹当时所说浙西苏州中熟亩米二三石，丰年做三石计算，一夫耕三十亩，年得米九十石，五分得十八石，只够五口之家一年吃饭之需。辛勤终岁，仅能糊口，没有什么余粮可以投入市场。所以陈舜俞又说："不幸中岁，则偿且不赡矣。"税额之所以低的底细就在于此。

南宋末年，方回更对当地的市场关系做了一番考察：

予往在秀（州）之魏塘（镇）王文政家，望吴侬之野，茅屋炊烟，无穷无极，皆佃户也。一农可耕今田三十亩，假如亩收米三石或二石，姑以二石为中，亩以一石还主家，庄干量石五以上，且曰纳主三十石，佃户自得三十石。五口之家，人日食一升，一年食十八石，有十二石之余。

予见佃户携米，或一斗或五七三四升，至其肆，易香烛、纸马、油盐、酱醯、浆粉、麸面、椒姜、药饵之属不一，皆以米准之。整日得米数十石，每一百石，舟运至杭、至秀、至南浔、至姑苏粜钱，复买物货归售。②

姑依此计算，佃户已有十二石余粮可以进入市场。方回这里罗列了农产品交换生活品情形，即余粮首先得用以维持客户的最低生活消费。假如余粮中扣除一部分用作重复简单再生产的费用支出，购买力就会相应下降。首要的是留足种子量。按当时淮西和州屯田每亩种子一斗五升，江陵府营田每亩一斗③。荆湖北路系漫撒地区，种子量低，当以和州为准，每年需四石五斗，余七石五斗。基本开支，由此提供。叶适曾说明南宋中期吴越的市场行情："米粟布帛之值三倍于旧，鸡豚菜茹樵薪之鬻五倍于旧，田宅之价十倍于旧。"④物价猛涨势必给客户生活带来困难。所以客户的贫困化，自必影响草市镇的发展。

此外，还有几条束缚草市镇的绳索。

宋朝政府设镇官管理镇市，他们的职权范围也有明确的规定。但事实上，他们往往私设牢狱，拷掠市民，文符追扰，威福兼作，以致有人因此

---

① 《都官集》卷二，《太平有为策·厚生第一》。

② 魏了翁：《古今考》卷十八，《方回续考》。

③ 《宋会要辑稿·食货》卷六三之五三、一五四。

④ 《水心文集·别集》卷二，《民事》中。

惊叹："是一邑而有二令也。"[①]有的监镇贪黩无厌，为了攫夺商品："贵价令作贱价，上等令作下等，所亏之直，不啻数倍，致人户赔费失所。"[②]太平州黄池镇镇官史文林等人，在镇市强行编排行户，勒令供纳缣帛、香货、鱼肉、蔬果种种物品。借口科买，勒索白科。挂名收买，强收贱买[③]。镇官的贪残，是妨碍镇市货通有无、秩序安定的一个不大不小的人为因素。

赋税的苛重是又一草市镇经济的桎梏。首先，是商税的烦苛。宋太祖虽然在即位的首年便诏令拟订商税则例，淳化五年(994年)，太宗诏书已指出："细碎必取，掊克斯甚，交易不行。"[④]北宋中期以后，各地场务以特定最高年额为固定指标，形式上是为了防止税官专擅枉法，实际是加重负担。尤其是南宋朝廷经常加码，税额猛升，给草市镇经济带来极大的困难。如湖州四安镇，月额九百贯，实际只能完纳四百二十贯。乌青镇日额一百二十贯，实收只有四十三贯。镇官只好百般勒索，穷搜奇剔，商旅被迫"多行私港"，市面日益萧条[⑤]。若干草市场务，朝廷不设税官，交由豪户买扑："凡买扑者，往往一乡之豪猾，既称趁纳官课，则声势尤甚于官务。"[⑥]如有的竟将村落土产竹木等不到税务物品，抑令农民遥认税钱"以钓税为名"，横征暴敛[⑦]。有的算舟税筏，拦路勒税。诸如此类，都严重地破坏市场关系，堵塞商品流通渠道，给草市镇发展以莫大的威胁。

其次，是免行钱敷纳。熙宁中创立免行钱，原意在于免除行户供应。实行之后，转生一弊：税钱照征，供应照办。南宋绍兴年中，地方官往往将"村店货卖细小之民"，也一例敷纳。"乡村小店"无钱行贿，输钱反重于富商，"故有店铺而废业者，有携家而他徙者"。[⑧]

政治权力的干扰，是草市镇盛衰存亡的另一重要原因。江西筠州高安县旌义乡云石墟，隔五里路，与隆兴府南昌县新义墟两相对峙。靖康兵

---

① 《宋会要辑稿·方域》卷一二之二〇。

② 《宋会要辑稿·食货》卷六四之六六。

③ 真德秀：《真西山文集》卷七，《申御史台并户部照会罢黄池镇行铺状》。

④ 《宋会要辑稿·食货》卷一七之一三。

⑤ 《宋会要辑稿·食货》卷一八之三〇。

⑥ 《宋会要辑稿·食货》卷一八之八。

⑦ 《宋会要辑稿·食货》卷一八之二〇。

⑧ 《宋会要辑稿·食货》卷六四之六六。

燹，云石残破，新义因之独擅数十年；绍熙末年，云石又见兴盛。对方贿通郡守，强行予以关闭，致使云石市户“交易散亡，不得其所”。开禧二年(1206年)，筠守易人，云石再兴。“新义裒贿欲褫”，当时江帅赵汝谠不同意，云石幸免又一次的厄运①。云石墟的沧桑历史，深刻说明中国封建专制主义往往带给经济前进步履以沉重的羁绊。

三、乡间市场网

北宋徽宗政和年间，李元弼在广陵写作《作邑自箴》，其《劝谕民庶榜》题下自注说：“镇市中并外镇、步、逐乡村店舍多处，各张一本。”这里，“逐乡村店舍”这句最可重视。“民聚而多，莫如浙东西”②，远在长江上游的泸州，草市镇也大有发展。神宗熙宁十年(1077年)四月乙巳，朝廷鉴于戎、泸州荒塞，蕃汉人户难于“买食用盐茶农具”，准许人户申请“兴置草市”③。时隔一个半世纪，据宁宗嘉定末年曹叔远的《江阳谱》统计：泸州有草市镇67个。其中泸川县22480户，村庄71处，市镇37个，平均607户、两村有市镇一个。合江县12370户，村庄48处，市镇18个，平均687户、三村有市镇一个。江安县11986户，村寨186处，市镇12个，平均998户、15村有市镇一个。泸川县任市市民328户，先市447户，鹿巷镇587户，曹市637户。除江安县蕃寨错落，经济水平较低草市镇稀疏外，泸川、合江二县差不多每一都有一个市镇④。这种情景，确实证明：“资本主义前的农村是(从经济方面看)地方小市场的网。”⑤

宋代草市镇市场网的首要使命，是实行特定范围内的商品交流。如严州青溪县云程，“有墟市，富者商者鸠焉。其水陆达杭、越，通衢、建，凡舟车日夜之所奔走，皆夺吾山川芳润之实以去之者”⑥。当然，舟车也给

① 幸元龙：《松垣文集》卷三，《云石市记》。
② 叶适：《水心文集》卷十，《瑞安县重建厅事记》。
③ 李焘：《续资治通鉴长编》卷二八一。
④ 《永乐大典》卷二二一七，《泸州府·乡都》。
⑤ 《列宁全集》第3卷，第340页。
⑥ 方逢辰：《蛟峰集》卷五，《芳润堂记》。

青溪运来外地商品。车来船往，频繁贸贩的结果，推动整个社会的经济生活川流不息，生机勃发。沿海口岸镇市，更加起着集散海内外物资的作用。泉州海口安海镇，“蛮舶萃焉”①。秀州澉浦镇：“招接海南诸货，贩运浙西诸邦。”②青龙镇“市廛杂夷夏之人，宝货当东南之物”③。苏州顾迳市，“系二广、福建、温、台、明、越等郡大商海船辐辏之地”④。密州板桥镇，“四方商贾所聚”⑤。中华民族在数千年发展历程中，不断恢弘壮大，是她能够融冶中外的精英，款接万方的珍异。宋代包含草市镇在内的经济机体，恰富有这一特征。

草市镇市场网使得原来耕织自然经济下的农民，空前频繁地与市场发生联系。“乔木村墟十里秋，鱼盐微利竞蝇头”⑥，“几家鸡犬喧一鄽，憧憧人得蝇头利”⑦。荆湖南路，“民计每岁种食之外，余米尽以贸易。大商则聚小家之所有，小舟亦附大舰而同营，展转贩粜，以规厚利”⑧。草市镇商人也往往通过村侩，向农民收购农工产品。如徽州婺源农民张时蓄养鸭群，岁收蛋四五千粒，是村侩收购的适当对象。⑨ 诸如此类，都有可能在部分农民商贩手中，积累起货币，扩大其与他人的财产差别。徽州人吴十郎，逃荒到舒州宿松县，编织草履度日，又改业卖油，几年后，“资业顿起，殆且巨万”⑩，便是一个有说服力的典型。

乡间市场网为农民提供发展手艺以售其技的场所。广大农民在赋役的重轭下，不得不同时从事某种手艺劳动，借以增加收入。除走村串巷的工匠外，多数要依靠草市镇，才能把手艺劳动转化为货币或产品收入。正因如此，农民兼业在宋代农村蔚成风气，南宋以后尤其突出。明州农民，

---

① 真德秀：《谕州县官僚》。

② 常竹隐：《海盐澉水志》。

③ 应熙：《青龙赋》。

④ 《宋会要辑稿·食货》卷一八之二九。

⑤ 李焘：《续资治通鉴长编》卷三四四。

⑥ 黄伯厚：《(邵武军)椒屯墟》。

⑦ 叶茵：《山市晴岚》。

⑧ 叶适：《水心文集》卷一《上(宁宗)皇帝札子》。

⑨ 洪迈：《夷坚志》三志辛，卷六《张时鸭》。

⑩ 洪迈：《夷坚志》支癸，卷三《独脚五通》。

同时“为工、为匠、为刀镊、为负贩”[1]，抚州“金豁陶户，大抵皆农民”“借他业以相补助者，殆不止此”[2]。四川农民，也多“有营运”[3]。淳熙中，朱熹知南康军，在一份需下属呈报农村缺粮户格式中，规定把下户分为“作田”、“不作田”和“作他人田”三类，并都要注明“别经营甚业次”[4]。兼业情形已扩及自耕农、佃雇农和脱离农耕的农民各阶层。兼业不但能给农民以生活补助，而且也能滋长其才智，促进其分化。

农村人户与乡间市场网的上述二种联系方式，都将引发农村财产状况的适当变化。北宋后期，晁说之指出：

> 所谓国籍十世之基，家承百年之业，士会旧德之名氏，农服先畴之畎亩，商修族世之所鬻，工用高曾之规矩，唯河北为然也。[5]

显然可见，从那时以后，华南经济区伴随着宋朝经济重心的南移，家业、学术、农亩、商品、工艺各方面，都处于变动状态。南宋时人又惊呼：“世降俗薄，名分倒置，礼义凌迟，徒以区区贫富为强弱也。”[6]譬如“主佃易势”便是其间荦荦大端。台州仙居农民郑四客，原为林通判家佃客，“后稍有储羡，或出入贩贸纱帛海物”，雇仆人陈二为帮手[7]。这个林家“佃仆”已经在奴役自己的“仆人”了。兴化军莆田穷佃户后代吴春、吴辉家道强盛，因之敢于向“子孙衰弱”“的主家挑战“殴人阑丧，不顾名分”了[8]。荆湖地区盛行随田佃客制，有的佃客“稍能买田宅三五亩，出立户名，便欲脱离主户而去”[9]。部分客户从无产浮寄到拥有家业，是农村经济变动的一个缩影。面对这种现实，“以仁持家”的地主们，便以“存恤佃客”为题大做文章。告诫子孙：“不可见其自有田园，辄起贪图之意。”[10]从阶级斗争

---

① 戴栩：《浣川集》卷四，《论抄札人字地字格式札子》。

② 陆九渊：《象山文集》卷十，《与张元鼎》。

③ 《宋会要辑稿·食货》卷一一之一八。

④ 《朱子大全·别集》卷六，《取会管下都分富家及阙食之家》。

⑤ 《嵩山文集》卷二，《朔问》下。

⑥ 《名公书判清明集·户婚门·主佃争墓地》。

⑦ 洪迈：《夷坚志》支景，卷五《郑四客》。

⑧ 前引，《主佃争墓地》。

⑨ 胡宏：《五峰集》卷二，《与刘信叔书》。

⑩ 袁采：《袁氏世范》卷三。

的角度来考察，地主阶级对佃客从奴仆蓄养转为提倡存恤，正是东风第一枝，透露了农民战争“等贵贱，均贫富”口号的消息。

中国封建社会“古姓聚成村”（苏轼诗）。唐代诗人白居易的《朱陈村》诗：“一村唯两姓，世世为婚姻。”“有财不行商，有丁不入军。家家守村业，头白不出门。”到了宋代，乡间市场网使这种情况发生了变化。刘宰的丹阳《丁桥太霄观记》说：

> 今夫十家之聚，必有米盐之市，曰市矣，则有市道焉。相时之宜，以懋迁其有无，揣人情之缓急，而上下其物之估，以规圭黍勺合之利，此固市道之常。

可见与村市普及的同时，市道也就发挥其作用。例如江西隆兴府进贤县简坊市，农民赵三于庆元元年（1195年）七月从山上摘归一枚直径一尺八寸的野菇。村市“酒肆王翁尤异之，谓曰：‘我与尔钱，尔以与我，将挂于店外以诱饮客。赵许之，而嫌所酬之薄’”①。这里，显然是市道的金钱欲在支配着人们的思想感情了。货币同时又开始进入城乡的奴役关系，因此雇佣劳动已在城镇里日益发达起来。

宋代意识形态领域的义利之辨，恰是上述变化的折光反射。道学家敏感地强调封建伦常，不能不与阶级斗争的深化及商品经济的发展直接相关。著名的《世范》作者袁采，以“人贵忠信笃敬”来指责市民，认为商人出卖“假伪之物”是不忠，工匠产品“期而不售”是不信。他们都是小人。“市井街巷，茶坊酒肆，皆小人杂处之地”。又以无可奈何的心情，吁请商人工匠“营运先存心近厚”②。诗人陆游则持另一姿态。山阴陆氏为六朝三吴士族著姓孑遗，在《家训》中，他告诫子孙：“若能布衣草履，从事农圃，足迹不到城市，弥是佳事。”“切不可迫于衣食，为市井小人事耳。戒之戒之。”

草市镇不但是乡间经济上的“农工商贾都会”，同时又是文化中心。封建文化主要操在地主手里。随着草市镇的兴起，地主田庄派生店舍，或他们翩然市居，一定的文化生活因之活跃起来。草市“小儿学”由来已久。

---

① 洪迈：《夷坚志》支景，卷十《简坊大蕈》。

② 《袁氏世范》卷二、三。

唐长庆中，会稽平水草市，“村校诸童，竞习歌诗”[①]。宋代特别是仁宗庆历以后，地方学校有较大的发展。草市镇内，小儿学、义塾、镇学的兴办日见增多。诗人陆游住镜湖旁平水市附近，“村墟草市遍经行，《孝经》章里观初学”。[②] 秀州青龙镇，“镇学列三千余名之学士”。[③] 其规模更加可观。宋代道学发展以后，有的镇市建立书院，有的成为学派重镇。关学创始人张载，家住陕西郿县横渠镇，聚徒讲学，影响尤大。建州建阳县麻沙镇，是宋代三大刻书中心之一，“号为图书之府”[④]。所刻书籍，“行四方者，无远不至”。[⑤] 草市镇也是乡间的娱乐之所。陆游《夜投山家》诗：“夜行山步（自注：乡语谓湖山间小聚为山步）鼓冬冬，小市优场炬火红。”写的是绍兴山市夜戏情景。除路歧艺人的各种演出外，草市镇为了商业需要，也培养市镇乐人。宋州汴河之滨河市的乐人更是驰誉遐迩，“故至今俳优曰河市乐人者由此也”。[⑥]

总之，草市镇市场网的存在，使乡间农业、手工业品、生产技术和文化频繁交流获得空前发展。没有这种交流，西方文艺复兴式（美国学者卡特语）的宋代文明，就没有坚实的根基。

原载《社会科学战线》1982年第1期

---

① 元稹：《白氏长庆集序》。

② 《野步至近村》。

③ 应熙：《青龙赋》。

④ 祝穆：《方舆胜览》。

⑤ 朱熹：《建阳县学藏书记》。

⑥ 王定国：《闻见近录》。

宋代草市镇与扩城建郊

一

北宋建国后，分裂的国家重新统一，巩固中央集权制度的措施有力，除了西、北两边时有民族战争外，辽阔领域长期安定，社会经济各地都有不同程度的增长，社会人口因此也就获得迅速增长。而人口的增长必然要能动地调整城乡的居住环境。由于多方面的原因，京师、府州、军监、县、镇各类城市，成为人口集结的重要目标，八方辐辏，万姓奔走。城市人口的膨胀，较早地就成为一个问题。京师首当其冲。在太祖、太宗年中，各割据政权相继覆灭，其"诸侯"、"王公"、"陪臣"、"雄军"、"士民"，"小者十郡之众，大者百州之人"，奉命徙家汴京。一时"甲第星罗，比屋鳞次，场无广巷，市不通骑。于是有出居王畿，挂户县籍，兴产树业，出赋供役者矣"[①]。这就在一般成因之外，构成一个特殊条件。所以到了真宗后期，汴京就已经是"十二市之环城，嚣然朝夕"[②]"都门之外，居民颇多"了[③]。附城草市的出现，缓解了城郭的臃肿，在不破费展筑新城前提下，拓宽了城市空间，因而招致各方的瞩目。天禧年中，河东太原也有附城草市，其

① 吕祖谦:《宋文鉴》卷二，杨侃《皇畿赋》。

② 吕祖谦:《宋文鉴》卷二，杨侃《皇畿赋》。

③ 《宋会要辑稿·兵》卷三之一。

关城内有居民二千多户。仁宗宝元年(1038年)中,秦州东西附城草市有军民万余家。北宋中期以后,附城草市更在各地普遍兴起,如平定军城外有西、南草市,成都府新繁县"负郭而渐家者溢千数"①。明州则"四郭皆有市",交易繁盛,"草市朝朝合"②江宁府城外,也多有"鱼盐城下市"③。

城市发展的这一趋势,集中反映于神宗年中朝廷所采取的两大措施上面。熙宁十年(1077年)七月,朝廷批准河北西路提点刑狱丁执礼的建请,鉴于各地"富民巨贾,萃于廛市,城郭不修"的严重状况,"诏诸路修城"④。元丰五年(1082年)三月,朝廷"令主簿兼县尉,但主草市以里",即"诸县尉事外惟主捕县城及草市内贼盗。乡村并责巡检"⑤。显而易见,前者旨在用新城圈围街区、草市,后者则旨在重新划分治安事权,扩充县尉职责。集中到一点,即扩大与保护城区户口编制及安全。

神宗的修城诏书没有也不可能完全实施。附城草市持续发展。哲宗元祐七年(1092年),苏轼在《乞罢宿州修城状》中,又明确指出:"诸处似此城小人多,散在城外,谓之草市者甚众。"⑥

两宋之交,遭受战火驱赶的北方人口大量南迁。长江以南各地人口急遽上升,就中尤以各类城市的骤然膨胀为突出。如两浙路"平江、常、润、湖、杭、明、越号为士大夫渊薮,天下贤俊多避地于此"⑦。行在临安,扩展得最为迅速,"辐辏骈集,数倍土著"⑧。据周煇记载:

> 尝见故老言:昔岁风物,与今不同,四隅皆空迥,人迹不到。宝莲山、吴山、万松岭,林木茂密,何尝有人居。城中僧寺甚多,楼殿相望。出涌金门,望九里松极巨,更无障碍。自六蜚驻跸,日益繁盛,湖上屋宇连接,不减城中。"一色楼台三十里,不知何处觅孤山",近人

---

① 傅增湘:《宋代蜀文辑存》卷十七,周表权《新繁县新展六门寨记》。

② 舒亶:《舒懒堂诗文存》卷一,《和马粹老四明杂诗聊记里俗耳》。

③ 刘攽:《彭城集》卷十四,《次韵王介甫金陵怀古四首》。

④ 《宋会要辑稿·方域》卷八之四、六。

⑤ 《宋会要辑稿·职官》卷四八之六五;司马光《传家集》卷四十六,《乞罢保甲状》。

⑥ 苏轼:《奏议集》卷十二。

⑦ 李心传:《建炎以来系年要录》卷二十,建炎三年二月庚午。

⑧ 李心传:《建炎以来系年要录》卷一七三,绍兴二十六年七月丁巳。

诗也。①

临安住宅密度的空前提高，可以视作南宋城市无机躯壳增殖的突出缩影。因此，两宋朝廷长期面临着一个共同议题，即如何对日益普遍增加的城市居民实行更完善的管理，改进城区体制，解决生活所需。——“盖人家每日不可阙者，柴、米、油、盐、酱，醋、茶”②等等。这些问题的焦点，无非就是城市的扩大与郊区的建立这一件事。

二

北宋初年，仿效唐朝京师城内划分坊市和以朱雀大街为中心轴线对称左、右街的做法，也在汴京如法炮制，加以实行。太宗至道元年（995年）十一月，命参知政事张洎改换京城内外坊名八十多个，同时极可能按新颁坊名首次建立厢坊制度。“至道初，禁镇将、厢校妄理词诉”③，厢校即当时差禁军校官负责诸厢巡检职务。真宗年中袭而不替。大中祥符元年（1008年）十二月，将汴京城外居民区划为八厢，并新置厢吏管辖：

> 置京新城外八厢。上以都门之外，居民颇多，旧例惟赤县尉主其事，至是特置厢吏，命京府统之。④

天禧五年（1021年）正月，由于京师城外居民继续增加，又重新划为九厢，厢吏编制也趋于完备。

> 诏新城外置九厢，每五百户以上置所由四人，街子三人，行官四人，厢典一名。五百户以下，置所由三人，街子二人，行官四人，厢典一名。内都所由于军巡差、虞候充。⑤

加上城内八厢共十七厢，厢下仍然设坊。仁宗年中，简化城内外厢数，改编为里外左右四厢。明道二年（1033年）八月，鉴于京师居民日增，

---

① 周煇：《清波杂志》卷三。

② 吴自牧：《梦粱录》卷十六，《鲞铺》。

③ 《宋会要辑稿·兵》卷三之二。

④ 《宋会要辑稿·兵》卷三之一。

⑤ 《宋会要辑稿·兵》卷三之三。

民事纠纷日繁，开封府负担过重，于城内外各厢“添置受事判官一员”①，分厢处理职权范围内案件。大概基于此类事烦琐丛脞，“士人多耻为之”②，旋即废罢。英宗治平三年(1066 年)，汴京人口愈益臃肿，“文移簿籍，十倍于初”，开封府难于应付，遂又续置受事判官于诸厢，“领使院事，民间谓之南司”③。正式从开封府手中接管诸厢公事，各自获得行政上的相对独立性。从城市管理的角度上观察，汴京市区已凌忽城垣限界，把城外草市纳入京师市区的整体编制之内，使汴京市区在空间的外延上创造了灵活性，取得了机动权，并为国内各类城市的发展提供了经验。

南宋以临安为行在。绍兴十一年(1141 年)五月，知府俞俟奏请：

> 府城之外，南北相距三十里，人烟繁盛，各比一邑。乞于江涨桥(镇)、浙江(市)置城南、北，左、右厢，差亲民资序京朝官主管本厢公事。杖六十以下罪，听决。奉圣旨：依。④

显而易见，南宋朝廷对临安城外居民区的管理，完全沿袭汴京体制，径将城外“地分极阔远”⑤的聚落群，选择两个草市、镇为中心，进行厢坊编排，委京朝官任职，付予事权，崇以等威，再次充分体现了封建朝廷重视楼橹雉堞，但不囿于垣墙，能动地扩展城区的管理艺术。尔后，又设立城东、城西两厢，共四厢。

两宋朝廷所创立的城厢体制，不但先后实行于京师与行在，而且推广于各地。如北宋末年，温州城外有“四厢八界”⑥，楚州城外有“西、北两厢”⑦。建炎以降，建康府南门外“有草市谓之城南厢”⑧。饶州城外有和众等坊，设厢官管理⑨。福州城外草市众多，共编为六厢四十七社⑩，等

---

① 《宋会要辑稿·兵》卷三之五，“受”原作“授”，据注②改。

② 李焘：《续资治通鉴长编》卷一一三，明道二年八月戊申。

③ 刘攽：《彭城集》卷三十二，《开封府南司判官题名记》。

④ 周淙：《乾道临安志》卷二，《城南北两厢》。

⑤ 《宋会要辑稿·食货》卷六八之八五。

⑥ 刘宰：《漫塘集》卷十，《回严州陈寺丞畏》。

⑦ 《宋会要辑稿·兵》卷三之一二。

⑧ 真德秀：《真西山文集》卷六，《奏乞为江宁县城南厢居民代输和买状》。

⑨ 洪迈：《夷坚志》丁志卷十四，《孔都》。

⑩ 梁克家：《淳熙三山志》卷十四，《版籍类》五《海船户》。

等。这样，随着商品经济的日益发达，附城草市的同步增长，城市厢坊也就随之扩展，城区空间的外延自然日见壮阔。南宋理宗宝祐年中，福建路汀州城外户口超过城内十倍，城内只有三坊，城外则有十五坊①，更加特别突出。这种以附城草市为基础，推动城外厢坊逐渐增加为形式的城市波浪式发展，是有宋一代城市扩大的新模式。

三

宋代以前，城市往往分为军城、民城或衙门区域与商业坊市等不同居民成分的地块。商业水平有限，坊市制度俨然，京师以外城市的人口也不多。因此，为城市人口消费所必需的粮肉蔬果产品的提供，数量并不十分巨大，既易于从外地运进，部分也可在本城区范围内自行解决。莳稻种麦，栽果艺蔬，饲养禽畜鱼，可以利用城区隙地河湖，小商小贩和无业居民更有从事此类劳作的时间。如五代前期后唐朝廷以洛阳为都城，城内"除见定园林池亭外，其余种莳及充菜园并空闲田地"②，为数尚多。南宋行在临安，城内西区俞家园一带，建炎年中"皆荒地，或种稻，或种麦，故因以园为名"③。但随着城市人口的增长，这种现象即告消失。而随着附城草市的涌现，城市郊区的建立于是就成为城乡经济结构崭新的社会现象。

附城草市镇与近甸乡村，以经营对城服务的蔬菜、果树、渔捞、禽畜专业经济及农家副业著称④。这种蔚成风气的经营活动，减轻了由于商业热度和人口密度上升，生活节奏渐紧，时间频率调高的市民的负担，从而获得万家关注和众口一词的赞赏。对城服务的系列经营业，具有许多优点，垫支少，劳力廉，运费低，损耗小，资金周转快，商业利润高。北宋福州市郊的荔枝种植园主，果品畅销国内外，商人"重利以酬之。故商人贩益

---

① 《永乐大典》卷七八九〇，《汀州府·坊里墟市》。

② 《五代会要》卷二十六，《街巷》。

③ 杨和甫：《行都纪事》。

④ 详拙著《宋代草市镇研究》上卷，第四章第二节，福建人民出版社 1989 年版。

广,而乡人种益多。一岁之出,不知几千万亿"[①]。正因如此,具有相当规模城市的郊坰,必然逐渐地形成处于城市与乡村中间的过渡地段,具有独特社会经济色彩的环城经济带。

北宋继后周仍以开封为都城。后周显德三年(956年)展筑罗城,预留城周隙地,七里外始许百姓兴置草市。经过半个多世纪,果然汴京"城门外草市"[②],便有"十二市之环城",形成草市镇嵌镶其间,与林苑、果园、蔬圃、聚落、运输线犬牙交错的郊区。爰及北宋季年,"大抵都城左近皆是园圃,百里之内并无闲地"[③]。舍去林苑与游赏胜地,从生产结构方面考察,为中国传统的主食成分提供炭水化合物的果蔬园圃,占有较大比重。"园茄早实,时果先熟"[④],是汴京郊区的一大特色。仁宗景祐二年(1035年),普安郡主、尼法护竟然能一次买到城南宣化门外果蔬园五所。若干年享有盛誉的果品,也产自近郊或京畿,南门外的瓜,谷林的朱樱,杨夏的柿,襄陵的桃,阳乡的梨,扶乐的栗,尉池的杏,汴河沿流的菱芡莲藕。禽畜则城北盐碱地乡间盛产羊,城东蔓草地乡间多喂猪,城西陂泽多飞禽游鳞,每天清晨有多到数千担的活鱼进城上市。汴河、广济河向京师输送粮食、手工业品,蔡河输送江南茶叶,惠民河则运进燃料木炭。分布于近郊或京畿多达四十余个的草市镇[⑤],为种种农林牧副渔产品提供生产基地、邸店塌房、交通设施或销售方便,因之织成一张巨大的汴京市场服务网。

京有畿,城有郊。畿辖固定的州县建制,郊有无额定领域。

孝宗淳熙五年(1178年)八月十一日的臣僚上言,提供了一条重要的历史线索:

临安府旧有都界,有乡村界。自白龟池以南为都界,白龟池以北为乡界。前降指挥放免推排之时,有司止将都界影占除放,如此关门外便作乡村,不系免数。盖向来北关门(按即余杭门)外人烟稀少,以为乡村则可,今驻跸已久,村可乎?况东起艮山门至江下及六和塔、

① 蔡襄:《荔枝谱》第三。

② 李焘:《续资治通鉴长编》卷二五一,熙宁七年三月庚申。

③ 孟元老:《东京梦华录》卷六,《收灯都人出城探春》。"閒"原作"閴",据邓注本改。

④ 杨侃:《皇畿赋》。

⑤ 详拙著《宋代草市镇研究》下卷,《开封府》。

赤山、西溪、钱塘门皆蒙放免，则三隅受赐，一隅独不沾大惠。今欲将钱塘门、余杭门、艮山门以北，与依三隅例，并免推排科敷等事，仍依京司例，以九里三十步为界。

诏两浙转运司、临安府同共相度，更不推排。①

白龟池在临安城西北钱塘门内侧。大概南渡初年，北关门外人烟稀少，故以白龟池为分界点。自此东出艮山门至城东三里江下（钱塘江岸），经城南五里六和塔，又经城西南十里赤山、城西二十五里西溪入城西北钱塘门为行都界周。东西南三隅囊括了城外广大地域，只有北关门外并未包括进去。因此建请者请求依照“京司”旧例，重新划定都界。“京司”当即汴京掌管城内外厢坊公事的南司。可见自仁宗或至迟自英宗年中起，已有了明确的都城界线。

根据临安三隅界周，并补上北关门外九里三十步范围，在这一都界圈内，草市镇计有城北北郭市（去钱塘县治所二里）、江涨桥镇西市（去县八里）、湖州市（去县五里）、半道红市（去县四里）、江涨桥镇东市（去仁和县治所七里），城东范浦镇（去县四里）、北土门市（去县三里）、南土门市（去县四里），城南浙江市（去钱塘县治所十一里，去便门一里）、徐村市、龙山市（去县十五里），城西南赤山市（去县十里），城西西溪市（去县二十五里）。临安民间谚云：“东门菜，西门水，南门柴，北门米。”②城东东青门外主要是蔬菜园圃区域。艮山门外月塘左近，土壤宜瓜，专业户周家种瓜出名，人呼“周家算筒瓜”③。菜市在崇新门外南北土门及东青门外坝子桥等处。此外，城东还有不少生活消费品的市肆团行：鲜鱼行（候潮门外）、南猪行（候潮门外）、蟹行（在崇新门外南土门）、鲞团（在便门外浑水闸头，亦名南海行），以及姜行、菱行、鸡鸭行等。城北枕江南运河，江涨桥镇是近城水道与运河的联结点。两浙西路苏、湖、常、秀州所出稻米，是临安每日所需数千石食粮的主要来源。湖州市内米市桥、黑桥街区，米行鳞次栉比，临安城内外米铺，凭行头做价，从湖州市径将食米运回出售，然后约定日期付款。湖州市事实上成为临安食米供销的枢纽站。南宋前期一度繁

① 《宋会要辑稿·食货》卷六九之三二。

② 周必大：《二老堂杂志》卷四，《临安四门所出》。

③ 潜说友：《咸淳临安志》卷三十八，《山川·塘》。

华过的北关镇,“商贾骈集,物货辐萃,公私出纳,与城中相若,车驰毂击,无间昼夜”①。此外,城北又有北猪行、鱼行等。城南钱塘江步市与两浙东路水陆运输线衔接。严、婺、衢、徽州等地所出柴炭、木材、水果,明、越、温、台州所出海鲜、鲞腊产品,舟船运抵城南江滨,对萧山县西兴镇为浙江市渡口,对渔浦镇为龙山市渡口,从而与浙东运河、浦江以及纵贯浙东、江西、湖南与福建的陆路运输干道的终端过渡相连。浙江市、龙山市事实上成为临安燃料、建材、时果和干鲜水产品的吞纳口。临安都界内草市镇星罗棋布,众星拱月,从内向看,它们是对城商品的吸盘或中转站;从外向看,它们又是临安制造品的出口或分销点。“公私出纳,与城中相若”一语中的,道破了这些环城草市镇是临安的缩影,是母城的子城,是卫星市场,其对行在临安的发展具有不能低估的作用。

显然可见,北宋的京师开封,南宋的行在临安,各自有着自己的都界。开封四周砥平,京司可以定九里三十步为界。临安城居湖山间,因地制宜,都界四隅各以重要水陆交通地点为分界坐标:东抵天堑钱塘江;南迄六和塔下龙山渡口;西南至赤山,赤山埠为西走富阳,南出江滩要道;西经西溪,西溪为进出余杭冲要。龙山市、赤山市、西溪市又都由于道途必经,舟车辐辏而兴起。当然,一般州县治所城郊不一定有固定界线。但由于城市居民密度的提高,也同样需要建立自己的郊区,以保障居民日常消费和部分生产原料得到满足。这种郊区的模式,大致可以用这样一句话来形容:“田畴鳞次,平衍百里,村市里分,连络四郊。”②田畴里除去粮食作物,还分布着对城专业经济生产基地——蔬圃、果园、桑田、蔗地和鱼塘等等。如绍兴城外环城草市镇不少③,聚落相间,园圃交错:“列植园林多美果,饱锄畦垄富嘉蔬。桥边来淬剥桑斧,池畔行芟缚棕菰。”④又如平江城西郊田畴中除按时种植水稻、二麦等粮食作物外,还分布着桑田、果园、菱湖。桑田里间作蔬菜,“桑下春蔬绿满畦”。果园中栽种桃、梅、杏、李、朱樱和柑橘。菱湖内出产菱、莲、藕。这些蔬果桑麻种植业,都是对城经济。

---

① 潜说友:《咸淳临安志》卷二十一,《桥道·纪文》,冯楫《中兴永安桥记》。

② 桑瑜:《弘治常熟县志》卷一,《形胜》引“旧志”。

③ 详拙著《宋代草市镇研究》上卷,第四章第一节。

④ 陆游:《剑南诗稿》卷二十二,《村居初夏》。

待到"菘心青嫩齐苔肥"、"梅子金黄杏子肥"时节，赶紧采摘，"溪头洗择店头卖"①。蚕老茧熟，缫出丝来，"明日西门卖丝去"②。坡垄种茶，随时也有"行商来买茶"③。城西郊区农民可以就近入阊门进平江城，也可以在乡间横塘草市进行买卖。总之，城郊是城乡关系的连接环节，是城市市场的绿色镶边，在城市商品经济的刺激诱发下，因而不可避免地出现环状经济带。草市镇嵌镶其间，当然发挥着商品的酵母、疏通、调剂等的积极作用。

原载《社会科学战线》1988 年第 4 期

① 范成大:《范石湖集》卷二十七,《四时田园杂兴》。

② 范成大:《范石湖集》卷二十七,《四时田园杂兴》。

③ 范成大:《范石湖集》卷三,《缫丝行》。

海峡飞渡:闽南百越人的远航试水

福建三面环山,一隅临海。数千年前,气候湿润,冰雪消融,海侵大规模出现。不但平原低地的居民必须攀山而居,就连原来崖栖谷汲的"山夷",也不得不与水为伴。洪水滔滔,自然环境的巨大改变,倒逼百越古人类的生活模式,发生极大移易。时届公元前二世纪,据西汉淮南王刘安说:"臣闻越非有城郭邑里也,处溪谷之间,篁竹之中,习于水斗,便于用舟,地深昧而多水险。"①显然可见,处于社会发展早期的古人类,不但没有"城郭",而且也尚未出现"邑里"结构,人口估计无多,人群结构松散,但却拥有"习于水斗"的战斗力,"便于用舟"的大本领。在恶劣条件下,能造船,善操舟,敢水斗,勇远航。

福建大地的海侵历史持续了绵长岁月,显山露水,水退出陆,曾是福建社会发展史中高高低低曲折前进有特色的韵律。迄于隋唐时期,福建滨海低地平原,仍淹没于波涛之下。直至南宋,兴化平原浅水边缘犹在县北使华桥前。约略明清之际,洪水消退,整体地貌被塑造为"三山六海一田"②。歧海荡荡,二倍于岩岩群山,耕地稀少,十分中只占一成。但近岸海岛则多达1404个,港湾多达125处。海岸曲折率为全国首位。

自然环境的这些特点,预示古代百越人群"山夷"的相当数量依然山居外,较多的群体则纷然亲水,以水栏靠岸或登岛生活,海洋开发利用显

---

① 班固:《汉书》卷六四,《严助传》。

② 顾炎武:《天下郡国利病书》卷九六,《福建》六引郭造卿《闽中兵食议》。

得特别突出。海洋文化也就构成闽南百越人最丰富的历史遗产。据唐宣宗年中成书的林谞《闽中记》，“先居海岛”的族群有七个：卢亭、白水郎、乐山（按即蜑户）、莫徭、游艇子、山夷、云家①。如果加上沿海岸带的所谓“滨海蛮夷”，其数目一定不少。由于各具不同的生态系统，导致闽南百越古人类的历史作用不能以同一模式加以概括。

秦置闽中郡后，中原华夏汉人移居福建掀开新篇。闽南的南安江（晋江古称）成了最初移民航道。原住的百越人则被推向木兰溪、九龙江流域。九龙江以南直抵岭南道东陲的广袤大地，古称绥安县（漳浦县古称）。当地长期“茅苇极目，林菁深阻”②，百越人群数量庞大，因此被人称作“獠蛮之薮”③。南朝刘宋年中竟将其划为邻县的“左郡”，以加强政治管辖。江海水域，百越水居人群为数也多。九龙江尾间有奎屿、海门岛等。唐人曹大宗的《郡国志》即指出海门岛上有水豹、水人④。出九龙江南拐是古称南海，今称台湾海峡的浩荡洋面。南朝年中，白水郎船队自长江尾间南下，驶入并定泊下来。“时南海先有五六百家，居水为亡命，号曰游艇子”，⑤所以台湾海峡冷暖海流交汇而成的渔业捞捕优势，便自然成为百越人的渔场网络，一旦“走海”，纵横捭阖，其气势为跨越滔滔峡流，常常创造人类有意想不到的成果。如史前古人类跨海峡东出南太平洋、西届印度洋以迄东部非洲，参与南岛语族的缔造，或则远古以来大陆百越人一次次移居台湾，可惜文献缺佚，无法详释。

幸好魏征的《隋书》卷八一《流求国》，为后人提供闽南百越人跨峡的首个文献纪录：

> 大业元年，海师何蛮等，每春秋二时，天清风静，东望依希，似有烟雾之气，亦不知几千里。三年，炀帝令羽骑尉朱宽入海求访异俗。

---

① 黄仲昭：《（弘治）八闽通志》卷一二，《地理・山川》福宁州白水江条。考证详拙著《沧桑刺桐》，厦门大学出版社 2011 年版，第 6～19 页。

② 刘克庄：《后村全集》卷九三，《漳州谕畲》。

③ 漳州《白石丁氏古谱・懿绩纪》。

④ 乐史：《太平寰宇记》卷一〇二，《江南东道》十四引。海门岛，唐代称作梁屿州。奎屿称呼多变，有赤屿、丹霞屿、鸡屿、龟屿等。拙著《沧桑刺桐》（第 17 页）一时失误，将二者混为一谈，敬向读者致迟到的歉意。

⑤ 李延寿：《北史》卷四一，《杨敷附子杨素传》。

何蛮言之,逐与蛮俱往,因到流求国。言不相通,掠一人而还。明年,帝复令宽慰抚之,流求不从,宽取其布甲而还。时倭国使来朝,见之曰:"此夷邪久国人所用也。"帝遣武贲郎将陈稜、朝请大夫张镇州率兵自义安浮海击之。至高华屿,又东行二日至鼊鼊屿,又一日便至流求。初,稜将南方诸国人从军,有崑崙人颇解其语,遣人慰谕之。流求不从,拒逆官军。稜击走之,进至其都,频战皆败,焚其宫室,虏其男女数千人,载军实而还。

"海师"即海船舵师。这位船老觥姓何,"滨海蛮夷"。他能春秋二时"东望",说明他的海船经常活动于与台湾中央山脉成一东西直线落点的闽南绥安县滨海。笔者大胆揣测,此人极可能就是碇泊该水域的白水郎船家。大业三年(607 年),所以奉命"入海求访异俗"的吏部小官(羽骑尉系从九品监检官员)朱宽容易找上他,并使之导航跨海峡。

当年隋炀帝喜欢"大会蛮夷","流求不从"便导致陈稜、张镇州率东阳万余兵士自义安出海跨峡东征。

按义安郡系东晋安帝于隆安元年(397 年)所设置,下辖潮阳、海阳、昭义、海宁及义熙九年(413 年)新设并即入隶的绥安县。隋文帝于开皇九年(589 年)平陈,即将潮阳等四县改置潮州。绥安县却独拥义安名号长达三年,开皇十二年(592 年)始并入龙溪县。但即便如此,百越人仍将汉族移民阻于九龙江北溪对岸。所以陈稜所部隋军必然依旧循朱宽入流原路,于绥安县组建百越人船队,并借百越人向导,"稜将南方诸国人从军"。不这样便没有跨峡的海船、军食以及运输、翻译等必不可少的手段。

明代张燮对当年闽南的海上贸易颇有研究,巨著《东西洋考》指出:无论东洋抑或西洋针路,海船从镇海卫太武山出船,不到一天即可抵达澎湖屿,并称其"是漳、泉间一要害地也"①。陈稜既自绥安挥师,所以"至高华屿"之前应补上"一日"两字,文意方能完善。

"乃知兵者是凶器,圣人不得已而用之(李白)"。陈稜所部"士卒深入,蒙犯瘴疠,馁疾而死者十八九"②。所以隋军俘掠的流求住民不可能太多。"数万"云云,无非虚张声势。所部东阳兵原路北返时,又不得不将

① 《东西洋考》卷九,《舟师考》。

② 魏征:《隋书》卷二四,《食货》。

所掠若干流求人安置于今福建福清市乡间①。据唐代张鷟于玄宗开元年中撰成的《朝野佥载》一书，陈稜回军所俘流求住民“人形短小，似昆仑”②。昆仑系黑皮肤，或又卷发小黑人代称。今安徽省三国年中有“黝歙短人”，湖南省唐代有“道州短人”，福建省古代则有“山都”、“木客”类小黑人。隋军所俘小黑人为台湾古代也有此类人种提供确切佐证。直至晚唐，施肩吾《彭湖》诗篇，犹报当地“黑皮年少学采珠”，使古代中国经澎湖屿直至流求具有的“小黑人人种”链条凸显。血脉深深，两岸同流。

隋军登陆流求后，“流求人初见船舰，以为商旅，往往诣军中贸易”③。显然是海峡两岸百越人早已互通有无习俗的原生态表演。“腥臊海边多鬼市”，澎湖列岛也毫无例外。

斗转星移，随着古代海上丝绸之路浪涛涌起，澎湖及其列岛这一流求门户也进入历史性开发时期。北宋建立，闽南割据政权归顺后，人口爆炸式增长，城乡经济也走向稳定繁荣。百越人在和社会主体民族，即汉族以及其他民族长期接触、融合，在逐渐不以个人意志为转移的人群重塑浪潮中悄悄地大多走向“消亡”。所以澎湖列岛开发的意识形态阻力有所化解，结果呈现出来是一幅幅崭新生活图景。

真宗景德年间出现北宋首个经济繁荣期。当时张士逊知邵武县，编印《闽中异事》说，澎湖列岛的高华屿，“屿上之民，作鮝腊鯋鱃者千计”④。列岛人口显著增加了，水族腌制成品的需求量当然跟着骤升。盘桓驻足或中转的海商也居然在捞捕海物时不断开辟其货源，“海商言：海中鼊鼊岛之东一岛多蟹，种类甚异，有虎头者，有翅能飞者，有能捕鱼者，有壳大兼尺者”⑤。琳琅满目的海物，既诱引人们的好奇心，更有力预告澎湖列岛开发步入日新月异的轨道。果然，迨南宋高宗绍兴年中，闽南经营海上丝绸之路力度大为加强之后，孝宗年中便进一步传出作为跨峡桥梁澎湖本岛的开发信息。岛上的大量移民农牧兼营：大量散养羊群，而又种植

---

① 黄仲昭：《（弘治）八闽通志》卷一五，《乡都》。

② 《太平御览》卷四八二，《蛮夷》三引。

③ 魏征：《隋书》卷六四，《陈稜传》。

④ 李复：《潏水集》卷五，《与乔叔彦通判》。

⑤ 祝穆：《新编古今事文类聚》后集卷三五，《介虫部·蟹·古今文集》引傅肱《蟹谱总论》。

粟、麦、麻,又出海捞捕,并将农副产品运销刺桐港,“城外贸易岁数十艘”。① 凡诉讼听决于泉州晋江县,知州汪大猷则又造屋屯驻军队,以策安全。之后,元世祖又特置澎湖巡检司,居民的安全与海上丝绸之路航道的保障,又提升了历史的亮度。

元人屠性《送人赴澎湖巡检》一诗颇有深意:

三十六岛绕澎湖,见说泉南天下无。
花时小队旌旗出,处处春风啼鹧鸪。②

——祝祷,赞叹,憧憬!

2020 年秋

① 周必大:《文忠集》卷六七,《汪大猷神道碑》。阳思谦:《(万历)泉州府志》卷二,《舆地志》。

② 顾嗣立:《元诗选》三集,引屠性《彦德集》。

丁儒龙溪诗篇的作者及其史地背景

漳州平原面积567平方公里，是福建沿海最大的冲积海积平原。平坦开阔，气候湿润，河网密布，灌溉方便，农业素称发达。自唐武后垂拱二年（686年）建州以后，经济和文化逐渐得到开发，其中尤以漳州平原独领风骚，进展最快。但明代以前的状况却鲜为人知，据传是丁儒的龙溪诗篇，使人们得以略窥当年漳州平原的农业概貌。

笔者不揣谫陋，试据丁氏后裔所藏《白石丁氏古谱》，对丁儒《冬日到泉郡进次九龙江与诸公唱和十三韵》、《退闲二十韵》二诗稍加考订，并申论其历史价值。

一、诗篇的年代与作者

丁儒（卒于唐中宗景龙四年，公元710年），字学道，一字维贤，祖籍济阳（治今河南兰考）。唐高宗麟德元年（664年），随军进驻泉州郡（治今福州，辖境至闽南），后转隶陈政父子，官至漳州别驾。漳州建置前后，闽南荒僻，丁儒筚路蓝缕近半个世纪，历史功勋卓著。

今福建漳州龙海市角美镇丁厝居民，系丁儒后裔，藏有《白石丁氏古谱》。明季何乔远《闽书》卷二八《方域志》漳州龙溪县《川・柳营江》曾引此古谱，文字与传本同，可知古谱始修于明代为不虚。谱内《懿绩纪》有丁儒传略并诗二首，外间罕见，弥足珍贵。故不嫌烦全引于后。

冬日到泉郡进次九龙江与诸公唱和十三韵

迢递千重险，崎岖一路通。山深迷白日，林尽豁苍穹。
正值严冬际，浑如春昼中。泉醴开名郡，江清稳卧龙。
天涯寒不至，地角气偏融。桔列丹青树，槿抽锦绣丛。
秋余甘菊艳，岁迫丽春红。麦陇披蓝远，榕庄拔翠雄。
减衣游别坞，赤脚走村童。日出喧乌鹊，沙晴落雁鸿。
池澌含晚照，岭黛彻寒空。风景无终始，乾坤有异同。
但思乡国迥，薄暮起心忡。

归闲二十韵

漳北遥开郡，泉南久罢屯。归寻初旅寓，喜作旧乡邻。
好鸟鸣檐竹，村黎爱幕臣。土音今听惯，民俗始知淳。
烽火无传警，江山已净尘。天开一岁暖，花发四时春。
杂卉三冬绿，嘉禾两度新。俚歌声靡曼，秫酒味温醇。
锦苑来丹荔，清波出素鳞。芭蕉金剖润，龙眼玉生津。
蜜取花间露，柑藏树上珍。醉宜藷蔗沥，睡稳木棉茵。
茉莉香篱落，榕阴浃里闉。雪霜偏避地，风景独推闽。
辞国来诸属，于兹缔六亲。追随情语好，问馈岁时频。
相访朝和夕，浑忘越与秦。功成在炎域，事定有闲身。
词赋聊酬和，才名任隐沦。呼童多种植，长是此方人。

诗篇内容丰富，笔力雄健，气格高古，族谱说他“通经术，喜吟咏”，确实名不虚传。但一经玩味琢磨，却又疑窦丛生。姑就史地背景与作物名实对诗作年代加以考订。

(一)诗篇的史地背景问题

丁儒于唐高宗麟德元年(664年)冬天随军进抵柳营江北岸，诗题作《冬日到泉郡进次九龙江与诸公唱和十三韵》。据传南朝梁大同四年(538年)，九龙戏水于江上，故在该流域始置一县，即名龙溪县。但这条江的名字，却先后数易。自梁至唐朝，称柳营江。入宋，《太平寰宇记》称九龙水，蔡如松《漳南十辩》称九龙江,《元丰九域志》称九溪[①]。唐初不称九龙江,当无可疑。

族谱称丁儒于漳州建置二十余年后,“屡谢事归闲”。按唐武后垂拱二年(686 年)准奏建州,后二十余年相当于中宗景龙(707—710)年中。丁儒卒于中宗景龙四年(710 年),故《归闲二十韵》写作时间不出这三四年。诗首句云:“漳北遥开郡,泉南久罢屯。”漳州建州后,最初治所在漳江北岸,据考在今云霄县西林村[②]。玄宗开元四年(716 年)迁至漳浦县李澳川(今县西南),德宗贞元元年(785 年)又迁至今漳州市芗城区。丁儒归闲武荣州龙溪县白石村,距离漳州第一个治所所在地颇为遥远,故诗句与地缘的然相符。“泉南”意即泉州之南。按唐高祖武德六年(623 年)闽州(今福州)改称泉州,直至景云二年(711 年)再称闽州。丁儒归闲后回住龙溪县,原属武德五年(622 年)以南安郡改置的丰州(今泉州市)。太宗贞观初废丰州,并入泉州,故《冬日到泉郡》一诗题目不错。但到武后圣历二年(699 年)将原丰州析出置武荣州,至睿宗景云二年(711 年)才改称泉州。因此,《归闲》诗中仍称泉州,显误。

诗云:“风景独推闽。”闽字源远流长,先秦有七闽,秦有闽中郡,两汉有闽越等等用法。迄南朝陈永定(557—559 年)中,置闽州(辖晋安、建安、南安郡)。隋朝大业(605—618)初年亦称闽州。但笔者以为,诗人既以闽南风景夸耀邻封,当以现实地方建制为准,才可使豪情不堕入渺邈虚幻境界。而唐初只有睿宗景云二年(711 年)再度起用闽州二字,兼称闽州都督府,借辖今福建全省,惜丁儒已卒于上一年。然而即便如此,今福建全境,初隶岭南道,改隶江南东道,直到宪宗元和年(806—820 年)中,似乎才独立一道。五代后唐天成元年(926 年),王延翰始自立为大闽国王(未改元)。后唐长兴四年(933 年),王延钧始建国大闽,改元龙启。闽字历史上第一次脱颖而出,并成为今福建境内居民常常借以自我识别的强烈而又家喻户晓的政区意识。

---

① 王象之:《舆地纪胜》卷一三一,《漳州景物》。

② 薛凝度:《嘉庆云霄厅志》卷一,《建置》。

(二)诗篇的作物名实问题

两首诗涉及的花果植物,相当部分唐以前已在中国或中国南方栽培。如甘菊初见于屈原楚辞,朱槿见于刘安《淮南子》,丽春又名虞美人,宋人以为其命名起于项羽的"虞兮之歌",薯蔗(甘蔗)亦极古老,南北朝陶弘景在《名医别录》里特别说明:"蔗出江南为胜。"柑橘、芭蕉、荔枝、龙眼,在中国南方也有悠久的栽培历史,据《三辅黄图》称:"汉武帝元鼎六年(前111年)破南越,起扶荔宫(原注:宫以荔枝得名),以植所得奇草异木。"这些果木均被移植宫苑。因此,其见于唐初柳营江流域也都有可能。

茉莉本种原产印度,东传中国,始著录于署名晋代嵇含所撰《南方草木状》一书。据考,原书已散佚,传本系南宋后期无名氏所伪托[①]。撰成于宋理宗宝祐元年(1253年)前的陈景沂《全芳备祖》征引此书,作为茉莉的"事实祖",显不可信。其所搜集的唐人早期文字,也只有盛唐、中唐诸诗人的若干诗句[②]。但自晚唐以降,载籍始渐见纷繁,栽培亦日趋广泛。宋人因其清芬郁烈,推为"众花之冠"[③]。随着社会商品经济的高涨,茉莉也身价百倍:海舶转贩,盆栽观赏,编织发饰,花田广植,蒸油合香,成为化妆业的新兴资源。不难想象,唐初荒寂的漳州,怎能有"茉莉香篱落"的景象呢?只有移入五代、北宋,这种景象才可能获得真实的时代背景。

唐初闽南木棉栽种及棉纺手工业状况,于史无征。最早的文字记录,当推彭乘《续墨客挥犀》卷一《吉贝布》条:"闽岭已南多木棉,土人竞植之,有至数千株者。采其花为布,号吉贝布。"此后产量渐丰,花色渐繁,"南北走百价"[④]。不但畅销于国内,而且成为泉州港外销的一大紧俏商品。木绵的"绵"字向来写作丝旁,入宋而后,蒸蒸日上,宋人遂特造一新字:"今字书又出一棉字,为木棉。"[⑤]以与丝绵互相区别。《白石丁氏古谱》"睡稳木棉茵"正作"棉"字,无意中点破诗篇的断代契机,但也说明诗篇的作者可能对植棉历史不甚了了。

---

① 辛树帜:《中国果树史研究》,农业出版社1983年版第82～90页。

② 《全芳备祖》前集卷二五,《茉莉花》。

③ 张邦基:《墨庄漫录》卷七。

④ 朱松:《韦斋集》卷三,《吉贝》。

⑤ 袁文:《瓮牖闲评》。

二麦是中国极为古老的大田作物之一,最初繁殖于黄河流域,与南方的主要大田作物水稻形成北麦南稻的粮食栽培格局。约自南北朝始,由于北方人口大量陆续南迁,二麦种植前沿也稍稍向南蠕动。唐高宗时人苏敬曾说:"大麦出关中,今南北之人,皆能种莳。"①话虽如此,但"南"及何地?并不明确。二麦南移的阻力很大,原因很多。有天时地利的自然因素,又有生活习惯的社会因素。所以直到唐朝末年,岭南仍不宜种植,"广州地热,种麦则苗而不实"②。海南岛更晚至南宋,"海外俗,不种小麦"③。自然力起了不容忽视的作用。至于习俗难改,两宋之际泉州人庄绰记述一则生动的南方民间谣谚说:"南人罕作面饵,有戏语云:孩儿先自睡不稳,更将擀面杖柱门,何如个胡饼药杀著!盖讥不北食也。"④所以二麦在南方的推进,必然十分缓慢。唐朝初年在柳营江流域即出现"麦陇披蓝远"这种大规模的麦地,似乎为时过早。历史事实是,一方面,从公元12世纪起,太阳黑子大量增长,出现全球性的气温下降,为寒地作物二麦的南移创造条件,气温下降持续了数百年,从而奠定和巩固了长江流域及其以南广大地区的稻麦连作制。另一方面,长时期大规模的唐末农民战争,驱动广大黄河流域的居民南下,配合气温下降趋势,为北麦扎根南方提供必不可少的生产技术和市场需求。五代、北宋正是二麦进军江南的关键岁月。所以"麦陇披蓝远"的田野景色,强置于唐初柳营江流域显然不符事实。入宋而文献可稽,令人信服。

丁儒《归闲》诗云:"嘉禾两度新。"点出柳营江流域已栽培双季稻(详下),也只能是宋代福建沿海水稻生产技术的新成果。

由此可见,《冬日》、《归闲》二诗,无论从闽南史地背景或所述农作物栽培历史方面加以考察,既不能证实其为初唐诗篇,也不能论定作者为丁儒其人。它只能是宋诗,作者因而也只能是宋人。丁儒佐陈政、陈元光父子开拓闽南,辟地千里,归闲后定居漳州,系丁姓入闽始祖,从政有声,瓜瓞绵绵,故其宋代后裔出于光宗耀祖,同时也为了现实张扬族望所需,托

---

① 唐慎微:《经史证类大观本草》卷二五,《米谷部中品·小麦》引。

② 刘恂:《岭表录异》卷中。

③ 李光:《庄简集》卷五,《琼州二月祈雨》。

④ 《鸡肋编》上。

古题诵,借古喻今,是历史上屡见不鲜而又易于理解的行为。

族谱载丁祖有关二诗的跋语云:“少时闻先人所传始祖《冬日到泉郡诗十三韵》及《归闲诗二十韵》,恐其久而易忘也,遂刻于(家庙)寝壁中,以垂不朽!”据族谱世系,一世丁儒,三世丁迁,四世即丁祖。丁迁生卒年依其《遗嘱歌词二十韵》考订,当生于唐昭宗天复三年(903 年),卒于宋太祖开宝二年(969 年)。姑不论其世次残缺(至少欠六代)紊乱,丁祖为五代或宋初人却大体可靠。从丁祖为其父《遗嘱歌词》作骈体叙文而论,颇有文学才华。丁迁卒后,丁祖凭童年父辈口传的依稀记忆,敷衍成篇,刻石家庙。但年代既远,时过境迁,此公对古代自然史、社会史又未必了了(《冬日到泉郡》诗题恐只是偶然言中),所以虽打着丁儒的名号,写出来的却是两首脚踏宋初漳州平原实地的诗篇。

二、诗篇的历史价值

丁祖的这二首五言长诗,特别是《归闲二十韵》,为后人留下漳州平原早期开发史的珍贵资料。

九龙江系福建第二大江,河口三角洲地处南亚热带,几乎无冬,暖热湿润,现代年平均温度为摄氏 21 度,无霜期 334 天,年降雨量 1450 毫米,为多种作物的栽培提供了优良环境。丁儒归闲所住的龙溪县白石(按此县于唐玄宗开元二十九年割隶漳州,但白石、白礁一带入宋回隶泉州同安县),在河口三角洲东北部。所以《退闲》诗所描绘的正是漳州平原宋代开发区域乡间的典型景色。

晚唐以后,随着中原军阀争战屡屡发生,特别是唐末农民战争在时间和空间上的旷日持久,回旋鏖兵,大量中原人口涌入福建,波及闽南。因此,迄宋太宗太平兴国后期,泉州(含兴化军)有户 130288,为唐代最高的玄宗开元年户额 50754 的 256%;漳州有户 24007,为唐代最高的玄宗天宝元年(742 年)户额 5846 的 410%。各有长足的增长。故稍后即仁宗晚年,“泉州人稠山谷瘠,虽欲就耕无地辟”①。人口与耕地的尖锐矛盾已很

① 王象之:《舆地纪胜》卷一三〇,《泉州·诗》引谢履《泉南歌》。

严重。“民以食为天”，农业，尤其是粮食生产问题，遂成为社会动静、民命所系的一个荦荦大端。

水稻是中国极为古老的农田作物。经过漫长的生产实践，西晋年中，南方的“再熟稻”品种为农学文献所著录。郭义恭《广志》：“南方有蝉鸣稻，七月熟。有盖下白稻，正月种，五月获。获讫，其茎根复生，九月熟。”①左思《吴都赋》则明说太湖流域有“再熟稻”。唐玄宗开元十九年（731 年），扬州“再熟稻”的面积达 1800 顷②。两宋时期，太湖流域仍在播种“再熟稻”③，绍兴府播种称为“魏撩”的“再熟稻”④，无为军播种称为“孙稻”的“再熟稻”⑤。范成大《吴郡志》解释说：

> 再熟稻，一岁两熟。《吴都赋》：“乡贡再熟之稻。”蒋堂《登吴江亭》诗云：“向日草青牛引犊，经秋田熟稻生孙。”注云：“是年有再熟之稻。”细考之，当在皇祐间。今田间丰岁，已刈而稻根复蒸，苗极易长，旋复成实，可掠取，谓之“再撩稻”。恐古所谓再熟者，即此。⑥

这种稻的特点，就是在同一耕地，一年内一次播种，首次收刈后，利用宿根再生一季，构成两获，故称再生、再撩、再熟。这种水稻品种也播种于闽南局部地方。乐史《太平寰宇记》载宋初泉州、兴化军（太平兴国四年，即 979 年从泉州析出分治）水稻品种：“再熟稻（原注：春夏收讫，其株又苗生，至秋薄熟，即《吴都赋》云再熟稻）。”⑦

反观《归闲》诗：“嘉禾两度新。”关键在新字，显然不是再熟稻，而应是复种双季稻。中国双季稻渊源的史料无多，语焉不详。但笔者以为宋代的水稻耕作技术已为若干地区出现水稻复种制提供了可能性。据已故中国农业科学院院长丁颖先生的研究，在一年中有七八个月月平均气温在摄氏 10 度以上，同期总平均温在 20 度以上的地区，即可栽种双季稻。华

---

① 贾思勰：《齐民要术》卷二，《水稻第十一》引。

② 《太平御览》卷八三九，《百谷部·稻》引《唐书》。

③ 凌万顷、边实：《淳祐玉峰志》卷下，《土产·稻》。

④ 施宿：《嘉泰会稽志》卷一七，《草部》。

⑤ 《说郛》卷一八，引叶寘《坦斋笔衡》。

⑥ 《吴郡志》卷三〇，《土物》下。

⑦ 《太平寰宇记》卷一〇二，《江南东道·泉州、兴化军·土产》。

南沿海自广州北至福建福州,全年均可栽种水稻①。无独有偶,这条气温界线,与宋代华南荔枝的种植北限相同。荔枝也需要有较高气温。北宋前期,福建路荔枝种植带北限自福州北郊绕至西北古田县水口镇②。所以福建路沿海具备栽种双季稻的气候条件。当时福建路已在栽培早占城稻,正可作为前作稻品种。因此,一旦其他技术条件成熟,双季稻的栽培便可实现。谢泌(950—1012)《长乐集总序》:"潮田种稻重收谷。"许淳仁《三山阁》诗云:"负郭潮田插两收。"③福州负郭三县(闽县、侯官县、怀安县)潮田系沿江滨海的灌淤沃壤,故能"插两收"。《淳熙三山志》指出:"今州倚郭三县两熟,早种曰献台、曰金州、曰秫,晚种曰占城、曰白香、曰白芒。"④一年两次栽插,品种不同。因此,马益《福州》诗赞扬:"两熟潮田世独无。"⑤独无者,盖能一年双插两收也。大概双季稻初期还不完善,产量也不一定很高。真德秀任知州时,进行了比较:"田或两收,号再有秋,其实甚薄,不如一获。"⑥负郭潮田两收,但"负山之田,岁一收"⑦。作物产量比较的技术基础是同等耕地面积在同一生产周期(年度)内各自收获量的轻重秤评。显然,潮田两收即系双季稻的两获。明初,莆田人黄仲昭在其《弘治八闽通志》中即据当时福州府闽江平原的水稻栽培技术指出:"早稻春种夏熟,晚稻盖早稻既获再插,至十月而熟者。其米皆有红白二色。宋马益诗云'两熟潮田世独无',盖谓是也。"⑧确凿地证明宋代福州已在栽培双季稻。漳州平原纬度较福州为低,气温则较福州为高,播种双季稻的自然条件也较具备。入宋之后,当地人口较多,增加粮食产量的客观需要又很强烈,因此,双季水稻的出现是大势所趋。正因如此,《归闲二十韵》成为首载漳州平原水稻复种制的可贵历史文献,较之明初洪武中王祎

① 《丁颖稻作论文选集》,农业出版社1983年版,第95页。

② 蔡襄:《荔枝谱》第三。

③ 王象之:《舆地纪胜》卷一二八,《福州·诗》。

④ 梁克家:《淳熙三山志》卷四一,《土俗类·物产》。

⑤ 梁克家:《淳熙三山志》卷四一,《土俗类·物产》。

⑥ 《西山文集》卷四〇,《福州劝农文》。

⑦ 卫泾:《后乐集》卷一九,《福州劝农文》。

⑧ 《弘治八闽通志》卷二五,《土产》。

《清漳十咏》"田稻春秋种"[1]的记录提前了四百年。

非但如此,《归闲二十韵》又在多方位多角度上揭示漳州平原的农业景观。如所周知,宋代稍早述及漳州风物的是王安石《送李宣叔倅漳州》一诗;"山川郁雾氛,瘴疠春冬作。荒茅篁竹间,蔽亏有城郭。居人特鲜少,市井宜萧索。"此时漳州的治所正好驻于龙溪县。诗篇后半提到的物产有芭蕉、荔枝、海物、兽蛇[2]。读罢诗篇,给人以一种蛮荒特甚的感觉。现在,幸得《归闲》一诗,为我们开辟了认识漳州平原早期开发史的新境界。作者以饱含盛情的笔锋,在归闲林泉的内心自白之外,把河口三角洲沃壤上的风物,经过艺术加工,概括集中,花团锦簇般地呈现在读者面前:鸣鸟、香花、俚歌、秫酒,坡头佳果耀眼,水面游鳞唼喋,木棉烧空,榕庄滴翠,稻麦竞秀,杂卉争妍。这是闽南大地上的明珠,历史图卷中的杰作。这样,它无形中给了那些全凭以讹传讹的诗篇以有力的批驳,对开发史上含辛茹苦的先民以热忱讴歌。正由于北宋前期九龙江三角洲的开发达到相当阶段,在与其毗邻又俯临嘉禾湾开阔港道的青礁,大约太宗太平兴国末年即涌现港口镇市——海口镇(今厦门海沧镇),海舶进出,神宗熙宁十年(1077 年)税额近 1400 贯,从此成为漳州商品进出口、泉州港腹地南翼的主港口。

当然,宋代闽南社会经济发展的不平衡是长期存在的。《归闲》诗所描绘的是其间富饶而又先进的部分,自然也有落后的地方。但也因为有了它,才带动其他部分缓慢地发展起来。明代中后期,在嘉禾湾宋代海口镇斜对岸出现闽南大港口——月港,就是这种历史链条生动的一环。

"呼童多种植,长是此方人",寥寥十个字,尽抒白石丁氏家族前辈筚路蓝缕的雄心壮志。族谱载丁儒归闲后,"募民障海为田,泻卤成淡,而沿江上下暂(渐)有耕地。"从此揭开丁氏家族的创业史。入宋,孝宗淳熙二年(1175 年),丁知微、丁知几兄弟又率乡民,开凿宽十八尺、深十六尺、总长度三十余里的"官港"水渠,引九龙江水灌溉海洋上下里旱地,直至今天沟塍宛然,还在发挥作用。度宗咸淳年中,丁英开又主持修筑与"官港"水利工程互相配合的"上舍港",可灌田千余亩。至于修桥铺路、筑埭围垦、

---

① 《弘治八闽通志》卷八二,《词翰》,引王祎《清漳十咏》。

② 《临川文集》卷七。

施赈救荒等事迹,族谱也多有记载。

丁氏家族开发白石事迹,给后人以启示。所传丁儒协助陈政募民五十八姓屯垦梁山(今云霄县境)周围地区,理应可信。因为后者可以作为前者的反馈和再版。而披览后者,也就可以窥见屯垦先民斩荆劈棘、搏虎驱狼的丰功伟绩。

原载《古今农业》1991 年第 3 期;又载
《陈元光国际学术讨论会论文集》,厦门大学出版社 1993 年版

宋代福建沿海的商业化浪潮

一

福建三面环山，一面临海，自成一格的地理单元。境内山多田少，向为人稠粮缺之乡。入宋而后，海陬平静，人口逐年增长。两宋之交，华北人口被战祸驱迫，大量南下，人口骤然猛增。福、泉、漳州、兴化军沿海一带，尤其严重。依现代实测统计，沿海四州军面积约达 56439 平方公里，只占路总面积的 46%。但人口却较建、南剑、汀州、邵武军上四州军为多。太平兴国五年（980 年）有户 248765，元丰三年（1080 年），跃为 576584，淳祐（1241—1251）中更增至 741188，递增率为 100、231、298。“人口压迫生产力”（马克思语），“以农立国”的陈俗旧规，经历着严峻的考验。“强宗右姓，力于兼并，游手惰农，因之以游荡”。① 拓宽就业渠道，解决农业以外人口的衣食问题，具有极大的紧迫性。早在仁宗后期，沿海各地的下户状况，就已严重恶化：“南方地狭谷鲜，又浮海通商，钱散不聚，丁男日佣不过四五十文。身丁之直，岁率三百，衣食之余，终年不能足之，必僦产子，不幸而疾诸疫。岁旱而力不售，与掌输之官弗严而有遗失之疾

① 蔡襄：《端明集》卷二十七，《上运使王殿院书》。

患，愿（顾）无他营，死焉耳矣。”[①]自耕兼佣，厄于身丁钱，转而为佃客，再遇上天灾人祸，如无其他营运，则只有死路一条。

“闽地褊不足以衣食之也，于是散而之四方。故所在学有闽之士，所在浮屠、老子宫有闽之道释，所在阛阓有闽之技艺”[②]，沿海之民，更“多以海商为业”[③]。遂成为一代人转向谋生的一系列新手段、新模式。

沿海气候潮湿温暖，闽江、木兰溪、晋江与九龙江入海处都有面积不等的三角洲，宜于栽种粮食作物以外的多种经济作物。据五代宋初丁祖托名丁儒的《归闲诗二十韵》，漳州平原当年已有衣料作物木棉，糖料作物甘蔗，酒料作物秫稻，水果荔枝、龙眼、柑橘、香蕉，以及外来的香花茉莉。[④] 入宋，它们就都广泛地移植于沿海各地。北宋中期人彭乘在《续墨客挥犀》中说：“闽岭已南多木棉，土人竞植之。”[⑤]乡间“玉腕竹弓弹吉贝”[⑥]，发展起新兴的棉纺织业。“寒添着木棉裘”[⑦]，木棉布柔软温和，因此备受人们垂青，大量外销，“南北走百价”[⑧]，经济效益高。种蔗熬糖，所在多有，水糖、糖霜、砂糖，当年多运销境外。地处木兰溪上游盆地的仙游县，“细民莳蔗、秫以规利”[⑨]。南宋后期，“岁运入浙淮者，不知其几千万坛”[⑩]。最为典型突出。山区兴化县，村民广种秫稻以酿酒，“岁肩入城者，不知其几千担”[⑪]。果树栽种，沿海城乡，蔚然成风，“自阶庭场圃，至于山谷，无不列植”[⑫]。其中以荔枝、龙眼、白梅为尤著。“南闽荔枝名四

---

① 蔡襄：《端明集》卷二十七，《上庞端公书》。

② 曾丰：《缘督集》卷十七，《送缪帐干解任诣铨改秩序》。

③ 苏轼：《东坡文集》卷五十六，《论高丽进奏状》。

④ 《白石丁氏古谱·懿迹纪》（关于本诗的作者及年代，见集内上文考证）。

⑤ 《续墨客挥犀》卷一，《吉贝布》。

⑥ 黄仲昭：《弘治八闽通志》卷二十六，《食货·物产》引林风《泉南风物》。

⑦ 刘克庄：《后村全集》卷三十八，《春日六言》。

⑧ 朱松：《韦斋集》卷三，《吉贝》。

⑨ 陈迁：《弘治仙谿志》卷五，《物产》引《宝祐志》。

⑩ 方大琮：《铁庵文集》卷二十一，《项乡守博文》。

⑪ 方大琮：《铁庵文集》卷二十一，《项乡守博文》。

⑫ 曾巩：《元丰类稿》卷三十五，《福州拟贡荔枝状》。

方”[①]，名品多达数十种，鲜干品畅销海内外，“一岁之出，不知其几千亿”[②]。行在临安，竟设立“五间楼泉、福糖蜜及荔枝、圆眼汤等物”[③]的专门商店。种植马蓝、槐蓝，浸制蓝淀为染料，“转贩入浙”[④]。栽培外国香花（茉莉、素馨、阇提、佛桑、渠那、含笑），“蒸取香油和香”[⑤]，或与荔枝壳合制香珠、香饼、香柱，畅销远近，则又是莆田县城乡新兴的染织、化妆品行业。

沿海各地海内外贸易所适销的手工业商品的生产也很繁盛。据赵汝适《诸蕃志》的调查，瓷器与锦绢是外销的大宗商品。沿海各地宋代瓷窑遗址已发现的即近百座，其间德化窑白瓷，同安汀溪窑、漳州江东窑、兴化县徐州窑青瓷，更是遐迩驰名。泉州系“泉缎”之都，锦绢纺织历史悠久，产量亦巨。兴化军借资吴杭丝纱以织匹帛，品质精良，也能外销。两浙“路州军自来不产铁，并是泉福等州转海兴贩”[⑥]。泉州铁矿开采较早，北宋盛时十五场，南宋后期还有五场，徽宗崇宁以后，福州辖境铁矿也“检踏开采，所至散漫”[⑦]，其中长溪县坑冶即达四十一所。迄南宋前期，境内私人炉户约有七十一家。兴化军莆田县“海滨有铁沙场，舟载陆运凡数十里，依山为炉，昼夜火不绝”[⑧]。故沿海州军能“比屋鬻器”[⑨]，“客贩遍于诸郡”[⑩]。福州闽县多草席，“陆贩上四郡，舟运至淮浙”[⑪]。此外，沿海州军所制竹纸、楮纸、薄藤纸、厚藤纸，也都行销于境内外。

交通设施是商业发展的命脉。路、桥、船是运输凭恃的物质手段。基本上与海岸平行的纵贯沿海四州军的驿道，晚唐以降，即逐段开筑。仁宗庆历末年，蔡襄出任福建转运使，命令各州军于驿道两旁种植青松，暑天

① 李纲：《梁谿全集》卷十三，《画荔枝图》。
② 蔡襄：《荔枝谱》第三。
③ 吴自牧：《梦粱录》卷十三，《团行》。
④ 周瑛：《弘治兴化府志》卷十二，《货殖志》引蔡襄《江南目录》。
⑤ 《永乐大典》卷七九六九，《素馨》引《莆阳志》。陈敬《陈氏香谱》卷一。
⑥ 梁克家：《淳熙三山志》卷四十一，《土俗类》三《物产》。
⑦ 梁克家：《淳熙三山志》卷四十一，《土俗类》三《物产》。
⑧ 周瑛：《弘治兴化府志》卷十二，《货殖志》引《绍熙志》。
⑨ 李心传：《建炎以来系年要录》卷八十五，绍兴五年二月乙酉。
⑩ 李心传：《建炎以来系年要录》卷一七七，绍兴二十七年。
⑪ 梁克家：《淳熙三山志》卷四十一，《土俗类》三《物产》。

以荫行旅。“道边松，大义渡至漳、泉东”，形成“岁久广荫如云浓”“委蛇夭矫腾苍龙”①。宏观景色动人，客货两便的交通干道。尔后又陆续建成横跨木兰溪的濑溪桥（1143 年），洛阳江的万安桥（1040 年），晋江的通济桥（皇祐初）、顺济桥（1211 年），九龙江的虎渡桥（1194 年）、南桥（绍兴中），大都先造浮桥，改建木桥，再修石桥。在各州军辖区范围内，有宋一代也大量修桥铺路。据不完全统计，福州有宋桥 18 座，兴化军 46 座，泉州 115 座，漳州 50 座。“闽中桥梁甲天下”，名不虚传。在日渐崛起的泉州港区，桥梁建筑与商业化历程，几乎同步跃进。晋江县有宋一代建桥 43 座，绍兴年中特多，达 15 座，总长度约五千二百余丈（其中二座不明）。其时正当泉州港进入黄金岁月，海上贸易鼎盛，港区运输繁剧，故石井港首先建成安平桥，使漳州商品径直运入蕃舶下碇津埠，减少绕道。嗣又建成东洋桥，沟通围头湾东侧沿岸。泉州湾上源，则建成龙津桥、长溪桥，以便洛阳江左近物资的调运。其他桥梁，从宏观俯瞰，均对南关港、石井港、泉州湾三大口岸呈辐射格局，旨在顺畅物资集散，促进港口繁荣。

京东东路籍贯的绍兴宰臣吕颐和曾品评各地海船，结论是：“海舟以福建为上。”②语中肯綮。福建板材耐咸，造船工艺精湛，远航技术高超，向来饮誉中外。故宋廷命使放洋，常委福建监司雇募海船。而自宋朝立国伊始，福建沿海即有海船土贡色目。东南沿海实施开放政策之后，造船业日趋发达。宁宗嘉定五年（1212 年）臣僚言：“漳、泉、福、兴化，凡滨海之民所造舟船，乃自备财力，兴贩牟利而已。”③为此，民间造船业臻于兴旺，福州长溪一县隶籍的民船，即多达数千艘④。各州军下户贫民，陆上既无田可耕，则常罄室造船，“轻生射利，仅活妻孥”⑤。冲冒鲸波，聊求自存。

---

① 祝穆：《方舆胜览》卷十二。

② 《忠穆集》卷二，《论舟楫之利》。

③ 《宋会要辑稿·刑法》卷二之一三七。

④ 楼钥：《攻媿集》卷一〇九，《宋晋之墓志铭》。

⑤ 廖刚：《高峰集》卷五，《漳州到任条具民间利病五事奏状》。

二

伴随着商业化浪潮的高涨，一系列城镇草市崛起于沿海各地。

地处闽江下游的福州，长期以来系福建地方的政治、经济、文化中心，“江海通津，帆樯荡漾”①。海上贸易历史悠久。五代年中凿通甘棠港后，蕃舶驰驶，愈加便捷。郊垧左近，“名园荔子尝三熟，负郭潮田插两收”②。腹地富饶，物资充裕。熙宁十年(1077年)，商税年额为38400贯，冠于一路。绍圣年中，城郭更形恢弘，“春满红楼十万家”③。雄踞一方，人口少说也有数十万。本州辖区内，草市镇不少。镇市有闽安镇、峡口镇、侯官镇、南北镇、黄崎镇、烽火镇、莆门镇、连江镇、三砂镇、北茭镇、关棣镇、飞泉镇、鸡菜镇、海口镇、水口镇、永泰镇，草市有闽县城外草市十处，侯官城西草市一处，尚有石溪市、白沙市、渔溪市、辜岭市、登冲市、陀市，等等。其中水口镇雄踞闽江中流险段，关锁上下州军商贩水路，闽安镇则“枕居海门”，系“广浙(海舶)往来经由之处”④，位置险要。海口镇稍南，监视长乐，福清海道。绍圣年中居民达二千户，镇内“官场仓库浩繁”⑤。南宋淳熙初年，居民更增至三千余户。爰及季年，商税“课额高”、“监官所得纲例钱巨万”⑥，为境内第一大镇。

斗转星移，北宋中期以后，以同样具有悠久海上贸易历史的泉州为中心，以曾经是泉州“支郡”的漳州与兴化军为两翼腹地的闽南地区经济，发展迅速，后来居上。神宗于“熙宁五年(1072年)诏发运使薛向曰：东南之利，舶商居其一。比言者请置司泉州，其创法讲求之”⑦，已成为朝廷瞩目的大事。经过一个曲折过程，哲宗元祐二年(1087年)，朝廷敕准泉州设

---

① 《金石萃编》卷一一八，《王审知德政碑》。

② 王象之：《舆地纪胜》卷一二八，《福州·荔枝诗》引许淳仁《三山阁》。

③ 王象之：《舆地纪胜》卷一二八，《福州·诗》引温益诗句。

④ 梁克家：《淳熙三山志》卷十九，《兵防类》二《诸寨土军》。

⑤ 梁克家：《淳熙三山志》卷十九，《兵防类》二《诸寨土军》。

⑥ 刘克庄：《后村大全集》卷一五三，《刘无竞墓志铭》。

⑦ 《宋史》卷一八六，《食货志·互市舶法》。

置市舶司。徽宗宣和年中，与商业兴盛以俱来，泉州城郭峻雄宏大，“城内画坊八十，生齿无虑五十万”①。外商聚居的“蕃人巷”，自城南厢迤逦于十里外的法石市，“驿路四通，楼船涨海，农士工商之会，东西南北之人”②。一时间名符其实地成为福建地方的经济中心。之后，国家颁给的海上贸易资金，先与广州同等，旋即跃居其上。当港上缴的市舶净利收入，同步增长，骤升为东南诸港口之首。商业的繁盛，导致财富的充牣，“温陵大都会，朱门华屋，钿车宝马相望”③、“温陵市舶，连甍富饶”④。羡情丽句，不胜采撷。与此同时，腹地范围内，草市镇也获得兴发，镇市有石井镇、溜石镇、潘山镇、海口镇，涵头镇、宁海镇、黄石镇、太平镇、龙华镇、石碧漳镇、安德镇、峡口镇、敦照镇，草市有洛阳市、法石市、瓷市、濠市、五店市、后渚市、围头市、迎仙市、白湖市、中岳市、沙溪市、耕园市、习德市、京元市、赤店、康店、池店、畲店、新店、刘店、陈店、杨店、吴店、林店、石店，等等。其中以石井镇为繁华。石井港位于围头湾底部，北倚晋江平原，南窥漳州平原，物资集散快捷。建炎四年(1130 年)建镇后，扶摇直上，南宋前期全盛时有铺四千余片，商税年额突破三万贯，系泉州港主港口南关港以外的辅港口，其监官与巡检的注拟，吏部特置专条规定，位置非同一般。龙溪县海口镇位于嘉禾湾北侧，漳州平原物资出海，均从此扬帆。熙宁十年(1077 年)税额，与控扼晋江尾闾的溜石镇同近一千四百贯。此外，湄洲湾西岸的太平港，大量输出仙游的蔗糖，兴化湾西岸的涵头镇，则集散兴化平原上一系列的农业手工业产品。它们都是泉州港腹地物资分流的重要口岸。

“多以海商为业”的福建商人，极为活跃。既船坚技娴，又有胆有识，拥有在国内外广泛从事商业活动良好的物质和精神条件。在绵延数千里的宋朝海岸线上，到处都有福建商人的踪迹。南自海南岛，“闽商越贾，舶交其中”⑤。一路北上，凡广、恩、惠、潮、温、明、杭州，青龙、澉浦镇，江宁

---

① 王象之:《舆地纪胜》卷一三〇,《泉州·风俗形胜》引陆藻《修城记》。

② 郑侠:《西塘集》卷八,《代谢章相公启》。

③ 刘克庄:《后村全集》卷一五四,《丘迪吉墓志铭》。

④ 陈淳:《北溪全集》卷四十七,《上傅寺丞论民间利病六条》。

⑤ 胡铨:《胡澹庵文集》卷十六,《送彭子从赴召序》。

府，顾迳、黄姚市，通州，板桥镇等处港口①，都可见“闽商海贾，风帆浪舶，出入于江涛浩渺、烟云杳霭之间”②的动人景象，甚至僻远的通州狼山山下水澳，“皆闽艘吴舰，与渡而渔且漕者之所出入”③。

海天相接的太平洋西部与印度洋广阔海域，同样也是福建商船风帆所向之处。早在仁宗年中，蔡襄《荔枝谱》已指出，福建沿海荔枝远销，“其东南舟行新罗、日本、琉求、大食之属”。南宋前期，泉州港海上贸易大盛，“通互市于海外者，其国以十数”④。迨宁宗开禧二年(1206 年)，赵彦卫著《云麓漫钞》，列蕃舶常到泉州的海外国家、部落或地区，已达 28 处⑤。稍后，理宗宝庆元年(1225 年)，提举福建市舶赵汝适著《诸蕃志》，任内得便“乃询诸贾胡，俾列其国名”，又增至 58 处⑥，自东北亚洲迤逦非洲东南海岸。福建商人不但频繁往返于海外港口，而且商队规模不小。据朝鲜史家郑麟趾《高丽史》记载，相当于宋真宗大中祥符八年(1015 年)至哲宗元祐五年(1090 年)七十六年间，福州(二起)、泉州(十九起)商人航抵高丽的人数，多达近四百人，多时一次百余人⑦。徽宗崇宁四年(1105 年)，泉州纲首李充赴日贸易，船上员工共 69 人，载象眼 40 匹、生绢 10 匹、白绫 20 匹、瓷垸 200 床、瓷堞 100 床⑧。即此可见一斑。

善贾是闽商的显著特点之一。商业利润的赢赚，货币的增殖，既需要资巨财雄，更需要精通“市道”信息与营运技巧。泉州海商尤其拥有此一优势。秦观《庆禅师塔铭》:

---

① 顺次见洪迈《夷坚志》戊卷一《浮曦妃祠》、真德秀《真西山集》卷一五《申尚书省乞拨降度牒添助宗子请给》、王十朋《梅溪后集》卷十二《静晖楼前》、《夷坚志》戊卷一《陈公任》、丁志卷六《泉州杨客》、常棠《海盐澉水志》卷五《寺庙・医灵祠》、许尚《华亭百泳・异木》、王象之《舆地纪胜》卷十七《建康府・风俗形胜》、《宋会要辑稿・食货》卷一八之二九，李焘《续资治通鉴长编》卷四〇九，元祐三年三月乙丑。

② 欧阳修:《欧阳文忠全集》卷四十，《有美堂记》。

③ 刘弇:《龙云集》卷二十三，《独游狼山记》。

④ 林之奇:《拙斋文集》卷十五，《泉州东坂葬蕃商记》。

⑤ 《拙斋文集》卷五，《福建市舶司常到诸国舶船》。

⑥ 《诸蕃志》卷上。

⑦ (朝)郑麟趾:《高丽史(一)・世家》。

⑧ (日)三善为康:《朝野群载》卷二十，《太宰府附异国大宋客商事》，转引自(日)森谷克己《日宋贸易研究》。

> 师讳昭庆，字显之，俗姓林氏，泉州晋江人也。少跅驰，以气自任。尝与乡里数人，相结为贾，自闽粤航海道，直抵山东。往来海中者十数年，资用甚饶。①

林昭庆从事海上贸易时间，约自仁宗宝元至庆历年中，其时朝廷三冗严重，财政竭蹶，宋夏战争激化，但泉州乡人却能从容扬帆于南起二广，北抵京东广袤海岸线上诸港口，十数年中即能“资用甚饶”。两宋之交，金兵灭亡北宋之后，旋即发动残酷的连年南侵战争。战火弥漫于长江下游三角洲，南抵福建路北邻两浙、江西广大城乡，但就在这戎马倥偬岁月中，泉州纲首朱纺，依然远航三佛齐，“曾不期年，获利百倍”②。差不多同时，“泉州杨客为海贾十余年，致赀二万万”③，“蕃舶纲首”蔡景芳，则自建炎元年(1127 年)至绍兴四年(1134 年)八年中，从海外招诱大批蕃舶入泊泉州港，使朝廷赚得净利钱多达 93 万贯④。绍兴十三年(1143 年)，有“泉州商人，夜以小舟载铜钱十余万缗入洋”⑤，试图违禁出海贸易。一旦成功，按“每足(铜钱)一贯之数，可以易蕃货十贯之物”⑥赢利计算，即可挣得百余万贯的巨额收入。凡此，不但需要经商的必备资金和设施，也同样需要蔡襄所谙熟的福建人那种“虽焦手于猛火，残肌于白刃，必冒热当锋而进”⑦的冒险家性格、淘金人智谋、胆略和进取精神。正因商业营运的经济效益如此优厚，诱发人们从商如流，“朝为原宪暮陶朱”⑧，或释耒而“为技艺者”⑨。商业化浪潮向纵深发展的结果，是把沿海州军在城及郊垌乡间的妇女也卷入从商旋涡，“市廛阡陌之间，女作登于男”⑩。在古老陈腐的束缚妇女于闺阁女红的精神锁链上出现了裂缝，萌芽了新风奇俗。及南宋季年，妇女热衷经商的形象更加突出：“插花作牙侩，城市称雄霸。梳

---

① 《淮海集》卷三十三。

② 《有宋兴化军祥应庙记》碑，绍兴八年(1138 年)立。

③ 洪迈：《夷坚志》丁志卷六，《泉州杨客》。

④ 李心传：《建炎以来系年要录》卷一〇七，绍兴六年(1136 年)十二月丁未。

⑤ 李心传：《建炎以来系年要录》卷一五〇，绍兴十三年。

⑥ 包恢：《敝帚稿略》卷一，《禁铜钱申省状》。原文“十贯”误作“百贯”。

⑦ 蔡襄：《端明集》卷二十七，《上运使王殿院书》。

⑧ 刘克庄：《后村全集》卷十二，《泉州南郭二首》。

⑨ 曾丰：《缘督集》卷十七，《送缪帐干解任诣铨改秩序》。

⑩ 梁克家：《淳熙三山志》卷三十九，《土俗类》一《土贡》。

头半列肆，笑语皆机诈。新奇弄浓妆，会合持物价。愚夫与庸奴，低头受凌跨。”[①]妇女从商不能单纯地视作人手的增加，它还深刻、必然地折射自商品经济发展、货币神奇作用普遍性所酿成的平等观的早春信息。

三

宋代福建沿海的商业化浪潮，带给当地各方面的社会生活以深刻影响。

繁盛的海上贸易基本上是民间官纲的换货交易，“远物输官被八垠”[②]。自海外输入的作物、蔬果、香药、花草以及手工制品，不乏精良品种，充实了社会生产内容，有益于福建地方经济文化的进步。就中特别是“南北（指两浙、二广）米艘”[③]，直接弥补了福建时常出现的少粮缺陷，“万骑貔貅，千艘犀象”[④]。一定程度地扭转了贸易港地区的财富态势。北宋前期，“泉州人稠山谷瘠”[⑤]。迨南宋中期，即被誉为“富州”、“乐土”[⑥]，绝非偶然。

与商品的输出相适应，沿海州军农业、手工业生产中外向型的成分占有一定比重并日趋发展。其结果必然导致从事单一经济作物种植或手艺制作的小农家庭与村落的涌观。栽培荔枝、龙眼、白梅的园户，种秫制曲酝酿的酒户，种蔗熬糖的水糖、砂糖、糖霜户，种植木棉并纺织吉贝布的木棉户，烧造陶瓷器皿的窑户，赁矿冶炼的炉户，诸如此类从事专门行业的农户，逐渐萌芽，逐渐壮大，不能不是商业化浪潮中催绽的社会经济的新葩。北宋即已出现的荔枝园户一家“至于万株”[⑦]，木棉园户一家“至数千

---

① 陈普：《石堂先生遗集》卷十六，《古田女并序》。

② 王十朋：《梅溪后集》卷十七，《提举延福（寺）祈风道中有作次韵》。

③ 《永乐大典》卷三一五六，陈亮《陈沂墓表》。

④ 王象之：《舆地纪胜》卷一三〇，《泉州·风俗形胜》引连南夫《修城记》。

⑤ 王象之：《舆地纪胜》卷一三〇，《泉州·诗》引谢履《泉南歌》。

⑥ 刘克庄：《后村全集》卷六十八，《胡侁知泉州制》。

⑦ 蔡襄：《荔枝谱》第三。

株”①，白梅“乡户园林种至千万株”②。直是司马迁笔下“此其人皆与千户侯等”的专业富户。泉州港区晋江县乡间，在急遽膨胀起来的海上贸易业的刺激下，形成以手工业为主体，按自然聚落为基础的经济分工群体，“陈坑之民织竹以为器，龟湖之民细布而善酿，下浯之民织席榨油，沟头之民陶瓦砖，拱塘之民线猪”③。瓷市、赤店烧造瓷器，等等。专业或具有专业倾向农户与聚落冒出福建沿海地平线，是当地社会生产力与商品经济业已获得发展的结晶。

沿海闽商踪迹遍天下，既有行商，又有坐贾，同时还捎带大量人口外移。早在北宋时期，闽商在海上贸易港“住冬”、“住蕃”的现象就已产生。其中彰彰的如高丽“王城有华人数百，多闽人因贾舶至者。密试其所能，诱以禄仕”④。其中一部分便成为侨民。国内移民，也早就开始。哲宗末年，苏辙贬于雷州，说：“予居海康，农亦甚惰，其耕者多闽人也。”⑤其时南恩州也“多瓯闽之人”⑥。建炎以降，随着沿海商业化高潮的到来，土旷人稀的二广城乡，闽人移民接踵而至。有“射地而耕”者⑦，有“以典质为业者”，而且“奋空拳过岭者，往往致富”⑧。荒僻的海南岛黎族乡间，有“资货陷没”的破产闽商僦耕不归⑨。烟火相接的广州城南，竟也“比屋尽闽人”⑩。毫无疑问，甘愿附搭沿海闽船背井离乡外移者，自必以无产贫困的客户为多。

“海贾归来富不赀”⑪。海商既有“豪富之民”，又有“中下”人户。后

---

① 彭乘：《续墨客挥犀》卷一，《吉贝布》。

② 梁克家：《淳熙三山志》卷四十一，《土俗类》三《物产》。

③ 何乔远：《闽书》卷八，《方域志·泉州府晋江县》引陈凯《陂洋塘记》。

④ 《宋史》卷四八六，《高丽传》。

⑤ 《栾城后集》卷五，《和子瞻次韵陶渊明劝农诗一首并引》。

⑥ 王象之：《舆地纪胜》卷九十八，《广南东路·南恩州·风俗形胜》，引绍圣四年(1097年)丁琏《建学记》。

⑦ 周去非：《岭外代答》卷三，《五民》。

⑧ 王象之：《舆地纪胜》卷一一六，《广南西路·化州·风俗形胜》引《范氏旧闻拾遗》。

⑨ 赵汝适：《诸蕃志》卷下，《黎》。

⑩ 刘克庄：《后村全集》卷十二，《城南》。

⑪ 刘克庄：《后村全集》卷十二，《泉州南郭二首》。

者资金微弱，往往采取合资形式，“以钱附搭其船，转相结托，以买蕃货而归，少或十贯，多或百贯，常获数倍之货”①。一定数量的客户，自然可以苦筹少量资金浮海谋生，所以漳州“海船之家，少上中户”②。其次在商品经济的催化作用之下，沿海农村的财富再分配的周期较前缩短，频率也较前提高了。莆田县卓家穷佃户吴四五、吴念七，辛勤耕作，几十年之后，至其孙吴春、吴辉时，家业改观，于是“主佃易势”，“名分倒置”，产生以“贫富为强弱”的新格局③。按照宋代的版籍条法，每当推排时节，具备一定的物力，既可由业主“出立户名”，也常自胥吏笔端，易客为主。由此可见，沿海下四州军客户愈晚愈为微少，特别福建主港口泉州下降坡度尤为明显，乃是商业化浪潮对于历史沉渣的冲刷表现。

商业化浪潮导致沿海城乡广泛存在各类商品市场。货币流通量因而扩大其渗透力。理宗嘉熙年中，方大琮“自浙入闽，行役所见，暨还里门，日与闾阎接”，城镇草“市之贸易例以镪。（农民）自乡村持所产，到市博镪”④。货币普遍施加刺激于各社会人口集团的结果，首先扩张了剥削阶级依赖市场的胃口，增加了货币征敛的欲望和手段。上自赋税依田产高下征收产钱，下至学田、寺田、义田及私田广泛推行折价租，乃是沿海各地日益加强的商业化促进货币资产税普及的积极现象⑤。直至南宋后期还在征收的身丁钱，也不过只是一种打着人头税旗号，欺世盗名的代役钱残迹罢了。伴随着商品经济与货币流通的发展，雇佣劳动也在城乡日逐浪高，面积较大的经济作物园圃、矿冶、瓷窑、船场、盐场、海船等，都需要使用各类雇工，以保证生产流程的连续性，货币给酬制度也早自北宋前期便已存在，“丁男日佣不过四五十文”⑥。给酬幅度的固定化，体现着货币衡

---

① 包恢：《敝帚稿略》卷一，《禁铜钱申请状》。

② 廖刚：《高峰文集》卷二，《漳州到任条具民间利病五事状》。

③ 《名公书判清明集》卷九，《户婚门・主佃争墓地》。

④ 《铁庵文集》卷十四，《李丞相书》。

⑤ 梁克家：《淳熙三山志》卷十《版籍类・垦田》、卷十二《赡学田》、卷十七《财赋类・岁收》。陈迁《弘治仙谿志》卷二《学田、祀田》引《宝祐志》。方大琮《铁庵文集》卷二十一《项乡守博文》。真德秀《真西山集》卷十五《申尚书省乞拨降度牒添助宗子请给》。陈淳《北溪全集》卷四十六《上傅寺丞论学粮》。依次可见福、兴、泉、漳各地情形。

⑥ 蔡襄：《端明集》卷二十七，《上庞端公书》。

值与体力支出的比例在社会上得到公认的程度。直到南宋后期,“其余客户,则全无立锥,惟藉佣雇,朝夕奔波,不能营三餐之饱”①。依然如此。

反映城乡不同程度商品经济的客观存在,沿海州军居民的风俗习惯、道德观念和宗教信仰,也无不在潜移默化中。成书于孝宗淳熙八年(1181)的《三山志》指出:社会上衣服、称呼、辈分“递有等级,不敢略相陵躐”,“虽骤富骤贫,不可移易。故其名分素定,岁时揖逊俯伏,井井可观。三十年来,渐失等威,近岁尤甚。农贩细民至用道服背子紫衫者,其妇女至用背子霞帔,称呼亦反,是非旧俗也”②。等级是封建社会的本质特征。森严、神圣的等级制度被干扰造成紊乱,固然不自宋代开始,但基于商品经济为动因的再次增剧,则是一种不可忽视的社会现象。义利之辨曾是中国人意识形态领域长期争论的热点。宋代理学家上承儒学先师衣钵,重义而斥利。福建是朱熹闽学的策源地,泉州、漳州所谓经朱熹“过化”,盛行“清源别派”;兴化军则传播理学家艾轩“东井之学”。但就在这些州军,在商业化驱动下,“凡人情莫不欲富,至于农人、商贾、百工之家,莫不昼夜营度,以求其利”。其中赤裸裸的一条,即“娶妻不顾门户,直求资财”③,摆脱门阀制度余习,丢掉惺惺作假的羞涩面纱,将农工商各业营运的根本条件“资财”作为资产婚姻前提,当然是其时其地的奇风怪俗。祠祀神灵,旨在保境安民、延年益寿,而在沿海州军,特别是发轫自泉州港腹地,航海、利商保护神冉冉升起,后来居上,甚而成为众神之神。兴化军湄洲湾上孤岛一女巫林默,北宋后期即据传凭依“枯槎”,被宁海镇、白湖市、迎仙市诸港口居民首先尊奉,又经朝廷册封为“顺济”女神,“故商贾尤藉以指南”④。可使“千里危樯一信风”⑤。迨南宋后期,“妃庙遍于莆,凡大墟市小聚落皆有之”⑥。兴化军城北的祥应庙神,也为海商所皈依,“商人

① 陈淳:《北溪大全集》卷四十四,《上庄大卿论鬻盐》。

② 梁克家:《淳熙三山志》卷四十,《岁时·序拜》。

③ 蔡襄:《端明集》卷三十四,《福州五戒文》。

④ 《陇西李氏族谱》忠部,廖鹏飞《圣墩祖庙重建顺济庙记》(转引自肖一平《略论妈祖传记的时代演变》文稿)。

⑤ 黄公度:《知稼翁集》卷五,《题顺济庙》。

⑥ 刘克庄:《后村大全集》卷九十一,《风亭新建妃庙》。

远行，莫不来祷"[①]。泉州九日山下延福寺通远王，"每岁之春冬，商贾市于南海暨蕃夷者，必祈谢于此"[②]。郡守提舶，每年于蕃舶往返时节，则必率僚属亲祷祈风，典礼极为隆重。港口石井镇，居民对通远王的奉祀，"凡家无贫富贵贱，争像而祀之，惟恐其后。以至海舟蕃舶，益用严恪"[③]。神灵无非是人们思想感情和物质利益的神化形态，航海保护神纷起于有宋一代，最好地说明了：安航至上，利商为大。

福建沿海州军商业化使闽商名扬天下，并奠定泉州港成为当年世界东方第一大港的牢固基础。同时又铸就了南宋年中直至元代兴旺不衰的东南沿海广州——泉州——庆元三港链条，泉州港居中锲合，南北中转，畅通海运。建炎以降，朝廷屡为行在临安食廪不给，诏广东籴粮，运储闽中，再行输送北上。如绍兴五年(1135)六月辛未："左承议郎值宝文阁知婺州周纲，特转一官。纲，绍兴初为广东转运判官，奉诏以本司钱市米十五万斛，自海道至闽中，复募客舟赴行在，故迁之。"[④]自泉州港扬帆的中外蕃舶，劈风斩浪，交驰于北起朝鲜半岛的太平洋西海岸，西抵非洲桑给巴尔岛，又构成当年世界最繁荣、最漫长、最雄伟的贸易圈，泉州港正是它不可取代的中心点。

原载《中国社会经济史研究》1989 年第 3 期

① 《有宋兴化军祥应庙记》碑。

② 怀荫布：《乾隆泉州府志》卷七，《山川》引李邴延福寺《放生池记》。

③ 新修编《安海志》卷二十，《庙堂》引王国珍《昭惠庙记》。

④ 李心传：《建炎以来系年要录》卷九十，绍兴五年(1135 年)六月辛未。

刺桐港对“海上丝绸之路”的双向支撑

世界是一个整体。几千年来,人类一直生活在相互影响中。随着时间的推移,这种影响由微弱逐渐增强,由单线联系,进而形成辐射格局。中国的刺桐港,在10至14世纪前期长达数百年的时间内,正是亚非二大洲海上交通辐射格局的极其重要的东方支撑点。

古代希腊的一位哲学家这样说过:给我一个支点,我可以把地球举起。炎黄子孙似乎也可以说:刺桐港这个支撑点,曾经把当年绵延万里,横跨太平洋、印度洋的贸易圈托起。因为“这一时期,中国在世界经济中居主导地位”①。刺桐港依恃国家雄厚的物质基础,云帆竞发,推动“海上丝绸之路”臻于繁荣境地。

一

刺桐港广袤的腹地(闽南),地处太平洋盆地西缘东海之滨,枕山瞰海,其居民几千年来就拥有恃海洋谋生的丰富经验与优良传统。公元三世纪以后,黄河流域的人口不断入闽,木兰溪、南安江与柳营江海口平原及临海坡地逐渐改变地旷人稀现象,原田农地的垦殖指数获得提高。规

① (美)斯塔夫里阿诺斯:《全球通史》,上海社会科学院出版社1988年译本,第332页。

模空前的唐末农民战争，推涌出一个波澜壮阔持续几十年的移民浪潮，导致闽南人口直线上升，并使其与耕地形成尖锐矛盾。陆耕海商的社会谋生方式：“州南有海浩无穷，每岁造舟通异域。”①铸成了社会居民的共识，锻就了生存韧性。所以利用境内蔽天的丛菁，充裕的板材，造船业素称发达。“海舟以福建为上”②，向来饮誉寰中，为荡江闯海创立前提。五代年中开始，泉州地方的主宰者即凭借晚唐以降通商海外的传统，积极开拓海上贸易事业。先是王延彬因“仍岁丰稔，每发蛮舶，无失坠者”，为人羡称“招宝侍郎”③。政府部门也相应地设立主管市舶贸易的榷利院与保护航线安全的海路都指挥使官员。继之留从效时，“陶瓷铜铁泛于蕃国”④。迨宋仁宗后期，闽中荔枝外销：“其东南舟行新罗、日本、琉求、大食之属”⑤。显然，刺桐港海商的远洋帆船业已开拓和使用自东北亚太平洋西岸迤逦西南印度洋的漫长航线。

哲宗元祐二年(1087 年)，宋朝政府在长期徘徊之后，决定设立泉州市舶司，刺桐港宣布对外开放。徽宗即位后，又解除了其与“高丽、日本、大食诸蕃”通商的禁令⑥。两宋之交，为缓解政府的财政危机，满足进驻泉州的南外宗室的需要，朝廷除投入巨额折博本钱外，又批准在刺桐港实施一系列优惠国内外舶商的政策。与此同时，刺桐港港口的基础设施也大有改善，顺畅运输的数十座卧海跨江的石桥陆续兴建，导航标志与灯塔拔地而起。朝廷坚决平定海盗骚扰以安静航路，沿闽粤海岸建寨置戍以策海舶安全。诸如此类，无不给航海事业以推动。但尤其重要的是海舶制造、船舰编制与技术装备有了新的发展。南宋前期，福建沿海船舶的产量惊人，政府顾募海船，一举即得数百艘⑦；或购买海船，单泉州一地即得

---

① 王象之:《舆地纪胜》卷一三〇,《福建路·泉州·诗》引谢履《泉南歌》。

② 吕颐浩:《忠穆集》卷二,《论舟楫之利》。

③ (宋)佚名:《五国故事》上。

④ 《留氏族谱·宋太师鄂国公传》。

⑤ 蔡襄:《荔枝谱》第三。

⑥ (日)三善为康:《朝野群载》卷二十,《太宰府附异国大宋客商事·李充公凭》,转引自(日)森谷克己《日宋贸易研究》。

⑦ 周瑛:《弘治兴化府志》卷三十六,《林之平传》。

200艘[①]。刺桐港港口所在地晋江县制造的船舰，质量又最佳[②]。为了有效驱动民间海舶，泉州地方政府实行上户船舰编籍制度，轮流按籍放洋。船舶人员设置纲首、艄工、杂事、部领诸职，水手实行准军事编组，轮流操作，而最迟在孝宗淳熙五年(1178年)前，刺桐港海船已装备浮针，配置火长专司航向测报[③]。稍后，又测绘并使用了早期的海图[④]。在每年海舶放洋与归帆时节，泉州地方政府与市舶司长官，则必躬率僚属，风尘仆仆前赴西郊九日山通远王庙，或远奔法石万岁山，在迷信氤氲里诚恐诚惶地举行祈风祭海仪式，给“海上丝绸之路”的参与者以平安祝愿。迷信固于事无补，但庄严的祀典无异于向世人宣告：刺桐港的主宰者对“海上丝绸之路”的支持，委实最大限度地做出了许诺、保证与承担。

“涨海声中万国商”[⑤]。刺桐港黄金岁月到来的标志，是航线繁复延伸和寄碇地点频增。

高宗绍兴年中，刺桐港“通互市于海外者，其国以十数”[⑥]，林之奇当时提举福建市舶，熟知行情，以“十数”为量词单元，说明刺桐港海上贸易的对应国家、地区或部落已为数不少。大约同一时间，周去非屡述泉、广海上贸易诸蕃国分布，自东北亚的朝鲜半岛，中经中南半岛、大巽他群岛、南亚次大陆，西抵阿拉伯半岛，西南终点直至昆仑层期国(东非沿岸及马达加斯加岛一带)[⑦]。理宗宝庆元年(1225年)，赵汝适提举福建市舶，于刺桐港询问中外海商，并参阅周去非的《岭外代答》一书，撰成《诸蕃志》，记述海上国家、地区或部落50个以上。其中相当部分应是刺桐港海商所到之处。印度洋南亚次大陆以远航路，《大食国》条：“自泉发船，四十余日至蓝里(今亚齐)博易住冬，次年再发，顺风六十余日方至其国。”当时以巴格达为首都的阿拔斯王朝国势强盛，成为亚、非、欧国际贸易的枢纽，所以波斯湾内外的寄碇点特多，有白莲(今巴林岛)、瓮蛮(阿曼)，记施(卡伊斯

---

① 韩元吉：《南涧甲乙稿》卷一九，《连南夫墓碑》。

② 周瑛：《弘治兴化府志》卷四七，《黄彦辉传》。

③ 洪迈：《夷坚三志巳》卷六，《王元懋巨恶》。

④ 赵汝适：《诸蕃志·序》。

⑤ 王象之：《舆地纪胜》卷一三〇，《泉州·景物》引李邴诗句。

⑥ 林之奇：《拙斋文集》卷一五，《泉州东阪葬蕃商记》。

⑦ 周去非：《岭外代答》卷二、三，《外国门》上、下。

岛）、思莲（古代撒那威港）、勿巡（苏哈尔）、伽力吉（加尔哈）、勿拔（米尔巴特）、奴发（佐法尔）、施曷（也门）及波斯东南的积吉（莫克兰）。东非沿岸则有弼琶啰（今柏培拉）、中理（索马里东北），麻罗抹（摩加迪沙）、层拔（桑给巴尔）等。

元移宋祚，但却给刺桐港带来又一个海上贸易的春天。

蒲寿庚举城降元，因而备受朝廷优待。世祖至元十四年（1277 年），首先批准重建泉州市舶司，而且在有元一代各市舶司不时裁并中岿然不动。翌年，元世祖命唆都、蒲寿庚“诏谕诸蕃”①，并委蒲寿庚长子蒲师文为正奉大夫宣慰使左副都元帅兼福建路市舶提举。旋又命为海外诸蕃宣慰使，“通道外国，抚宣诸夷”②，广泛从事海外的招徕活动。公元 1258 年，曾是“海上丝绸之路”劲旅的阿拔斯王朝被旭烈兀率领的蒙古西征军所扫灭，强大的阿拉伯帝国的帆船队突告衰落，这一切不能不成为刺桐港振兴的难得机遇。自南宋后期逐渐集结而成的刺桐港蕃舶海商集团，斩风劈浪，特别活跃，而又拥有海上贸易的亲缘地缘优势。土著海商继之而起，“元政宽纵，听民与蕃互市，故海岛居民多货蕃”③。海上贸易的深度与广度有了新的发展，刺桐港进入鼎盛境地。由于海上贸易的繁荣，港口的空间结构始自南宋后期即重新调整，港道稍嫌狭窄的南关港、石井港已被泉州湾上开阔的后渚港所取代。世祖至元二十九年（1292 年），元廷实施海上兵力大集结，同年意大利人马可·波罗奉命护送蒙古公主远嫁，成宗大德三年（1299 年）遣使忽鲁谟斯，顺帝至正二年（1342 年）罗马教廷来使，至正六年（1346 年）摩洛哥人伊本·白图泰来华，都经由后渚港出入。他们赞美：“刺桐是世界上最大的港口之一。”④“甚至是最大的港口。我看到港内停有大艟克约百艘，小船多得无数”⑤。据伊本·白图泰目击：所谓艟克挂 3 至 10 扇帆，载海员 600 人，战士 400 人，尾随柴水船 3 艘，刺桐港则是它的产地之一。这种庞然大船，载重量和远航、续航能力必然使刺桐港船队能在“海上丝绸之路”乘风万里，争雄亚非。

---

① 《元史》卷一〇，《世祖本纪》该年条；《元史》卷二一〇，《马八儿等国传》。

② 汪大渊：《岛夷志略》吴鉴序。

③ 周瑛：《弘治兴化府志》卷四八，《兵政志》。

④ 《马可波罗游记》，陈开俊等译，福建科技出版社 1981 年版，第 192 页。

⑤ 《伊本·白图泰游记》，马金鹏译，宁夏人民出版社 1985 年版，第 551 页。

《岛夷志略》是这一历史事实的可靠记录。作者汪大渊于顺帝年中二度搭乘刺桐港海舶远航，至正九年(1349 年)整理航海日记，撰成此书。书中以地为纲，以事系地，记述亲历的国家、地区或部落寄碇点名称 219 个，其中贸易口岸 81 个(略计中南半岛 25 处，菲律宾群岛 5 处，东印度群岛 24 处，南亚次大陆 14 处，斯里兰卡 4 处，伊朗 3 处，阿拉伯半岛 3 处，东非沿岸 3 处)，对照前代，“海上丝绸之路”大有发展，尤以中南半岛、东印度群岛及南亚次大陆为突出。特点是新开辟的贸易口岸居多，充分体现元代刺桐港海商的开拓精神。在印度洋西部，阿拔斯王朝灭亡，在埃及先后建立的阿尤布王朝与马木路克王朝，却积极经营过境贸易。因此，国际商路西移埃及、红海一线。处于阿拉伯海与红海联结点的亚丁(哩伽塔)勃兴，成为刺桐港船队的重要寄碇点，由此向北深入红海西岸的库赛尔(阿思里)，向南直抵马达加斯加岛对岸在南纬十七度五十分的克利马内(加将门里)，把中国古代帆船在东非沿岸的寄碇点推进到最南端①。

二

五代、宋、元时期刺桐港所外向支撑的“海上丝绸之路”，确实是以巧夺天工的中国丝绸为标志，连接亚、非二大洲的海洋市场网。为使这个市场网川流不息，刺桐港居民，祁寒暑雨，农耕、工作、商输，对历史、对人类做出了应有的贡献。

刺桐港腹地是著名的“泉缎”之乡。早在唐末五代之交，泉州乡间景色，触目是：“桑梢出舍蚕初老。”“枳篱茅屋共桑麻。”②蚕桑大盛，绸缎丰登。刺桐城中，“千家罗绮管弦鸣”③。郊野踏青，“绮罗不减蜀吴春”④。直到元代，依然一派“桑柘千村曙色新”⑤“蚕眠曲箔女红齐”⑥，桑茂蚕肥

---

① 汪大渊：《岛夷志略》，苏继庼校释本，中华书局 1981 年版，第 298～299 页。

② 《全唐诗》卷六八一，韩偓《卜隐桃林场》、《南安寓止》。

③ 《全唐诗》卷七六一，詹敦仁《余迁泉山城留候招游郡圃作此》。

④ 苏颂：《魏公集》卷七，《黄从政宰晋江》。

⑤ 南安县《榜头吴氏族谱》载元人陈大观唱和诗。

⑥ 洪希文：《续轩渠集》卷六，《鸡豚社》。

的田园气象。"泉缎"以质地精良,花色丰富,轻清耐久见称。陶瓷生产自唐季以降,即驰名遐迩。泉州一地,五代前的窑址已发现 19 处,宋元窑址多达 127 处(其中德化 33 处,南安 47 处,安溪 26 处)。德化窑白瓷、同安汀溪窑、漳州龙溪江东窑等处青瓷,胎薄釉亮,光泽照人,销路广泛,在国内外享有盛名。真腊(今柬埔寨)所欲得的"唐货","泉州之青瓷器"①,是其中的佼佼者。泉州铁矿开采较早,北宋盛时 15 场,南宋后期仍存 5 场。兴化军莆田县"海滨有铁沙场,舟载陆运凡数十里,依山为炉,昼夜火不绝"②。故能"比层鬻器"③,蔚成风气。此外,兴化军的荔枝、龙眼,仙游、惠安的蔗糖,漳州、泉州的棉布,等等,也都是外销的紧俏商品。随着海上贸易的发展,城乡之间不但创立以手工业为主体,以自然聚落为基础的经济分工群体,而且也涌现生产外销商品的机户、窑户、炉户、园户、糖霜户等等,构成支援"海上丝绸之路"的可靠后盾。为了组织大批量的出口品,海商行贾翻山越岭,冲冒鲸波,到数百里外的建宁购买建阳锦、建本书,千里外的苏杭购买五色缎等等,马驮船载,千里输运,甚而各有关产地的监、冶、局、场基层地方政府也参与其事,在赶工季节,"累累起夫役"④,以免误了扬帆良辰。

丝绸、陶瓷和铜铁是刺桐港外销商品的大宗。北宋徽宗崇宁四年(1105 年),泉州纲首李充前往日本贸易,船载象眼 40 匹,生绢 10 匹,白绫 20 匹,瓷碗 200 床,瓷碟 100 床,简直是一艘丝瓷之船。据《诸蕃志》与《岛夷志略》约略统计,宋元二代刺桐港的外销商品,包括丝绸(含布匹)、陶瓷、金银、铜铁、饰品、香药(中转为主)、杂货、乐器和书籍九大类数百个单项品色。现按贸易口岸分列几种主要外销商品(《诸蕃志》只有部分数字),以揭示其内部结构及其前后变动。

① 周达观:《真腊风土记》卷二一,《欲得唐货》。

② 周瑛:《弘治兴化府志》卷一二,《货殖志》引《绍熙志》。

③ 李心传:《建炎以来系年要录》卷八五,绍兴五年二月乙酉。

④ 熊禾:《勿轩集》卷七,《春雨》。

书名	品名	丝绸	布匹	瓷器	陶器	铁	铜	铜铁器	金	银	金银器	饰品	文化用品
诸蕃志(1225)	口岸(18)	14	1	17	4	2	1	0	8	6	5	4	2
	%	77	5	94	22	11	5	0	44	33	27	22	11
岛夷志略(1349)	口岸(81)	39	55	44	14	35	21	14	22	34	1	24	12
	%	48	67	54	17	43	25	17	27	41	1	29	14

两书撰述时间相隔一个世纪，丝绸（含布匹）、陶瓷依然是主体商品。“海上丝绸之路”名称没有根本性的改观，但已经有部分质的变动。元代后期，丝绸销量有所下降，布匹崭露头角，市场兴旺。略计有单项品色29种，其中原地商品18个，中（途）转（口）商品11个，即占城布、麻逸布、阇婆布、西洋布、甘理布、塘头市布、巫仑布、八丹布、八都剌布、八节那涧布、剌速斯离布。显然，价格昂贵，多为贵族酋长享用的丝绸，已被价格低廉，广为下层居民服用的布匹所逐渐代替，长途运输原地商品的贸易战略已被穿梭中转的灵活方法所部分改变。再者，陶瓷输入地的百分比有所缩小，钢铁销量增幅很大。除生活用品外，铜铁还能广泛使用于生产领域。这对于地处热带、亚热带草木茂盛环境的消费者，伐木耕垦，射猎谋生，用处十分巨大。正因如此，刺桐港海商风帆所向，备受各寄碇口岸居民的欢迎。如文老古（今马鲁古群岛）居民，“每岁望唐舶贩其地”，往往以五梅鸡雏孵化多少来占卜唐舶几何①。三岛（今吕宋群岛境）男子则以“附舶至泉州经纪”为光荣，必罄资文身，回岛后大受尊礼，“习俗以其至唐，故贵之也”②。可见刺桐港大力支撑“海上丝绸之路”，海外国家、地区或部落人民，则对它报以可掬的热忱，敞开了大门。

① 《岛夷志略·文老古》。

② 《岛夷志略·三岛》。

当年高度发达的中华文化，也是刺桐港海舶输出“商品”的组成部分。福建路建州及其辖下建阳县麻沙镇系东南刻书中心，号为“图书之府”。其所刊刻的儒家经典及文学艺术日用百科书籍，“无远不至”[①]，“书籍高丽、日本通”[②]。首先成为东北亚洲这两个国家引入中国汉字文化的桥梁。包含刺桐港海商在内的宋朝商人北航朝鲜半岛比较频繁，随船人员也较多，先后滞留高丽王城的约有数百人，部分被择优任职。宋神宗熙宁初年，宋廷委派刺桐港海商傅旋前往寄意，恢复两国中断一段时间的友好关系。尔后泉州海商又多方为高丽购买中国图书、雕造经板出力。哲宗元祐四年（1089 年），海商徐戬一次即代为雕造经板 2900 余片，并载往该国。南宋宁宗嘉定年中，日本僧人庆政附舶抵达泉州，与其他日本僧人陆续运回福州东禅寺和开元寺刊印的《大藏经》等经书。福建的刻书能工多达 30 余人，先后前往日本，直接在该国雕造汉字书籍。其中最值得称道的是刺桐港腹地元代兴化路莆田县仁德里人俞良甫。据日本现存传本，他先后手雕《月江和尚语录》、《宗镜录》、《碧山堂集》、李善注《文选》、《新刊五百家注音辨唐柳（宗元）先生文集》、《昌黎先生文集》、《春秋经传集解》等书。这位能工巧匠，侨居日本长达 25 年，惨淡经营，常在刊记中留下心声：“自辛亥四月起刀，至今（历时四年）苦难始成矣。”（《文选》刊记）“凭自己财物置板流行。”（《传法正宗记》刊记）“几年劳碌，至今喜成矣。”（《唐柳先生集》刊记）他为中日文化交流，捐资捉刀，鞠躬尽瘁，芳名永垂青史，为中日人民所永远怀念[③]。

在南海航线上，自北宋年中始，刺桐港海商即“时有附带曾经赴试士人及过犯停替胥吏过海入蕃，或名为住冬，留在彼国，数年不回”[④]。有的娶妻育子，繁殖称为“土生唐人”[⑤]的后代。如龙牙门（今新加坡），“男女兼中国人居之”[⑥]。勾栏山（在今加里曼丹岛附近）：“今唐人与蕃人丛杂

① 朱熹：《朱子大全》文集卷七八，《建阳县县学藏书记》。

② 熊禾：《勿轩集》卷四，《书坊同文书院上梁文》。

③ （日）木宫泰彦著，胡锡年译：《日中文化交流史》，商务印书馆 1980 年版，第 347、483～484 页。

④ 《宋会要辑稿·刑法》卷二之五七。

⑤ 《宋会要辑稿·蕃夷》卷四之八二。

⑥ 《岛夷志略·龙牙门》。

而居之。”①掀开了华侨与驻在地居民共同开发新乡园的历史篇章。其中赴试士人、停替胥吏都拥有一定的文化，在向海外传播中华文化的过程中，尤能有所作为。三佛齐使者赍致宋廷的竟是“唐字书”②，正是这种社会效果的一例。

显而易见，品色繁多的刺桐港商品，源源输入各有关国家、地区或部落，丰富其居民的物质和精神生活，一定程度地促进其社会的发展，并增进相互间的历史友情。

三

从泉州市舶司设立时起，刺桐港对“海上丝绸之路”的外向支撑与内向支撑都得到极大加强。争取中央政府颁给本港以一系列优惠政策，创造一个良好的进出口及蕃商来华环境，无疑是内向支撑重要的措施。宋徽宗崇宁初年，泉州市舶司根据朝廷旨意，派刘著出使中南半岛。稍后果然招纳到罗斛与占城，因而请准设置来远驿，并拟定特别优厚的迎接犒设津遣条例，海外使节与蕃商来华，从此格外方便。高宗绍兴二年（1132年），福建市舶提举司迁入泉州，朝廷随之下达“务要招徕蕃商，课额增羡”③命令，给泉州市舶司施加巨大压力。不久，泉州地方政府奏请给予招诱蕃货抽解累计达五万及十万贯的中外海商以补官奖励。首先给大食海商蒲罗辛特补承信郎，“赐公服履笏”④。接着又给“蕃舶纲首”蔡景芳也补承信郎，以资激赏。蒲罗辛行前，宋朝政府特别吩咐：“令说谕蕃商，广行般贩乳香前来。如数目增多，依此推恩余人。除犒设外，更与支给银彩。”这确是“存恤远人，优异推赏”⑤政策的有力兑现。

舶税优惠是发展海上贸易的另一重要手段。北宋前期曾实行十分征

---

① 《岛夷志略·勾栏山》。

② 《宋会要辑稿·职官》卷四四之六。

③ 李心传：《建炎以来系年要录》卷五八，绍兴二年九月庚辰。

④ 《宋会要辑稿·蕃夷》卷四之九四。

⑤ 《宋会要辑稿·蕃夷》卷四之九四。

二及征一税制。神宗年中为扩大海上贸易，降为十五征一。大约徽宗年中，划分舶货为粗细二色，分别课以十分征三与十分征一。高宗绍兴六年（1136年），泉州市舶司于请准实行补官奖励中外海商的同年，申奏朝廷将粗色舶货改为十五征一，细色依旧。迅即获得两浙市舶司的支持，经朝廷批准，在沿海各处市舶司施行。元初，泉州舶税三十取一，依然是各市舶口岸中最轻的一种。经人申奏，元廷又“以泉州为定制”①。可见在发展海上贸易的关键时刻，刺桐港曾经以较为优轻的税制广事招徕，并因此又扩及其他市舶口岸，先后对南宋及元朝初年二个海上贸易高峰期发挥了有益作用。

蕃商“住唐”泉州城，为时甚早。中唐诗人包何《送泉州李使君之任》诗：“云山百越路，市井十洲人。”②“十”对“百”泛言其多，但必然包含已有一批第一代外侨长住泉州的历史真实性。宋代以降，刺桐港“航海皆异国之商”，海上贸易愈趋发达，蕃商来华势必日众，“夷夏杂处”不可避免③。因此，怎样创造一个蕃商宾至如归的生活环境，当然也是刺桐港对“海上丝绸之路”内向支撑的标尺。

历史事实表明，至晚自两宋之交时起，泉州城镇南门左近即逐渐形成蕃商聚居街区，迨南宋季年，“诸蕃有黑白二种，皆居泉州号蕃人巷”④。显而易见，“蕃人巷”习惯语或专有名词的广为流传，自是经过年深月久沉积而成。这片聚居街区随着蕃商“住唐”人数的递增，溢出镇南门，向东迤逦于近郊的法石港。沿江上下，十里繁华。“蕃人巷”的形成，使蕃商易于将他们故土的习俗、语言、心理状态及住宅的宏观结构重现和延续于异国，以致他们与中国居民争斗，“非至折伤，皆用其国俗”⑤，以牛赎罪。北宋徽宗大观、政和（1107—1117）年中，“土生蕃客”渐多，宋廷允许设立“蕃学”⑥，以便其入学就读。在“蕃人巷”内外，伊斯兰教、婆罗门教、摩尼教、基督教、犹太教、佛教等庙宇林立，蕃商享有充分的宗教信仰自由。一旦

---

① 《元史》卷一五，《世祖本纪》，至元三十年。

② 《全唐诗》卷二〇八。

③ 郑侠：《西塘集》卷六，《上泉守蒋大夫》；卷八，《代谢仆射相公》。

④ 祝穆：《方舆胜览》卷一二，《泉州事要》。

⑤ 楼钥：《攻媿集》卷八八，《汪大猷行状》。

⑥ 蔡絛：《铁围山丛谈》。

病殁，则又可以依其本土习俗举行葬礼，建筑坟墓。高宗绍兴末年，蕃商又捐资在城外东郊兴建公墓。这样，他们生有天堂极乐世界的寄托，死有九泉窀穸之归，自有一种身在异邦、心回故园的精神慰藉。

当然，“蕃人巷”在北宋宣和二年（1120年）即已拥有五十万人口的泉州城内，只是一个小聚居区。从宏观鸟瞰，依然是“夷夏杂处”，整个泉州城“廛肆杂四方之俗”，岁月流逝，互相融合的趋势日益显著。元代中国一个新的民族成分——回族，以部分来自不同国家、地区或部落的的蕃商为主体，基本上有了雏形。

刺桐港地方政府根据中央朝廷制定的制度和政策，大力保护蕃商的合法经商权利。舶货到岸后，经过课征博买程序，北宋徽宗崇宁三年（1104年）准许蕃商或其“土生蕃客”可以越州过县，或直入汴京销售自余部分。但到南宋孝宗淳熙二年（1175年），遽然决定，只准在停靠口岸销售，“此令一下，其徒有失所之忧”①。危急之际，福建市舶提举司挺身而出，申奏中央朝廷，特准蕃商可在本路各州军范围内销售，从而缓解了他们的营运困境，免除了货滞财枯的破产威胁。在泉州城内，准许蕃商任便设铺营业，“市有生蛮卖象牙。”②恰是这种情景的写照。他们既可以与中国海商“结托”，合伙经商，也可以组建远洋船队，富至佛莲（今巴林）巨商拥有海舶八十艘。南宋后期，由于刺桐港蕃商财雄人众，结合而为蕃舶海商集团，操纵和垄断本港的海上贸易。宋廷有鉴及此，率先拔擢蒲寿庚任职，开一代风气之先。及至元代，蕃商联翩出仕，就不胜枚举了。正因为刺桐港令蕃商普遍感到客异邦如在家园，所以随着岁月推移，海外贸易愈益发达，蕃商来港也愈后愈多。元代季年一首诗云：

泉南佛国天下少，满城香气楠檀绕。
缠头赤脚半蕃商，大舶高樯多海宝。③

多么祥和的气氛，烘托着熙熙攘攘的蕃商人群，千帆万艘而至的奇珍异宝！这只能解释：刺桐港对“海上丝绸之路”的支撑，在这里获得一个精彩的缩影。

---

① 《宋会要辑稿·职官》卷四四之三〇。
② 张翥：《蜕庵集》卷四，《怀清源洞游》。
③ 释宗泐：《全室外集》卷四，《清源洞图为洁上人而作》。

四

历史上凡是健康的海上贸易，必然对双方有利。唯有如此，就输出国来说，它才可能使其海上贸易获得广大居民的支持，置于坚如磐石的基础之上。这也是刺桐港对“海上丝绸之路”一个必不可少的支撑。受益面越宽，海上贸易的基础就越牢固，越强大。

据宋太宗太平兴国七年(982年)中央朝廷公布的数字，进口物品约有45种，过一个半世纪，高宗绍兴十一年(1141年)增为近400种，增幅近9倍。但据宋代《清源志》所载，当年输入刺桐港的舶上商品，含宝物、香药、布匹、皮革和杂货各类在内，细色计66个单项，粗色计75个单项①。按照朝廷规定，禁榷物品或指令装纲上京物品一概不得任便销售者外，其他粗色或所谓“南货”物品，则可经过市舶司官钱收购转销，或径由蕃商依持公凭在划定区域内自销。曾出任泉州知州的王十朋有诗句云：“大商航海蹈万死，远物输官被八垠。”②可见八闽(即八垠)城乡确实是刺桐港舶上物品的销售区域，同时又是受惠对象。春雨润物细无声。舶上物品通过城、镇、草市，与福建广大城乡居民实现了“海上丝绸之路”异邦蕃货的交换过程。兴化军仙游县枫亭市，在福建沿海交通干道，紧靠湄洲湾，又是宋元时期太平港所在地。元人林亨《螺江风物赋》描写其交换情状说：

> 通道而南，城趋乎刺桐。胡椒、槟榔、玳瑁、犀象，殊香百品，异药千名。木绵之裘，葛布之筒，重载而来，轻赍而去者，大率贸白金而置青铜。③

上自宝物、香药，下至木棉、葛布，都在进入枫亭草市市场之列，可以窥见舶上物品深入刺桐港腹地的细微程度。至少在州在城，宋朝政府还特意设立太平惠民局，加工配制各类舶上香药品的丸、散、汤、丹公开出

---

① 何乔远：《闽书》卷三九，《版籍志·市舶税课》。

② 《梅溪后集》卷一七，《提举延福祈风道中有作次韵》。

③ 周瑛：《弘治兴化府志》卷三二，《艺文志》。

售。民间“香人”则开设“香行”、“香铺”，经营香药的销售生意。泉州湾宋船上有“礼贤香记”木签，即是城内这家香铺结托经营海上贸易事业的物证。舶上香药经过中国医药人员的研制，使外来药品原料与中国医方、医艺互相结合，从而产生许多经过实践证明行之有效的中药品，大大丰富了中医药宝库，增进了中国人民的治疗智慧，提高了民族健康水平，发展了中医药成就。

李迅，字嗣立，南宋泉州名医，平时“广收方书，多蓄药味，有问方者必告，有求药者必与，了无吝色厌心”①。医德也很高尚。其《集验背疽方》一书总结当时亲手治癌经验，内中各方所采用舶上香药有木香、沉香、丁香、乳香、麝香、没药等。另一名医杨士瀛，字登父，号仁斋，福州人。宋理宗景定五年(1264 年)著成《仁斋直指》26 卷，男女内外各症具备。书中各方采用舶上香药略计达数十种。如能治疗心痛、霍乱等十多种急慢疾病的《苏合香丸》方，计有安息香、苏合香油、丁香、青木香、白檀香、沉香、荜茇、薰陆香、龙脑、白术、香附、苛子、乌犀、朱砂、麝香等 15 味。部分验方则径以舶上香药命名，如沉香降气汤、顺气木香散、撞气阿魏丸、白豆寇散、槟榔散、丁香半夏丸、肉蔻散、龙脑鸡苏丸、乳香膏等等。显而易见，香药在福建路各地广为推销的结果，促使传统的中医药推陈出新，创造性地生产出一大批中外药物科学结合的新药品。

蕃货包含相当数量的“杂货”、“南货”，由于粗重，准许就地销售。布匹衣料有蕃丝、蕃布、吉贝纱、吉贝(棉布)、苎、麻，杂货有乌纹木、花梨木、鱼胶、水藤、藉(蕃藤)草席、簟(凉席)等。这些海上物品价格低廉，又多为一般日常用品，深得广大城乡居民的欢迎。如降真香，香气劲烈，民间以能驱邪，故“泉人岁除，家无贫富，皆爇之如燔柴。然其值甚廉”。麝香木，生砍的气恶价贱，“泉人多以为器用，如花梨木之类”②。

宋人林风《泉南风俗》诗着意刻画：“玉腕竹弓弹吉贝，石灰荖叶送槟榔。”吉贝即木棉，自海外传入刺桐港腹地后，斗转星移，至北宋前期，栽种渐广，“土人竞植之，有至数千株者，采其花为布，号吉贝布”③，成为纺织

---

① 李迅：《集验背疽方》郭应祥序。

② 赵汝适：《诸蕃志》卷下，《降真香》、《麝香木》。

③ 彭乘：《续墨客挥犀》卷一，《吉贝布》。

手工业的新原料资源。产量渐丰,成品渐繁,“南北走百价”①,极为畅销。据南宋季年的一种估算,“木绵收千株,八口不忧贫”②。经济效益很高,是一门大有可为的专业园艺,广受八闽百姓的垂青,所以元初福建便成为江南专设木棉提举司的五大地区之一,能承受朝廷“责民岁输木绵十万匹”③的沉重负担。蒌叶即芙蓾,其叶与槟榔合蚶壳灰共嚼,俗传可以消食下气,有益身体健康。这种食疗风习也传自海外,宋元以降,盛行不衰。市舶司适应民间需要,大量进口槟榔,舶税“岁收数万缗”④。

素馨、阇提、渠那异、含笑、茉莉等香花,也来自异国。它们可用来蒸取香油合香,成为民间化妆品的新兴原料,同时又都是鲜花装饰品。“茉莉头围白,槟榔口抹红”“不雨犹穿屐,因喧尽佩香”⑤,可算得上是奇风异俗。

这一切展示了一条历史真理:“海上丝绸之路”是人类智慧之路,是友谊之路,是互惠之路。愿世界人民并肩携手,扬起未来的风帆,闯开21世纪崭新的“海上丝绸之路”!

原载《联合国教科文组织“海上丝绸之路”综合考察泉州国际学术讨论会论文集》,福建人民出版社1991年版

---

① 朱松:《韦斋集》卷三,《吉贝》。

② 《古今图书集成》卷三〇三,《草木典·木棉部》,引谢枋得《谢刘纯父惠木棉》。

③ 《元史》卷一五,《世祖本纪》至元二十六年四月。

④ 赵汝适:《诸蕃志》卷下,《槟榔》。

⑤ 陈汝咸:《康熙漳浦县志》卷一六,《艺文·清漳十咏》。

后渚古船:宋季南外宗室海上经商的物证

——古船牌签研释并以此纪念古船出土15周年

十五年前,一艘沉埋在泉州湾后渚港滩泥中长达数百年之久的古代帆船残骸,经发掘而得见天日,震惊世人。它不但为国内13世纪的远洋海船提供了珍贵标本,而且也为当年泉州湾烟帆浪舶,泛亚航非的盛况捧出了可靠实物。所以自那时以来,研究者给予巨大关注,长论短评,连篇累牍。但此船究系谁家之物?风帆南骋,究出谁人之手?至今仍无定论,读者瞠目。

笔者不揣谫陋,试做探讨,恳方家赐正。

一、牌签文字释读

古船出土木质牌签计96件,目前可辨认而又与货品物主有关者约73件。根据其不同的内容,分类释读如次。

(一)南外牌签

《南家》木签18件,第五舱1件,第六舱16件,第十三舱1件。《南家记号》木签1件,第十三舱出土。

以家字做尾组成汉语语词,由来已久。唐宋以降,此风犹炽。依笔者所见,常用的约有以下数种:(1)与地域方位结合,如南家。陈陶《鄱阳秋夕》诗:“忆昔鄱阳旅游日,曾听南家争捣衣。今夜重开旧砧杵,当时还见雁南飞。"[1]此处"南家"显指江南人家，辽金时期常用来沿称地处南方的宋人[2]。(2)与人称代词结合，如我家、汝家、他家[3]。(3)与居民姓氏结合，如李家、张家等等。(4)与民族属性结合，如蕃家、奚家、辽家、汉家[4]。(5)与政府级别结合，如朝家、州家、县家、镇家。唐宋人常称中央政府为"天家"、"朝家"[5]，州军政府为"郡家"、"州家"[6]，县政府为"县家"[7]，镇政府为"镇家"[8]。如此等等，为数不少。

泉州在中国东南，家喻户晓，船上人员完全没有必要标记地域方位性质的"南家"以自嘲弄，故第一种语词用法可以排除。泉州居民姓氏，唐宋以来均不曾发现有姓南的人。且统观全部牌签文字，凡上一字标姓者，下一字必承以职业类别，故第三种语词用法也可排除，则剩下唯一可能的就是最后一种语词用法了。

按南外宗正司率所属宗子男女人口，奉命于高宗建炎三年(1129 年)十二月迁入泉州，自此直至南宋灭亡，不曾移驻。朝廷议事或行文时，常省称之为"南外"[9]。泉州居民或南外宗正司所属官吏，当然可以仿效"州家"、"县家"惯例，尊称其为"南家"。

"南家"牌签特多(共 19 件，占可辨认牌签 26%)。证明该海船主要部分货物归南外宗正司所有。与其他有关牌签统筹考察，可信该海船系以南外宗正司为船主，联合所属宗支房派集团经商的回舶。

(二)宗支牌签

"安郡"、"河郡"、"兆郡"木签各 1 件，"昶郡"木签 5 件。宋代地方建

---

① 《全唐诗》卷七四六。

② 徐梦莘:《三朝北盟会编》卷二二引马扩《茅斋自叙》，卷一四一引晁公态《败盟记》。

③ 李心传:《建炎以来系年要录》卷一三四，绍兴十年三月十五日。

④ 《三朝北盟会编》卷一三五引合肥野叟《杨庐州忠节录》，卷一四二引张棣《正隆事迹记》。

⑤ 余靖:《武溪集》卷二，《送苏祠部通判杭州》；曾协《云庄集》卷二，《老农》。

⑥ 胡太初:《昼帘绪论》。

⑦ 陆九渊:《象山文集》卷五《与徐子宜》。

⑧ (日)圆仁:《入唐求法巡礼行记》。

⑨ 《宋会要辑稿·帝系·崇儒·职官》各有关部分。

制,有州无郡。只是民间文书,有时沿袭汉唐旧习,常以郡字指称州军。但既作为货物签据,郡字必与物主身家相关。故非赵氏宗支之郡王、郡公、郡主、郡君、郡夫人莫属。鉴于封建伦常的男尊女卑意识及其礼教躯壳,经由两宋理学家的鼓吹和装潢,因而更加发达,更加巩固。所以在释读这类牌签时,笔者不得不优先在郡王、郡公男性谱系中进行搜寻。

1,“安郡”1 件,第一舱出土。

南外人口中,宋太祖赵匡胤的直系后代不少①。燕王赵德昭房派,自神宗熙宁元年(1068 年)起,诏与秦王赵德芳房派轮流封一名安定郡王,以崇其威。高宗绍兴年中起,又以燕王居长,世世袭封。入居泉州的该房派子孙,因恃此自相标榜,以为殊荣,并以此享受封赠带来的政治经济权益。“安郡”应当是安定郡王房派的徽记。

2,“河郡”1 件,第一舱出土。

南外人口中,宋太宗赵光义的直系子孙也不少,尤以商王赵元份的后代为多。故先后出任南外知宗的也以该房派为众。入居泉州的赵元份四世孙仲霜封河东郡王,系泉州南外初创期间知宗赵士珸的伯父。“河郡”应当是该房派的徽记。

3,“昶郡”5 件,第三、六舱出土。

商王赵元份的五世孙赵士剸,自绍兴二十四年迄三十二年(1154—1162 年),连续三任南外知宗,历时九年,为南外知宗中资序最长的一位。由于他辑睦宗室有功,卒后封赠咸安郡王②。泉州《天源赵氏族谱》明代后人的《续谱序》,公然宣称奉祀太祖、太宗是“溯源”,追念赵士剸是“崇祖”,可见其影响的巨大。该房派家支也必以“咸郡”揭榜祠庙。爰及后渚古船发舶之年③,恭宗赵显在位。咸、显嫌名同音,故须回避,因取与显字字义相通的昶字以省称为“昶郡”。

“昶郡”如照字面直解,则将于史无征,于义无取。三国时期曹魏荆州

---

① 南外房派状况见《闽书》卷四四,《文莅志·宗室》,《天源赵氏族谱》,泉州九日山祈风石刻(下同)。

② 陈棨仁:《闽中金石略》卷九,《咸安郡王赵士剸墓志》。

③ 关于古船沉没年代,泉州海交馆《泉州湾宋代海船发掘与研究》第 79 页及第 119 页,《泉州文史》第 4 期,第 54 页,几位作者多主景炎二年(1277 年)说,则发舶年代应系于德祐。在新说创立之前,暂从此说。

牧王基固曾筑上昶城(故址在今湖北安陆西北,早已不存),以逼夏口,江夏郡也曾一度徙治于此①,但它从来不曾作为州郡专称。宋代权臣封赠,也不曾有此郡望。所以只有从史讳另辟蹊径,才可能获得合理解释。

4,“兆郡”1 件,第一舱出土。

宋代男性宗支中,只有钦宗赵桓即位前曾一度获封京兆郡王。故“兆郡”疑是一位南外京兆郡夫人的省称。具体房派名氏无考。

(三)职称牌签

数量较多,系姓职结构型,分类释读如次。

南外官吏——“朱库国记”、“稠司”木签各一件。

按南外宗正司衙门,财政官吏有主管财用司一员,监亲睦库一员。其所属吏人,财用司有军典等四人,亲睦库有攒司一名,库子二人。②海船运贩货品而非朝廷拨给的钱财,回舶后尚有市舶司抽解、博买以及贮藏、贩卖等过程,故应以委亲睦库官吏为宜。

1,“朱库国记”木签 1 件,第十三舱出土。

双面墨书,字迹工整,清晰易认。此人当即朱姓监亲睦库官,南外委监管海船,职同纲首。古船牌签带记字的有“水记”、“香记”、“记号”数种,“水记”意即水船货物记号,“香记”单系“礼贤香记”一件。此签独异,标以“国记”。笔者认为当是“国尔忘私”官箴之简省,含有廉洁奉公、隐喻官阶的二重意思。

2,“稠司”木签 1 件,第十舱出土。

亦双面墨书。一面草书,另面行草。司字易认,唯上一字笔画简省潦草,向使释者犯难。故众说纷纭,莫衷一是。笔者近承泉州海交馆协助,获阅原件,细心审察,觉该字左边偏旁为禾字,草书一面更清晰,似无问题;右边半包围清楚,半包围内书作双连环而缺左口,左口旁有一竖加笔,似可释作周字,合成稠字。稠,古姓,中国境内目前仍有此罕见姓。稠司,应即亲睦库稠姓攒司,借充船上货品钱财账目攒造保管人。

宗人家干——古船内带干字牌签甚多。可有二解:一为政府衙门的

① 李吉甫:《元和郡县志》卷二十八,《江南道》三《安州》。

② 《宋会要辑稿·职官》卷二〇之三七。

干办公事官员,另一为私人家宅的干人。但南外宗正司并未获准置备干办公事官员,即有也不能多到三人。故应释作私家干人。

3,“曾幹水记”11件,第三、五、六舱出土。“曾仐”2件,第五、六舱出土。“林幹水记”5件,第三、五、六舱出土。“张幹水记”、“张仐”(仐乃幹之俗字)各1件,俱第十舱出土。计牌签20件。

宋代干仆制度极为发达,普及于各行各业。他们貌似低贱,事实上常狐假虎威,凭恃主家权势,祸福在手,气焰冲天。论其出身,低者有“停罢公吏”①,教书夫子②;高者如秦桧金陵永宁庄,“保义郎刘隐主之”③。循王张俊家府干乃和州防御使张贵④,宋季福王赵与芮庄干乃曹知县⑤。所以南外宗人府邸所用的干人,决然不会是璅屑细民,也可能颇有社会地位。曾干牌签多达13件,林干5件,多数与“南家”、“袒郡”牌签同置于三、五、六舱。这几个舱位又多贵重物品,有龙涎香、乳香、硃砂、铜钱(计227枚,占出土铜钱的一半)。故笔者怀疑曾、林或即当时知宗家与咸安郡王宅的干人。

海船员工——

4,“张什”木签1件,第十舱出土。

张氏系水手什长⑥,即所谓“水手头目”⑦。

5,“丘碇水记”木签1件,第五舱出土。

丘姓碇工。

6,“张绊”木签1件,第十舱出土。

张姓缆工。绊,羁马绳,此处借指船缆。

7,“杨工”、“尤工”、“陈工小记”木签各1件,俱第十二舱出土。“三九工”木签1件,第十三舱出土。

杨、尤、三、陈姓艄工,均为海船水手。唯三九亦可读作宋元时数字名

---

① 《宋会要辑稿·刑法》卷二之一一九。

② 张九成:《横浦心传录》下。

③ 洪迈:《夷坚志》丁志卷五,《荆山庄瓏》。

④ 周密:《武林旧事》卷九,《高宗幸张府节次略》。

⑤ 长谷真逸:《农田余话》。

⑥ 《泉州文史》第4期,陈泗东文,所释甚确。

⑦ 罗濬:《开庆四明续志》卷六,《三郡隘船》。

讳人员。

8,“安厨记”木签 1 件,第七舱出土。“小陈”木牌 1 件,第一舱出土。

前者为安姓厨师,后者为小厮陈某。

9,“料匠曾”木签 1 件,第十二舱出土。

船内尚出土“料口曾”梯形木签 1 件。空白缺处应是匠字,系船上备用的急难时修船的匠师,曾姓。

(四)搭客牌签

搭客牌签计有“吴兴”4 件,第五、六舱出土,“吴兴水记”1 件,第六舱出土;“王美”、“哑哩”各 1 件,均在第十舱出土;“狗间记号□□”1 件,第十二舱出土;“六十”、“山中”各 1 件,均在第十三舱出土。

吴兴木签最多,又都与“南家”、“昶郡”、“曾仐”、“林幹水记”牌签同在第五、六舱出土,笔者揣测此人当与曾干、林干相熟,“结托”幅度较大。哑哩应是侨居泉州的外籍人。其余均系泉州汉族居民,狗、六、山均是汉姓。六十也可连读为数字人名。

(五)商号牌签

1,“西河酱瓜”木牌 1 件,第一舱出土。

西河系泉州林姓郡望标志,该酱菜铺子系林姓商人所开。

2,“礼贤香记”木签 1 件,第六舱出土。

签文草书,贤字最难辨认,故曾有礼天、礼实等误读。其似楷书吴字又非吴字的写法,实即古人笔走龙蛇的贤字。“礼贤”以名香铺,亦甚妥帖。

二、牌签史学价值

后渚古船残骸的出土,为世人勾勒出宋代远洋船队的宏观形象,丰姿绰约,沧海雄帆浮现脑际。而牌签文字的释读,则使我们洞悉底蕴,掬其微观内幕。所以古船的牌签,具有不可低估的史学价值。

首先,古船证明:南外宗正司直至亡国前夕,依然热衷于从事海上经商。

宗室权贵参与社会商业经营，是宋代社会的痼症。在蒸蒸日上的市井经济诱惑下，立国伊始，宗室人户相当部分即投身其间。真宗天禧五年(1021年)，枢密院为此做出特殊规定："皇亲诸宅置船，长公主二，郡县主一，听于诸河市物，免其差拨。"[①]迨仁宗末年，"诸王邸多殖产市井，日取其资"[②]。之后，这种趋势有增无减，成为王安石变法派棘手、元祐更化中激烈论争的一个问题。建炎以降，宗室男女部分居住行在临安，其余分散在许多州县，生活窘迫，"出入市井，混杂细民"[③]"逐什百之利，为懋迁之计，与商贾皂隶为伍"[④]"或酝造酒货，兴贩私物"[⑤]。借此以维持其生活。移驻泉州的南外宗正司，则凭恃威焰，"至夺贾胡浮海巨舰。其人诉于州，诉于舶司者，三年不得直。占役禁兵以百数，复盗煮海之利，乱产盐法，为民病苦"[⑥]。或则"借名承买"民间船舰，从事"兴贩蕃舶"[⑦]。朝廷虽明令禁止，不过一纸虚文。

绍兴初年，南外宗室男女只有三百多人，迄宁宗庆元(1195—1200)中，已达一千七百多人，理宗绍定(1228—1233)中更增至二千三百多人。娇生惯养，寄生成性的这群宗室男女，仓皇渡江，自入居泉州伊始，"富者十不一二，贫者不啻七八"[⑧]。大多穷苦潦倒，"不能自存"[⑨]，有的甚至盘缠缺乏，无资上州入县申请"训名"，以致长到四五十岁尚无名字。宗室"孤遗钱米"的颁给，呼天吁地，凄然万状，"渡江以来，萃之东南，训名给据，既为费力，而孤幼贫乏钱米，尤未易得"[⑩]。宗正司开支拮据，甚至根据朝廷户绝条法，将宗室孤幼暂行拘收的财物，"因以侵欺"。甚或"视为

---

① 李焘：《续资治通鉴长编》卷九七，天禧五年八月戊申。

② 李焘：《续资治通鉴长编》卷一八七，嘉祐三年八月辛酉。

③ 《宋会要辑稿·帝系》卷六之一二。

④ 《宋会要辑稿·帝系》六之一三。

⑤ 《宋会要辑稿·帝系》卷六之五。

⑥ 朱熹：《朱子大全》文集卷八九，《直秘阁赠朝议大夫范(如圭)公神道碑》。

⑦ 《宋会要辑稿·职官》卷二〇之三〇。

⑧ 《宋会要辑稿·帝系》七之二六。

⑨ 《宋会要辑稿·帝系》六之一。

⑩ 《宋会要辑稿·帝系》卷七之二〇。

公帑之储”,加以挥霍①。泉州衙门及市舶司为支应宗子请给,大伤脑筋,百计罗掘,穷于应付。南外宗正司也就依然故我,继续蔑视朝廷禁止其海上经商的法令,斗胆放洋,远航亚非。

这样,南外宗正司便以其一惯从事蕃舶兴贩的行为,使自己转化为事实上的海商集团。

由于这样,泉州港事实上已存在三个海商集团,即土著海商集团、南外海商集团与蕃族海商集团。土著海商集团形成最早,北宋后期与南宋前期进入黄金岁月,中期以后走向凋谢,并逐渐被外来的蕃族海商所替代。南外海商集团崛起于炎兴年中,依恃政治特权和中央势力,得以长期维持。但论规模,恐未能与其他集团分庭抗礼,所以公私载籍对它都语焉不详。古船牌签文字的释读,正好填补这个空白。

其次,古船牌签为我们揭示了海船内部的组织状况。

流传至今的“李充公凭”②,提供了北宋末年泉州土著海商船上的结构图,船上有纲首、艄工、杂事、部领及编为三甲的水手六十七人。“泉州客人”李充自任纲首,在取得公凭的同时,明州市舶司发“给杖壹条,印壹颗”。其下有艄工林养,杂事庄权,部领兵弟。此处艄工当是舵手,杂事综理一应事务,部领则指挥水手驾驶。水手分三甲,第一甲 23 人,第二甲 25 人,第三甲 19 人,轮班服役。李充公凭颁于徽宗崇宁四年(1105 年)六月。徽宗初年(约 1100—1102 年),朱彧侍父于广州,所见海船人员配备:“以巨商为纲首、副纲首、杂事。市舶司给朱记,许用笞治其徒。”③又据徐兢《宣和奉使高丽图经》:“海舟篙师水手可六十人。”④宣和四年(1122 年)宋使神舟,造于闽浙,水手配备,也仿照东南惯例。由此可见,北宋末年闽浙、两广海船船上人员大体相同。

后渚古船系宋季海船,其牌签文字展现了南外海船船上人员的结构图(若干牌签文字已漫漶泯灭)局部。南外宗正司的官员事实上已转化成

---

① 《宋会要辑稿·帝系》卷七之二二。

② (日)三善为康:《朝野群载》卷二〇,《太宰府附异国大宋客商事》[转自引(日)森谷克己《日宋贸易研究》]。

③ 《萍洲可谈》。朱服知广州,《宋史》本传记作哲宗既祥间至徽宗即位,即元符三年(1100 年)至崇宁元年(1102 年)。

④ 《图经》卷三四。

为海船的官纲纲首，海船具有完全官营的性质，颁印给杖已属多余，下属什长、碇手、缆工、水手、厨工、小斯和料匠等人。人员编制具有浓重的封建主义皇族管辖色彩。

再次，牌签为南宋后期东南沿海的海商"结托"提供了实物资料。

两宋朝廷实行东南沿海海上经商官督民营的开放政策，巨大的蕃舶经济利益拥有极大的物质魅力，因之特殊的"结托"现象就由以产生并逐渐走向高涨。爰及理宗年中，包恢任广东转运使，其《禁铜钱申省状》指出：

盖因有海商，或是乡人，或是知识，海上之民，无不与之相熟。所谓带泄者，乃以钱附搭其船，转相结托，以买蕃货而归。少或十贯，多或百贯，常获数倍之货。愚民但知贪利，何惮而不为者。

若福建泉州与广东广州之市舶，两处无以异于庆元，而又或过之。①

后渚古船有搭客牌签六人 10 件，商号牌签二家 2 件。他们当均与船上人员相熟，"以钱附搭其船，转相结托"。这种情形，史书缺乏具体记载，幸赖牌签为后人遗留下来此项珍贵史料。

最后，后渚古船以沉没于一个中国历史上的难忘时刻而被判定为救亡之舟载入史册。

恭宗德祐二年（1276 年）春，元兵进逼行都临安，宋朝危在旦夕。朝廷采取狡兔三窟战略，谢太后准备投降的同时，接受文天祥南保福建，徐图兴复建议，命益王赵昰、广王赵昺出镇。赵昺另加判泉州兼判南外宗正事。旋又以赵吉甫知南外宗正兼福建同提刑，赵必㬪为副。旨在"先入闽中抚吏民，谕同姓"②。何乔远《赵必㬪传》：

必㬪，字伯暐，太宗十世孙，居晋江，补承务郎。怅望中原，怀古赋诗，慨然有祖逖之志。从益王至永嘉，转承议郎，贰赵吉甫南外宗正。③

益王于是年农历五月初一即位于福州，估计此前赵吉甫、赵必㬪已莅

① 《敝帚稿略》卷一。

② 《宋史》卷四七，《瀛国公本纪》。

③ 《闽书》卷四四，《文莅志·宗室》。

新任。鼙鼓频催，战云密布，形势严峻，新任知宗面对枵腹饥号的宗子人群，必然首取赈灾方略，鼓励并筹资继续海上贸易，试图借此扭转困顿局面，稳定人心，巩固景炎政权。泉州湾古船正肩负如此重任，于多事之秋扬帆。但待到翌年返航时节，景炎小朝廷已播迁南海，张世杰挥师北上围攻泉州城，兵讨蒲寿庚屠杀淮军、宗室、平民的滔天罪行。

在另一个多事之夏，泉州湾海船沉没了！南外海员是否登陆参战后又随军南撤？是否恐战弃船潜逃？是否被大风大浪所覆灭？笔者不敢臆测，千秋功罪，请听未来的历史新发现去评说。

原载《海交史研究》1989 年第 2 期

末代江山犹有一枝俏

——宋元外国人第一本刺桐见闻录评介

一

公元1271年8月25日，意大利犹太学者兼商人雅各·德安科纳经商来华，逗留当时世界最大的贸易港刺桐，次年2月22日出境回国，前后半年。时间跨度相当于中国宋朝度宗皇帝咸淳七年（1271年）七月中旬迄八年正月下旬。期间他亲历港口、城厢并一度为采购转口商品而出城入郊，对近城乡间也有所踏访。又在翻译李芬利的陪同下，参与多次各界代表人士辩论会或私人采访。回国后根据亲身见闻及李芬利的随译笔录，整理为系统化的经商旅游见闻评论手稿。该手稿秘藏七百多年后，经大卫·塞尔本教授的细心编译出版，从而使广大读者阅看之后，对当时中国的若干政治体制、刺桐的经济模式、城乡物质生活层面、文化蕴涵以及风俗习惯等等，有一个堪称详细明晰的印象。不仅如此，他对历次辩论会与私访内容更是奋笔详述，为后人录存了当时刺桐各界人士对时局与人事的抗辩资料。明朝泉州著名的文献编纂家何炯曾经指出，南宋末年蒲寿庚集团的叛宋降元事件，令泉州地方文献“概遭兵火，无复遗者”。[1] 因

---

① 陈懋仁：《泉南杂志》卷下。

此,《光明之城》①一书所提供的那些信而有征的见闻记录,便不仅仅是补苴罅漏,简直是吉光片羽,弥足珍贵。

然而毋庸讳言,《光明之城》的手稿并非白璧无瑕。限于雅各的主客观条件,手稿内自然留下臆测、夸张以及谬误成分。在其秘藏七百多年的漫长岁月中,手稿收藏者几经易主。由于尚不清楚的原因,仅据大卫·塞尔本所接触到的稿面,即有字迹不一、删改和多种批注,语种也多种混用并存等情况。② 以此,手稿便事实上形成雅各起草,后人增饰的杂乱局面。何况手稿末尾尚有盖奥·波纳尤蒂的签名,更将后人参与增饰删削一事证据明摆。其结果是使得该书的若干历史事实与年代序列错位或者颠倒,使得原有的瑕疵越发严重。

基于上述情形和若干别的问题,自该书问世以来,即引发沸沸扬扬的真伪之争。目前争论仍在持续。所见若干诘难文章,大多只抓住个别问题,便据以否定全书,给人以只见树木,不见树林;攻其一点,不及其余的感觉。鄙意以为如果能综览全书,并把它置放于其时泉州社会政治、经济和文化发展的总体框架内加以审察,又梳理其历史的传承脉络,结合有关文献进行比勘研究,势将肯定《光明之城》一书总体上是一位首次来华欧洲人的亲历见闻录。

首先,社会生态实现于特定的时间和空间内,拥有其经济基础及上层建筑领域系列的全面特征。因此,它在人类社会发展长河中,能够清晰地互相区别开来。单个历史事例却与这种全面特征迥然不同,它在不同形态的社会生态阶段,可能具有不同程度的重复现象,而社会生态的全面特征则不具备这一重复机制。其次,社会生态之所以互相区别为特定空间内部不同时间阶段现象与另一空间单元相同时间阶段互异的系统特色,又在于它具有深刻的规定社会生态的本质特征。众所周知,本质特征乃深深地蕴含在社会经济基础内部,有时又混合呈现于与其他条件(自然、种族、战争、人口等)相互交叉环节方面。再次,人类社会之所以构成既互相区别又互相钩锁的社会生态发展链条,在于它的本质特征内部孕育着

① (意)雅各·德安科纳著,(英)大卫·塞尔本编译,(中)杨民等译:《光明之城》,上海人民出版社 1999 年版。下引版本均同此,不一一注明。

② 《光明之城》,第 6、7 页。

从前一阶段过渡为后一阶段的“遗传基因”。这种不以个人意志为转移的动向特征，信息量较大的那些“物质鳞片”，常能为拥有经验分析力的人们所捕捉，作为舆论传播中的预见性被谈论，并为若干政治家在抗争中所利用。

依照上述所拟的思维模型，本人将在后续的前一部分对南宋末年刺桐社会生态经济基础领域的若干方面（一篇不长的文章仅能如此）就《光明之城》与历史事实结合考察，后一部分将在上层建筑领域的若干方面进行结合分析，期盼通过这一工作能对《光明之城》的文献价值做出评估。尽可能地厘清雅各·德安科纳与日后增饰者之间的原著与续作关系，无疑是讨论《光明之城》一书必要的步骤。然而限于手稿的秘不示人、巧伪乱真等条件，分辨的成功概率自然不高，同时也是一个十分棘手的问题。

据笔者考察，原稿的系统化或重要的一次誊录整理，当发生于公元1297年之后的邻近岁月。《光明之城》约有四处谈到刺桐是中国地方政权建制“省”行政机构的所在地。[①] 事实是两宋一代，泉州始终属于福建路辖下的中级地方行政单元。其名称自唐睿宗景云二年（711年）正式被确定后，也一直沿用不变。雅各来华时，怎能匪夷所思地设想出一个“刺桐省（或泉州省）”来？更奇怪的是熟谙政典并历仕中央及地方官职的白道古其人，辩论时竟公然宣称“我们省”[②]云云。

查中国秦汉迄唐宋历朝，均无“省”级地方单元。集权专制的中央朝廷，直辖地方州县政权。唐开始创设州县以上的监察单位“道”。两宋在监察职能基础上增入行政管理权力成分改设“路”。蒙古崛起后，元世祖忽必烈采用“汉法”治国，于至元二年（1265年）准平章政事赵璧奏请，将当年朝廷中枢权臣“行省“职称，移作地方行政大区称号，作为中央中书省的派出机构“行中书省“。福建路于元至元十四年（1277年）纳入元朝版图后，当即设立福建行省。大约出于就近经营瑠求考虑，旋即于次年创设泉州行省，直到至元十九年（1278—1282年，期间至元十八年一度中

① 《光明之城》，第151、154、367、374页。

② 《光明之城》，第374页。

断)[1]。元成宗即位后,大德元年(1297年)准福建行省平章政事高兴关于泉州邻近瑠求,"或招或取,易得其情"的奏请,改福建行省为福建平海(泉州于北宋初年置为平海军)等处行中书省,治所由福州南移泉州,直至三年(1299年)春季撤销为止。[2] 鉴于原稿中元世祖忽必烈去世后的庙号已被使用,泉州行省自以大德初年的变动作为断限为宜。其时手稿的系统化或誊录整理者,毋论直接或间接接受泉州行省的大量信息而又昧于对中国悠久历史底蕴的了解,便都有可能移花接木,张冠李戴,造成信息时间差的大大小小错误。痕迹之一是书中残留地方建制混淆夹称,如"这个省的大官,用他们的语言称之为CiCiu(知州?)和tunpan(通判?)"[3],更将原稿与后人增饰笔墨和盘托出。大概雅各知道南宋季年泉州地方长官一、二号官员的正确称谓,后来的增饰者则浑浑噩噩,忘乎所以了。

此外,诸如蛮子、色目人、回人、也里可温等专称不止一次出现于书中的时间差问题,也便迎刃而解。南北朝时期,南北方社会上层人士之间因种种物质利益矛盾,以"傖子"(对北)、"貉子"(对南)互相讥笑、丑诋。流风遗响,相因不绝。入宋以后,金人转以"蛮子"贬称宋人。蒙古崛起于漠北,沾染此风,继承并扩大了这一侮辱性用语的使用范围,不但民间如松江人曹梦炎田多,被"北人目之曰富蛮子"[4],而且政府令文、官员奏疏也大量加以使用。[5]《光明之城》多处出现该词语正是元代这种社会风气的真实反映。"色目"二字早在唐朝便首先在赋役统计,而后又在科举类别等方面得到使用。但范围有限,也并非用来划分社会族群。蒙古崛起后,接纳了大量外族人,因而逐渐采用"色目人"来规范划分。一般用指蒙古民族、原金朝辖区各族合称汉人以及原南宋辖区各族合称南人以外的族群,数目多达数十个。"回回"二字如北宋沈括的《梦溪笔谈》便已使用。元代用指色目人中的伊斯兰教徒,并获得广泛使用。也里可温(基督教聂

① 《元史》卷一〇至一三,《世祖本纪》与卷六二《地理志》均有记载,但时间长短不同。此据后者。

② 《元史》卷一九、卷二〇,《成宗本纪》。

③ 《光明之城》,第300页,又见第199页。

④ 长谷真逸:《农田余话》上。

⑤ 元代官修的《元典章》、《通制条格》随处可见。

思脱里派教徒)一词,据研究,源于希腊文 erkou,后辗转传到中亚,并又传人蒙古。[①] 元朝统一全国后,在中国广泛被使用。同样,《光明之城》使用这些词语仍是元代社会风气又一个真实反映。凡此均印证元成宗大德年中手稿确实有过编纂学上的大动作。如果说南宋末年或许有一二以上人群专称偶然传入剌桐并为人们所知悉,那么时届元成宗大德初年剌桐已并入元朝版图二十几年,这些专称必然广为使用,人所熟知,并传给来华的欧洲人,直接或间接地使用于手稿的编撰。

类似的情形或明或暗仍有迹象可寻,但都不如这一次剧烈。

《光明之城》洋洋数十万言,按有关剌桐的内容,大致可以分为商贸环境与行为以及私人或集体访谈与辩论两大部分。但前者只有一章,后者却多达六章。显示雅各对剌桐当时的精神文明极为重视。其间也到处录载雅各对剌桐时局的观点与对基督教等的评论,因此,这一部分也含有作者为自己树碑立传的目的。

雅各逗留剌桐期间,依靠混血儿李芬利(母汉人,父意大利商人)翻译。李能边翻译,边笔录。雅各回国后,根据李的笔录整理出手稿。[②] 这恐非事实。大辩论时群情激越,话语飞快,加上闽南方言中掺杂不少有意有音但无字的语词,李岂有详细速记成为意大利语言的能力?之后,雅各在其基础上整理成系统化的书稿。因此,对一个海外泱泱大国数千年的历史文化不甚了解,对多次百千人大辩论会的沸沸扬扬的抗辩进程欠缺现代音像录存技术,则其事后的撰作,除了几分依稀的追忆或粗略的笔记,作者临时添加的成分自然不可避免。所以从事手稿翻译长达数年的大卫·塞尔本教授即多次指出该部分手稿有的是"事后精心组织的",有的"手稿是在某个闲暇的时候所写,因为其中包括的一些辩论,在那个时候是很难提出来的"[③]等等。由于宋代文献全然欠缺当时有关剌桐各界人士对时局及人事的讨论资料,结合比勘的研究工作难于从事。但由于它仍然发生于剌桐这个特定环境和度宗咸淳七年(1271 年)至八年头尾半载这个特定时间内,细心的读者如果能应用历史逻辑思维方法,去粗取

---

① 韩儒林主编:《元朝史》下册,第 354 页注[2],人民出版社,1986 年。

② 《光明之城》,第 475 页。

③ 《光明之城》,第 339 页注[1]、第 323 页注[1]。

精，去伪存真，当能曲径通幽，一定程度地达到弄清真相的目的。

雅各依靠李芬利为向导，走街串巷，广做访谈交际。此外，据他说当时刺桐尚有每隔20天各界人士代表便有一次集会，辩论有关事宜。在一个商贸鼎沸、金银财物交关的大都会里，一次动辄召集百千人是否真实？该书第八章“我说出上帝的真理”大会于1272年2月4日召集。召集人系商人安礼守，并以商人领袖孙英寿的名义邀请雅各前赴大会，做揭批基督教的演讲。事实是那天系中国农历咸淳八年正月初四，按宋朝的传统习惯，当时正值“关扑”市场高潮时候（即购销黄金时日），商人处于大忙状态。赴会的尚有许多士绅（在职、候任、奉祠、休致、寄居等类官员及士子），他们正可利用宋廷元旦七日假期间，“多相问遗”①，应酬不暇，岂有闲情逸致前来枯坐聆听对基督教的辛辣批判？另外，当日聚会距前次聚会也不符合雅各所说的20日一会规则，看来此章恐怕是雅各主观设计之作，假托刺桐聚会名义以抨击基督教。

各界辩论会令人不能无疑的另一原因，是雅各个别访谈与参加集会所开列的大批人名，至今无法找到文献根据。商人安礼守、何祝申、黄达第等人固然“小百姓”，青史不留名，连士绅领袖白道古、商界巨擘孙英寿，甚至所谓当朝大臣周敏、高定夏诸人，也于史无征，《宋史》不载，方志无名。可能性有二，或许由于闽南方言与意大利语言的对音未能找准，或出于雅各动因不明而采用的虚拟手法。更令人困惑的是刺桐行政长官（泉州知州或通判）几次亲临辩论大会致开场白，则又不登其尊姓大名。因此，不能不使我们更有理由倾向于人名均系虚拟的揣测。谅雅各懂得：地方行政长官的踪影，即便《光明之城》缺录，但可能在中国古史书林中留下印记，觅致线索，借以检核雅各见闻的信实程度。

雅各·德安科纳恃才傲物，自诩博闻。在最后一次辩论大会上甚至借白道古的嘴，推荐他充任刺桐地方政府法官、法律顾问。唐宋朝廷确曾封赐一些归化的境外人士出任官职，但这与被州政府限期出境的雅各却根本无缘，因此这只能是一个噱头，徒令读者捧腹。他对宋朝历史也不甚了了，竟然又借白道古的嘴，二度指斥朝廷向商人出售土地、矿藏和沼

① 陈元靓：《岁时广记》卷三八。

泽。[①] 其实，这一政策只是一百多年前神宗熙丰变法期间王安石的一个大胆尝试，昙花一现，早已烟消雾散。即便当时的权臣贾似道，也不敢逆流而进。相反，他的公田措施，反而是朝廷向部分田主抑买耕地，实施地域仅限浙江西路，远离福建，与刺桐商人风马牛不相及。

显然可见，雅各·德安科纳提供的这份绝无仅有的咸淳后期大贸易港刺桐汹涌澎湃的思潮文献，其间含有种种谬误，同样应引起我们重视。

二

刺桐即“温陵大都会”。它，港口壮阔，市场繁盛，作坊发达，人口众多，城厢恢弘。郊区郭乡又是草市、镇市、村庄星罗棋布，环绕和烘托着世界东方的这颗商贸明珠。

“这是一个很大的港口”

雅各·德安科纳乘船抵达刺桐港口，放眼纵目，海面上桅杆如林，万舟凌波(书中数目，无非举其成数)。本国的南船北艘，亚非及南欧的大小海舶汇聚一港。最大的是中国制造的六桅四层甲板十二帆搭载千人的远洋巨舰。不觉衷心浩叹：“比我从前在任何一个港口看到的都要多，甚至超过了威尼斯。”[②]中国海舶的技术装备又很先进，有“航线图”和“运用天然磁石的人”。[③] 这位蕃商据其亲见，无异于向世人证明：刺桐港确是当年举世无双的大贸易港。南宋末年隐居同安县小嶝岛的诗人邱葵《晚步》诗中，所见略同：“稻田尽处为沧海，时见乘风万斛舟。”[④]岛在刺桐港航道上，自南海航道北上的巨舰“万斛舟”，乘风破浪，随时映入诗人的眼帘。据笔者所知，水浮指南磁针最早于刺桐海舶上投入运作约在北宋徽宗宣和年中，航线图使用最迟在理宗宝庆元年(1253 年)之前。雅各所见为中

---

① 《光明之城》，第 303、321 页。

② 《光明之城》，第 152 页。

③ 《光明之城》，第 152 页。

④ 《钓矶诗集》卷三。

国航海史添一佐证,并为中国古代远洋船舶史中乘员千人巨舰产生的时间,比元末伊本·白图泰所见提前了四分之三世纪。这一既深且广的良港,当然是南宋后期伊始日趋繁盛的泉州湾后渚港。[①] 编撰于度宗咸淳末年的《梦粱录》作者吴自牧因此指出:"若有出洋,即从泉州港口至岱屿门(按即泉州湾海口)便可放洋过海,泛往外国也。"[②]显然,咸淳年中刺桐港仍然凌驾广州港,独占南海航线鳌头。

港口作业区建有花岗岩块砌入水体,便于海舶碇泊的宋代称为"马头"(现通用码头二字),以及大批货栈仓储和饭店、客栈等建筑物。

据雅各说,他来华前刺桐市舶税率是:珍珠、宝石、金银之类5%,香料10%~20%,衣料15%。较目前可以见到的南宋至迟孝宗隆兴二年(1164年)的抽解法,香料持平或微调,其余物品均略为下降。[③] 这极可能是由于自理宗初年刺桐市舶税岁入已下降,之后又因贾似道采行"市舶尽利而蕃人怨"[④]政策而加甚,因此泉州市舶司不得不改采招徕优惠权宜措施。然而海商对宋廷长期苛征,必怀惧怨,依然千方百计"漏舶",以逃避征榷。或则改港碇泊,或则不愿"放洋"。度宗咸淳二年(1266年)王茂悦提举市舶司,刺桐势力雄强的阿拉伯穆斯林蒲蕃海商所谓"蒲八官人者漏舶事发",以白银八百锭托士人林乔代为斡旋,即一显例。[⑤] 估计"蒲八官人"漏税巨额,才不惜支付巨款行贿,以求息事。舶税征榷与逃脱之争形危势迫,市舶司必须改弦更张,已是燃眉之急。果然,迨咸淳七年(1271年)雅各海舶下碇后,他与"所有的商人均免除交纳各种额外的贡赋和税收"[⑥],他处简称"免税"的新政策已付诸执行。可惜这一历史转折未为正史与方志所载录,竟成了一个谜团。

这就须下一番钩沉功夫。

查度宗咸淳年中,目前考得的泉州知州约有四人:

---

① 详拙作《宋代泉州港的崛起与港口分布》,《厦门大学学报(哲社版)》,1985年增刊。

② 《梦粱录》卷一二,《江海船舰》。

③ 马端临:《文献通考·市籴考·市舶互市》。

④ 高斯得:《耻堂存稿》卷一,《彗星应诏封事》。

⑤ 周密:《癸辛杂识别集》上,《林乔》。

⑥ 《光明之城》第153页,参见第297、321、325页。

(1)常梃(字东轩),咸淳元年(1265 年)莅职,翌年调离,任期不足一年。①

(2)赵希悺(字见泰),提舶王槦(字茂悦,号会溪,以字行),咸淳二年(1266 年)莅职,离职岁月不详,可能在咸淳四年(1268 年)。②

(3)赵是斋,任期可能为咸淳五至七年(1269—1271 年)。③

(4)赵日起(号月山),莅泉前,咸淳五年六月至十月知镇江府。其年十一月起奉祠。④ 约咸淳八年(1272 年)之任,至咸淳终年。

南宋自宁宗嘉定年间伊始,泉州市舶司如不另派提举,即由知州兼权。赵是斋、赵日起任内即兼市舶司提举。

雅各到华时,恰逢二赵任内。试引有关诗什借以阐明其政绩。蒲寿宬《送使君右司赵是斋》(部分)诗云:⑤

南州六月暑,千里暍欲狂。借此一掬润,冰雪生肝肠。
谁起心中炎,夺我脑上凉?我愿去为龙,为雨膏八荒。
年年刺桐华,树树皆甘棠。

作者系当时刺桐港蒲蕃海商首领蒲寿庚胞兄。海商当时最为关注的焦点当然是妨害他们海上贸易的市舶政策,首当其冲的自然就是抽解、博买和索贿等情事。诗人如今以取酷暑狂暍比喻解除海商困扰的急切愿望。赵是斋莅职,给了"一掬润",刹那间令海商群体"冰雪生肝肠",似乎炎蒸乍消,身畅脑凉。大概权奸乱舞,赵氏被罢去。但诗人表态:愿化及时雨,浇得刺桐花年年怒放,纪念赵知州的甘棠恩惠。那么赵是斋的"一掬润"究系何物?笔者认为孝宗淳熙十六年(1189 年)泉州知州颜师鲁给了他灵感,并成为他仿效的榜样。颜师鲁莅职后,鉴于海上贸易经济因遭受苛征干扰而萎靡不振,于是"始至即蠲海舶诸税,诸商贾胡尤服其清"。⑥ 宁宗嘉定十年(1217 年)泉州知州真德秀与提舶赵崇度则是另外

---

① 周学曾:《(道光)晋江县志》卷二八,《职官志》;蒲寿宬:《心泉学诗稿》卷一,《送使君给事常东轩先生》。

② 九日山石刻。

③ 《心泉学诗稿》卷一,《送使君右司赵是斋》。

④ 俞希鲁:《(至顺)镇江志》卷一五,《刺守·宋太守》。

⑤ 《心泉学诗稿》卷一,《送使君右司赵是斋》。

⑥ 怀荫布:《(乾隆)泉州府志》卷二九,《名宦》引"旧志"。

二位光辉的先行者。鉴于重征与和买导致海舶"至者绝少"①局面，真、赵"相与划碳前弊，罢和买，镌重征"②，绩效显著，商舶抵港数量周年后增一倍，二年后增三倍，舶税因之迅速恢复增长。历史的榜样具有激励斗志、鼓舞士气的惊人作用，赵是斋正是依恃这种精神力量采取了免税举措。赵日起继任后，又持续下去："芾棠南国里"、"立德独清风"。③ 借用《光明之城》中刺桐巨商孙英寿的话：，此便收一举两得明效："不征收外国人的税，人们也不必悄悄地贿赂 Scibaso（市舶司），以便他的商品可以免税。"④蕃舶多了，城市商税自然丰盈；不必行贿，吏治自必为之一清。其实，一张一弛，欲擒故纵，这种中国古代屡行有效的政策，既是封建朝廷两种手段轮流使用自我调节机制的一种体现，也是在特殊环境里封建君臣可以接受的一个权宜之计。穿过风雨岁月，它到头来将给国库增加收入。试看泉州湾上，桨声帆影，浪吟涛唱，雅各所见，不正是当时官清商喜、徕远悦至的一幕。

"这是一个无比繁华的商业城市"

汉晋以后，随着中原移民逐渐移居闽南，蚕桑养植业也慢慢在泉州及其周边落户并获得发展。盛唐时期，泉州城内外出现紫云黄家的大桑园及一定规模的丝织业。入宋之后，伴随国内商品经济的长足进步，机织专业户不断冒出闽南地平线。北宋神宗年中，刺桐城中燃膏继晷，机声连甍，丝绸织造业有显著进步，机户大批涌现，为此州衙门都税务税目中，有与门税（城门税）、市税（铺摊税）相区别的采帛税（彩帛织造税）。腹地兴化军"平楚暗桑麻"，⑤蚕桑兴旺，"家家余岁计，吉贝与蒸纱"，⑥棉布丝纱织造业一派繁荣。转入南宋，终于创立家庭协作型的机织作坊。据载，当时晋江县东石黄塘坡村侍郎邱家，在传世丝织业基础上，扩大生产规模，"蚕丝缫乎，机织之媪有异巧，两人穿踏焉。梳棕十耳有奇，七脚点之往返

---

① 刘克庄：《后村全集》卷一六八，《真德秀行状》。

② 真德秀：《西山文集》卷四三，《赵崇度墓志铭》。

③ 俞德邻：《佩韦斋集》卷五，《故舶使知泉州赵公挽词五首》。

④ 《光明之城》，第 297 页。

⑤ 刘弇：《龙云集》卷七，《莆田杂诗》。

⑥ 刘弇：《龙云集》卷七，《莆田杂诗》。

乎,神之灵矣。一日有获二十丈者,佃(当作佣)资之润厚焉。村人咸偕之学也"①。织锦女工、挽花女工巧用织机,能织出花纹浮起的泉缎,整个机坊一日织锦多达二十丈。当时官定锦缎匹帛每匹长二十四尺,阔二尺五寸,②十二日织成一匹。③ 计算结果,即邱家机坊约有织机一百张,女工二百名。稍后,徽州绢每匹四十二尺。④ 据此计算,邱家也有织机五十七张,女工一百十四名。一夜春雨绽新芽,机坊的涌现,把泉缎织造业推上新台阶。迨南宋末年,据雅各亲见,城外乡间"家家都有造丝业的生产"⑤,城内随处都有机坊,大机坊甚至拥有一千工人(举其成数)。泉缎精美非凡,"五颜六色"、"绿黄相间"、"世界上还没有见过像那样富丽堂皇、缀满小珍珠的缎子"。⑥ 正因如此,次年离开刺桐时,雅各竟然采购了大量的绸缎、瓷器等满载而去。

此外,刺桐城内"各处都有巨大的作坊,在那里,数以百计的男女在一起工作,生产金属制品、瓷花瓶、丝绸、纸张等物品"。⑦ 品类多样、劳动人数不等的集约协作作坊的存在,奠定了刺桐迄南宋末年依然挺立于政局风暴而不败的坚实基础。参与制造业行列的不仅有本国,而且也有外国商人。据雅各透露,他的意大利商界友人纳森·本·达塔罗就是一个投资刺桐的制造商。外国资金的投入提高了刺桐生产事业扩大和生存的能力。

当然,两宋期间,刺桐之所以从一个地方性港口成长为全国独占鳌头并蔚成世界级贸易大港,并非依恃一城一地的生产业。它因应海上丝瓷香药之路航线的不断延伸与贸易口岸的不断增加,建立了广义与狭义的二重腹地。

"苍官影里三州路,涨海声中万国商"。南宋前期定居刺桐的著名政

---

① 蔡永蒹:《西山杂志·园塘坡》。该手稿系在"古陵旧稿"上改订,而旧稿应有古史资料为据。

② 《宋会要辑稿·食货》卷六四之三二。

③ 《宋会要辑稿·食货》六四之一八。

④ 《宋会要辑稿·食货》卷六四之三四。

⑤ 《光明之城》,第 367 页。

⑥ 《光明之城》,第 203 页。

⑦ 《光明之城》,第 164 页。

治家李邴的这二句诗，生动地描绘出泉、漳州与兴化军三州互通有无，共襄盛举，因而开创了一个“万国商”大贸易港局面。丝绸、瓷器、棉布、蔗糖、铁器、干果、酒类等输出商品，在广大闽南腹地都有兴盛的生产。近年在北起兴化湾南迄嘉禾湾沿海岸带不断发现唐宋元各代陶瓷制作的遗址与遗物，是刺桐海上贸易业繁荣留下的历史痕迹和物证。

闽南人善商，陆驮海运，网罗全国农业、手工业精品供输出之需，向为国内商贸的重要一环。即便已届亡国前夕，“在这个城市里，从中国各个地区运来的商品十分丰富”，包括来自元朝辖境中国北方的货物。[①] 正如明朝人的概括，这是“输中华之产，驰异域之邦”。

这样就形成了以刺桐为圆心，贸易商品以作坊制造业为主的第一圈，与以闽南腹地为依托，贸易商品以家庭制造业为主的第二圈，以及以全国城乡为贸易商品或原料采集为目标的第三圆的同心圆辐射海上贸易商品制造与采集网络体系，从而确保海上丝瓷香药之路的畅通与持续发展。后来的嬗递表明，纵令元代宋谢，只要这张网络存在，刺桐便岿然峙立于不败之地。

制造业发达是商品繁荣的前奏与基石，沸腾的市场街巷又是厢坊恢弘壮丽的细部嵌镶。“满市珠玑醉歌舞，几人为尔竟沉酣”，都市文化舒展了它的翅膀。

雅各·德安科纳对刺桐城区的商品市场做了极为精彩而又宝贵的描绘。黎明来临时，街头巷尾的食品货摊挤满了人。公共早餐供应成为一天生活的先锋现象。巨大的人流忽聚忽散，其中“有在蚕丝与陶土作坊劳动的人，有在酒馆或商店工作的人，有出售食品和其他货物的商人和小贩”[②]等等，标志着刺桐城生活频率在曙光照耀之下，开始绷紧，市场开始商品交换变奏曲。

当时刺桐城有仁风、义成、朝天、通淮、临漳、通津、镇南七门，“每个城门口有市场，它们与城里的不同地区分布着的不同职业和手艺相接近”。[③] 这样就使得制造业与商场在空间组合上相邻近，俾便减少运输层

---

① 《光明之城》，第 153 页。

② 《光明之城》，第 172 页。

③ 《光明之城》，第 174 页。

次，降低成本，同时也为居民尽量创造生活便利条件。于是不同的城门口便各各分布诸如丝绸、香料、牛、马、羊、五谷、水族品等主要市场，又有水果、花卉、布匹、书籍、陶瓷以及珠宝市场。因此，“这里的商店数目比世界上任何城市的商店都多”。[①] 其中不少是百货杂陈的“星货铺”[②]，可是也有专业街衢，其中远近闻名的三盘街，专门售卖品种不下二百种绸缎。此外如金银器、药品、占卜等行业也都有专业街巷。

把物件悬挂在竹竿上，挑担走街串巷、挨户叫卖的是各色货郎。饶有趣味的是，这种叫售的小贩，至今还能在闽南偶尔见到。

男人掌店，甚至妇女当垆，是刺桐街道的一大特色，令雅各颇感惊异。其实，这种宋代“市廛阡陌之间，女作登于男”[③]，是福建沿海州军的普遍风气：

插花作牙侩，城市称雄霸。
梳头半列肆，笑语皆机诈。
新奇弄浓妆，会合持物价。
愚夫与庸奴，低头受凌跨。[④]

瞧，这该多风流！多机警！多能干！

官商是刺桐市场的另一特色。一反宋太祖立国禁令，“现在一些贵族和官僚不仅从事经商活动，有的人甚至还在大印度等地方拥有自己的代理商”[⑤]。刺桐城内有些大商店和库房也暗中归其所有。显例便是南外官商集团始终从事海上贸易业。度宗咸淳末年，该集团的远洋帆船依然驰骋于南海航线，[⑥]充分展现他们对商业利润的贪欲和金钱诱惑的倾倒。

行会是中国古代源远流长的市民民间公益组织。北宋神宗熙丰变法期间，政府出于敷纳免行钱，着力在国内大小城市实行行户编制。大约北宋后期，朝廷为营缮募匠或采购物品方便，又创立“当行”制度，命令京师

---

① 《光明之城》，第 175 页。

② 叶廷珪：《海录碎事》卷一五，《市廛门》。

③ 梁克家：《（淳熙）三山志》卷三九，《土俗类》。

④ 陈普：《石堂先生遗集》卷一六，《古田女并序》。

⑤ 《光明之城》，第 185 页。

⑥ 详拙作《后渚古船：宋季南外宗室海上经商的物证》，《海交史研究》1989 年第 2 期。

州县编籍商业与手工业者名册，小本经营与微末手作，无一得脱。因此，厢坊街衢划分命名约定法成地与“当行”制度结合，产生奇特的主题团行空间格局，年长月久的团行所在地街衢，便往往以该团行命名。炎兴以后，“免行钱”与“当行”编排为南宋朝廷全盘接受。福建州军在城与部分县在城也无例外地普遍置行。早在北宋仁宗年中，福州城中行会有关情况，已为知州蔡襄发布的“教民十六事”①文告所披露。之后，闽南腹地漳州有“市行”，②甚至闽北山区建宁府（治今建瓯县）也有“市区二十四行”③。福建路漕司便于绍兴初年令各地州军城市“月输列肆行户等第谓之铺例，亦曰免行钱”④。刺桐大都会，行会设置普遍。当行行人也多，如市舶司装发纲运，香行行人即须多蕃应召协助。⑤ 据雅各举证，有珠宝行、食品行、镀金行、医药行、兑币行与掏粪行等等，实际当不止这些，详情因文献佚失而无从获悉。

物换星移。自然，在刺桐繁华景象背后，也日渐显露多种社会危机。

理宗景定五年（1264 年），贾似道专权，发行金银见钱关子，废十七界会子，以十八界会子三贯抵关子一贯。结果，“诸行百市，物价涌贵”⑥。长期持续的物贵楮轻局面更形恶化。原来掌握大量十七界会子的豪商巨贾，一个月二界无法尽兑，商业营运损失惨重。迨度宗咸淳四年（1268 年），十八界会子每道仅值二百五十七文铜钱，二百贯只可买一双草鞋。兼以刺桐港海商长期大量偷运铜钱出口，“一船可载数万贯而去”。⑦ 物贵、楮轻加上钱稀，物价飞涨，商品滞销，民怨沸腾，愈来愈形尖锐。

雅各于咸淳七年岁末（1271 年 1 月 7 日）参与泉州官绅商人集会。会上听到行政长官开场白：“天子的几个主要大臣，哲人周敏和高定夏都崇仰孟子，他们已经奏请天子发布命令，要求我们城市免去商品税。这就像孟子所云，市廛而不征，法而不廛，则天下之商皆悦，而愿藏于其市矣。

---

① 《蔡忠惠集·别纪补遗》上。

② 廖刚：《高峰集》卷五，《漳州到任条具民间五事奏状》。

③ 刘克庄：《后村全集》卷八九，《建宁府新建谯楼》。

④ 周瑛：《（弘治）兴化府志》卷三七，《名臣·方廷实传》。

⑤ 《宋会要辑稿·食货》卷四四之一八。

⑥ 吴自牧：《梦粱录》卷一三，《都市钱会》。

⑦ 包恢：《敝帚稿略》卷一，《禁铜钱申省状》。

同样，在一个城市的范围内，如果没有税赋，那么行旅皆欲出于其地，也乐于把商品藏于此市，这个城市也就财源滚滚而来了。”[①]这里，请出历史的亡灵是为了遮羞现实的伤痕，同时也是有所指而发。原来行在临安府苦于物价腾涌，市民怨声载道，自理宗景定年中以降，中枢常破格允许免税。度宗咸淳二年(1266 年)以后，又许一年免税五月，以期“平物价，纾民力”、“至今行之，藏于市、出于涂者，莫不鼓舞”。[②] 显而易见，刺桐要援例而行，也就由于有了相同的遭遇。所以在港口舶税减免后，扩大宽舒范围，也把商税豁免。为了这一期盼，临安府与泉州的两位当权者又都不约而同地引用了孟轲老夫子的著名论断。[③]

据雅各在刺桐市面所见，由于褚币轻贱，市民金银、纸币并用(应该还有铜钱)。但另处则又说使用称为“飞钱”的纸币，“他们用它而不是黄金和白银来买进或卖出”。又描绘关子纸币票面，以及“大汗的纸币”的票面。[④] 此处显然是雅各手稿收藏者自作聪明、画蛇添足弄出的笑话。姑不论“飞钱”系唐代后期商业信用汇票以之妄作南宋关子已属张冠李戴，即以其票面云云，也证明该收藏增饰者既未亲睹“见钱关子”，也未见元代宝钞，只是信口雌黄罢了。亲见者指出，关子票面上头黑色印章如品字，中间红色印章三颗相连如目字，下层两边各盖一颗细长黑色印章似二点，“宛然一贾字也”[⑤]。精心设计为贾似道歌功颂德。至于元世祖发行的至元宝钞，上半为钱数与钱串，下半为流通行用与严禁伪造令文，外加复杂绘制的边框。[⑥] 手稿收藏者既然提及“大汗的纸币”，那他的增饰时间大概也与前述元成宗大德年间的重要整理同时。

---

① 《光明之城》，第 301 页。

② 潜说友：《(咸淳)临安志》卷五九，《贡赋・商税》；吴自牧：《梦粱录》卷一八，《免本州商税》。

③ 潜说友时知临安府(杭州)。

④ 《光明之城》，第 183 页，又见第 163 页。

⑤ 刘一清：《钱塘遗事》卷五，《银关先讦》。

⑥ 千家驹、郭彦岗：《中国货币发展简史和表解》，第九图，人民出版社，1982 年。

“整个城市都在闪烁”

雅各·德安科纳逗留刺桐达半年之久，走街串巷，赴会访人，对城市的各方面都已经有了比较客观的认识：“这里的商店数目比世界上任何城市的商店都多。”商人“的人数也是多得无法统计”、“刺桐城中的人口多到没有人能够知道他们的数目”、“它确实是世界上最伟大的城市之一”①。稍早一些时候，莆田籍诗人刘克庄便已称赞“温陵大都会”，②漳州籍理学家陈淳叹赏为“连甍富饶之地”。③ 随着岁月飞驰，刺桐果然在商海里滚动得更为壮丽了。

因此，南宋末年刺桐城市的各个类别的常住人口和流动人口必然颇为庞大，雅各听说它“超过了 20 万”④。福建籍的著名编纂家祝穆于理宗嘉熙三年（1239 年）编竣《方舆胜览》一书，其子祝洙于度宗咸淳三年（1267 年）重刻时又予增补，于该书卷十二泉州《四六》栏下指出：“中藏阛阓余十万家。”这便给出一个宽广的研究空间，怎样计算也都将超过 20 万。据《（淳祐）清源志》，全州主客户总 255758，⑤即约占州户数 39%的人口居于州在城。难得的是雅各所见：“实际上构成这个城市的居住区与周围的村镇看上去是连为一体，建筑物的数量由于非常多，以至彼此挨得很近。因此城里人和乡下的人住所混在一起，就好像他们是同属一体的。”⑥由于人口膨胀，街区溢出城郭，并与郊区，即宋代所谓的“郭乡”紧相结合。高宗绍兴年中，泉州东门外相隔十余里的法石草市的“阛阓”已颇具规模，且已为人视作“桐花城”的一部分。⑦ 迨雅各来华时，它显然融入事实上编制为城外厢坊的刺桐城厢的总体之内，使磁吸而来的巨量人口、不断增添的店铺与街衢以及各不相同的侨民新社区，进行有序重组，合理分配。因此，在保持原有城区并依其为中心，向周围郊坰扩大街衢，

---

① 《光明之城》，第 175、182、157、261 页。

② 刘克庄：《后村全集》卷一五四，《丘迪吉墓志铭》。

③ 陈淳：《北溪全集》卷四七，《上傅寺丞论民间利病六条》。

④ 《光明之城》，第 158 页。

⑤ 阳思谦：《（万历）泉州府志》卷六，《版籍志·户口》引。

⑥ 《光明之城》，第 158 页。

⑦ 刘子翚：《屏山集》卷一二，《法石见李汉老参政》。

“城郭”与“村乡”互相靠近，逐渐融合，构成北宋仁宗年中已创立起来的“郭乡”生态。“郭乡”之外，散布草市、镇市、村庄，形成“温陵大都会”嵌镶式的对城服务经济带，无疑这是中国古代城市化、城建史的新发展、新模式。

刺桐城内外，巨富固然“朱门华屋”，[①]一般街衢建筑，据雅各所见，大都取材竹木，拥挤不堪，街道狭窄。然而刺桐街衢的这种景观，却是唐宋时期南方城市风貌的普遍现象。以南宋年中的若干城市为例，便可概见一斑。南宋初年，温州火灾，二日烧及 1185 户，“茅屋相间计一千九百五十余间”[②]。建康府(今南京)一次火灾，“府前东西居民席屋”皆烬[③]。行在临安府，“城中军民，多是席屋居住”[④]“自大瓦子至新街约数里，是时皆苇席屋”[⑤]，有的城市甚至“以竹木为栅”圈作城垣。[⑥] 街道狭窄又另有原因。刺桐城居民占道侵街问题一向严重，或临街扩大营业店铺，或叠盖棚屋收取赁金僦钱，而“跨沟为屋者尤甚”[⑦]。结果形成人口愈密，街道愈窄的恶性循环，导致粪壤填委，淫雨成灾，整治不易的局面。

尽管如此，刺桐地方政府及广大商民，于以服务商业为中心的市政设施，诸如白昼报时，晚间照明。行政日报方面，则均有可观的便民创举。

街头巷尾出现大众化的早餐供应，有的人“迈着飞快的脚步向四面八方奔去”，有的人“边走边吃”，[⑧]形象地说明当时刺桐市民因应制造业和商业运作需要，不得不提升生活节奏，同时又要保持节奏平衡，关注时间分配，于是泉州地方衙门“在城市所有干道塔上都挂有一个时计”，届时由看守人用锣声传播时辰，使大街小巷人尽听闻。[⑨] 北宋初年燕肃发明莲花漏壶后，朝廷颁令州军普遍采用。这种漏壶后来几经改进，沿用不衰。

---

① 刘克庄:《后村全集》卷一五四,《丘迪吉墓志铭》。

② 王之望:《汉宾集》卷七,《温州遗火乞赐降黜奏札》。

③ 叶梦得:《建康集》卷六,《奏居民遗火待罪札子》。

④ 程俱:《北山集》卷三八,《五月纳相府札子》。

⑤ 张仲文:《白獭髓》。

⑥ 凌万顷、边实:《(淳祐)玉峰志》上,《城社》。

⑦ 阳思谦:《(万历)泉州府志》卷四,《城池》。

⑧ 《光明之城》,第 171 页。

⑨ 《光明之城》,第 176 页。

刺桐"时计"应该是把它大量置放于干道塔楼处，俾报时工作真正发挥家喻户晓的积极作用。

"夜市千灯照碧云"。自晚唐创立夜市市场机制以后，城市街衢的照明逐渐成为市政设施的必要内容。同时，随着封闭型坊市体制的终结，日趋沸腾的城市夜生活获致重大进展，城市照明技术成为城市发展的重要环节。刺桐的夜晚，街上灯光、火把竞辉，商店、酒楼、歌馆、瓦市灯火通明；市民门口院内挂着灯，行人手里提着灯笼，"因此整个城市都在闪烁，处处都有灯光"①"由于这个原因，人们称这座城市为光明之城"②。刺桐夜晚照明程度的大幅提高，既是城市财富盈溢的标志，又是夜生活文化高涨的象征。

北宋年中，朝廷进奏院将政令及官员任命等有关信息写为"朝报"(或称"邸报")，分送给有关机构与个人，成为政府间新闻传播的经常性正规工具。南宋伊始，进奏院吏员为物质利益所驱使，将刺探所得或街市传闻，或私自撰造，编写为"小报"，每日一纸，在政府官员中先期传阅，造成轰动效应。但同时又有"不逞之徒，撰造无根之语，名曰小报，转播中外，骇惑听闻"，③从而成为民间编撰传媒工具的滥觞。雅各在刺桐城门口看见地方政府官员每天将"法令和决议，还有市民的条例以及其他考虑到值得一提的消息"，誊录纸上，张贴于城墙上，并免费赠送给市民。④ 这显然是"小报"的一个发展，即政令决议内容之外兼具发布"消息"的每日发行的"日报"。又鉴于既可"免费赠给市民"，数量必然庞大，也有可能采用活字印刷。有关研究表明，南宋孝宗年间泉州即"刻书为诸州冠"。⑤ 雅各眼见刺桐雕匠"用小块的木头，不仅巧妙地在上面刻文字，还刻图像"，⑥再行印刷。这样，刺桐真有可能成为中国最早活版发行日报的故乡。

《光明之城》还对刺桐的重要交通运输工具马车、轿子、饮茶、素食、缠

---

① 《光明之城》，第 176 页。

② 《光明之城》，第 151 页。

③ 《宋会要辑稿·刑法》卷二之一二四。

④ 《光明之城》，第 164 页。

⑤ 《张秀民印刷史论文集》，印刷工业出版社，1988 年，第 101 页。

⑥ 《光明之城》，第 417 页。

脚、火葬等风俗习惯做了客观载录，这都一一为中国的古籍资料所验证。[①] 此外，雅各还饶有兴味地对街上富人和贵族都穿着丝制长袍（所谓“深衣”），脚穿高底靴子，手执扇子，摆出高傲神气走路，而穷人则穿着只抵腰臀的短衣做出对照描写。这也符合历史事实。最初，这些富贵士大夫以青缣为扇以障日，不用时放入青色袋内。折叠扇南宋年中已经流行，以竹或以象牙为骨，裱以绫罗，饰以金银，此外尚有绢扇、纸扇、异色影花扇等。[②] 雅各具有鹰隼般的视力，竟能将瞬间发生的刺桐风俗细微处摄入眼帘：富人和贵族把钱装于衣袖中，付钱时弯腰径直把它置放于对方袖内。这正是作揖致谢，快放遮羞。莆仙戏传统剧目中至今仍有这个动作。莆田、仙游二县原属泉州，传统剧目无疑是古代习俗的艺术化石。

“整个世界的一座城市”

“这座城市是一个民族的大杂烩”，是微缩了“整个世界的一座城市”。[③] 雅各·德安科纳对刺桐城侨居居民的繁多感到惊讶，据他叙述，居住刺桐的有被称作萨克森人的阿拉伯穆斯林，也有被称作法兰克人的欧洲基督教教徒，以及其他侨民（族群繁多，或有后来的增饰成分）。

宋代刺桐有无欧洲侨民是个谜。赵汝适任泉州市舶司提举时，于理宗宝庆元年（1225 年）著成《诸蕃志》，书中根据蕃商口述提及意大利西西里岛火山，[④]及辖有今西班牙南部部分国土与非洲北部的穆拉比特王朝，[⑤]其他则付诸阙如。假如当地其时有大批欧洲侨民，作为主管海事衙门长官，赵汝适势必耳熟能详，也一定会在书中有所记载。然而时隔近半个世纪，意大利犹太商人雅各航抵刺桐，并证明有大批欧洲侨民生活在这个大贸易港。因此，拨开这半个世纪中欧之间的风云变幻面纱，或能抽绎出海上交通的新线索。

成吉思汗于公元十三世纪初年建立蒙古国家后，凭借强兵悍将，四出

---

① 近年《海交史研究》、《泉州学刊》、《泉州晚报》等刊物常有此类文章。

② 周锡保：《中国古代服饰史》，第 318 页，中国戏剧出版社，1984 年。

③ 《光明之城》，第 166～167 页。

④ 《诸蕃志》卷上，《斯加里野国》、《木兰皮国》。

⑤ 《诸蕃志》卷上，《斯加里野国》、《木兰皮国》。

征战。西征军如疾风暴雨，席卷中亚草原，攻占钦察、斡罗思，扫荡波兰，侵入马扎儿平原，饮马多瑙河。公元1241年冬，窝阔台去世，西欧才幸免于难。这支“比狮熊更凶猛”[①]的蒙古铁骑大军，令欧洲君主、教廷和贵族震惊颤抖，于是1245年根据里昂主教会议的决定，教皇英诺森四世派遣意大利圣方济各会士柏朗嘉宾，1253年法兰西国王圣路易士九世又派遣该国圣方济各会士鲁布鲁克先后跋涉数千里去蒙古草原朝见大汗，以执行有关的秘密使命。与此同时，欧洲的商贾也怀着探寻商机的欲望，陆续前往蒙古。元世祖忽必烈中统二年（1261年）五月七日，“发朗国（FRANK，《光明之城》中译本作法兰克）遣人来献卉服诸物”。据来人称：发朗“男子例碧眼黄发”，来时跋涉三年，渡过二处海域，备尝艰辛方才抵达上都。忽必烈为此嘉奖来人，“回赐金帛甚渥”。[②] 有关著作指出，所谓发朗国来使，欧洲史籍不见官方文字，一定是民间的自发行为。[③] 他们为商业利润所驱动，跋山涉水，备尝艰辛而不辞。

欧洲商人东来中国，既可行陆路，当然也可航海。刺桐在南宋一代跃居中国对外最大贸易港，其远洋帆船队不仅西泊阿拉伯海不少港口，而且也遥碇东非海岸；不但输送大量的丝绸、棉布、陶瓷等上乘物品，同时也于所到之处传播中华文明，扩大海外声威。因此，蒙古军西征偶然地成了中欧交往的一个积极契机。在战火纷飞声中，意外地开启一个欧洲教士、商人前来东方探奇的历史新纪元。正是在这种背景下，欧洲海商完全有可能进行破冰之旅，率先航抵刺桐。祝穆所谓“诸蕃有黑白二种，皆居泉州号蕃人巷”，[④]谁能认为白人蕃商不包含欧洲侨民？

相当数量的蕃商族群侨居刺桐，历有年所之后，自然而然地形成了各自巩固的侨民社区。《光明之城》指出，其社区含有这样一些功能设施：

(1)聚居街区：族群不同，聚居街区即“蕃人巷”则各异，但都“在城内

---

① 何高济译：《鲁布鲁克东行记》。英译本序言引1240年马太：《历史编年纪》，中华书局，1985年，第188页。

② 王恽：《秋涧集》卷八一，《中堂事记》上。

③ 韩儒林主编：《元朝史》下册，人民出版社，1986年，第439页。

④ 祝穆：《方舆胜览》卷一二，《泉州·土产》。

各自的地方”。[①] 南宋初年，泉州衙门依照朝廷“化外人法不当城居”[②]的规定，同时也为了蕃商就便往来南关港与笋江以利帆船运输，安排他们聚居镇南门外并迤逦法石草市沿江带状地区。其后游九功知州年中，兴建翼城，将城南蕃人巷包砌围绕，顿时转为南城街区。雅各来时大概就是这个空间分布格局。

(2)宗教会场：蕃商享有宗教自由，各自建筑宗教活动场所，如伊斯兰教的清真寺，印度教的蕃佛寺，基督教的礼拜堂，犹太教的祈祷堂(雅各来时已坍塌)等等。

(3)生活设施：旅馆、饭店、货栈等等，既便于他们的经商活动，也为他们延续和保持本土的物质生活习惯创造条件。

(4)子弟学校：北宋徽宗大观、政和年中(1107—1118 年)，鉴于泉州“土生蕃客”渐多，朝廷批准建立“蕃学”。南宋末年，此类子弟学校应该有较大发展。

(5)蕃客公墓：高宗绍兴末年(1162 年)，波斯湾港口设拉子的巨商蒲霞辛出资捐建城东东坂公墓。此后，估计不同族群的蕃商也将建筑各自的公墓，如犹太人墓地，雅各指出是在城外称作 ciuscien 的地方。

为管辖外侨并处理其有关案件，泉州衙门特置专职官员一名。雅各还以相当笔墨仔细而又真切地叙述刺桐城内犹太人社区的设施、人事及陈年旧月事项，是研究此一历史问题极为宝贵的资料，弥足珍惜。遗憾的是迄今尚无中文资料可以与之比勘结合研究。

三

两宋朝廷实行一定程度封建主义的开放政策，容许设置市舶司的开港口岸，在海上贸易对象国家、地区或部落来使与贸易商到港或在国境内经商、旅游、侨居(建立社区，蕃汉联姻，投资城建、造船，民事纠纷以蕃方习惯法裁决，蕃客按原来方式延续其物质与精神生活等)，旌奖巨量到岸

① 《光明之城》，第 158 页。

② 朱熹：《晦庵集》卷九八，《傅自得行状》。

货品的纲商以不等官职等等。海纳百川，年长月久，潜移默化，锻炼并陶冶刺桐广大居民在与海外蕃商交往过程中的开放性格与风习。不仅如此，甚至若干知泉州军州事的行政长官，也学会对异国来客雍容大度的待客风范。南宋理宗端平年中，李韶知州恰遇蕃商到岸，夜间竟一并邀请当时旅驻刺桐的诗人戴复古赴衙门宴饮，席间“开心论时务，细语及诗境。坐中有蛮客，狂言事驰骋”。[①] 显然，这位李太守豪情可掬，当着异国来宾，与诗人畅谈时事，同时也仔细讨论吟诗作文，还让蕃客就沧海历险大放厥词。理宗淳祐年中，阿拉伯穆斯林巨商蒲开宗携子寿宬、寿庚自广州转驻刺桐，敦请华人师傅督导长子蒲寿宬学习汉语与中国古代丰富的文史知识。蒲寿宬勤学苦练，虚心四处问学，果然吟得汉赋诗词，并与当代名诗人刘克庄、胡苇航、邱葵等人酬答唱和，获得教益，成长为中国古代第一位阿裔华化诗人。事实表明，刺桐这个大贸易港，已建构成中外商品经济以及思想文化交流融合的大环境。正因如此，雅各·德安科纳虽是初来乍到刺桐，但一经涉足其间，访谈也好，集会也好，他就获得尽可能详尽了解社会集团间最紧迫、最集中，也最敏感的时代焦点的谈论与交锋的难得机遇。

虽然《光明之城》有关刺桐各界代表人物和辩论访谈部分，雅各于回国后经过精心设计安排，掺入相当数量的个人添加内容，也存在这样或那样问题，但时代焦点却是篡改不了，挥之不去，普遍存在的讨论主题。它便是刺桐商人集团的日益壮大及其导致的道德伦理影响，以及对即将兵临城下的元军是抵抗或投降的大是大非之争。

刺桐的从商之路并不平坦。海上贸易南海航线的开港营运，一波三折。[②] 几经拼搏，哲宗元祐二年（1087 年），朝廷批准设置泉州市舶司，南海航线终于获得开港经营。但是官府付与“印杖”的“纲官”——官督民营制度，毕竟是海商从事海上贸易的紧箍咒。事事必统必督的市舶司，凭恃征榷手段，给海事作业与收益分配以种种干扰。朝廷（包括监司、州县衙门）对海舶下碇后的种种刮取以及征调海船守隘或参与宋金与后来的宋元战争，更使海商时或在劫难逃。及至南宋后期，海商因苛征或“照籍”点

① 戴复古：《石屏集》卷一，《久寓泉南》。

② 详拙文：《宋代泉州市舶司设立问题探索》，《福建论坛》1983 年第 2 期。

发放洋制度，采取漏舶或不归或改行等方式予以抗拒，官商矛盾更形尖锐。南外宗正司官吏与地方官吏的经商活动，盛势凌人，往往运用特权瓜分民间商人的利润收入。诸如此类，当然都必不可免地造成商人集团（居肆商人、行商、国境海商、国外海商、制造商与作坊、马头及货运等从业人员）对官府、官商的愤懑。

随着刺桐跃居中国最大以至世界大贸易港，商人集团日趋强盛。真德秀于理宗绍定五年（1232 年）再知泉州，指出："盖（泉州）生齿蕃而可耕之土狭，故良农寡而逐末之俗成。"①"惟泉为州，所恃以足公私之用者，蕃舶也。"②显然可见，其人数已大大增加，其营运已达到左右地方财政盈亏的规模。不言而喻，派生于商业及制造业营运的道德行为规范自然也就日益发挥其巨大影响。

"山雨欲来风满楼"。宋元战争前线，宋军屡屡败北，尖锐的外部矛盾也激化了内部矛盾，于是刺桐时代焦点被提升为人们谈论的中心课题，并在特定场合展开集团争辩，凸显了以白道古为代表的士绅与以孙英寿为代表的商人两个派别之争。

雅各最早访谈的是白道古。这位道貌岸然的老人是官宦士大夫集团的发言人。刺桐城中居住着大批在职或闲散官吏与举子，他们大抵系城居田主，称作寄庄户、遥佃户或寄佃户，依恃田庄经济获取地租或其转化形态的俸禄以生活。岁月电掣，在刺桐海上贸易业与在城商业日趋强盛推动货币腐蚀作用扩大的局面中，货币折价租与秋苗税在闽南也日益扩大，因而田庄经济的自然性愈难维持，与商品市场的距离则日益靠近。折射出来的便是怨气冲天，牢骚太甚。白道古进士登第，熟悉儒家经典。他对现实的不满，发为辛辣的披着儒家外衣的抨击与讽刺。如怒斥与政者纲纪废坠，法制紊乱，卖官鬻爵，贿赂公行，为子不孝，妇女淫荡等等。这些指斥固然切中时弊，也可以在当时其他臣僚的章奏中读到，说明这些政治与社会风习诟病是当时的普遍的时局危机。但他谈锋一转，便把攻击矛头指向刺桐这个特殊环境中的特殊集团，即商人集团身上。白道古怒斥商人把刺桐变成"野蛮之城"，原因是"人心中的野兽被解开了锁链"，造

---

① 真德秀：《西山文集》卷五〇，《东岳祈雨疏》；卷五四，《祈风祝文》。

② 真德秀：《西山文集》卷五〇，《东岳祈雨疏》；卷五四，《祈风祝文》。

成人、城市与国家都面对野兽的危险情形。[1] 在他看来,“野兽”是人心中的“贪婪”。它造成物欲横流,带来“腐败”,造成城市“失衡”。因此,“贪婪才是我们这个城市的最大敌人”[2]。

不妨稍转笔锋,让我们根据历史事实,看看刺桐城中“贪婪”行为的若干真实情形。真德秀《再守泉州劝谕文》揭露仅比白道古评论刺桐商人行为早三十九年时的情景:“市井经营,虽图利息,亦须睹事,莫太亏瞒;秤斗称量,各务公当,大入小出,天理不容。湿米水肉,尤为人害;放债收息,量取为宜,分数太多,贫者受苦;举债营运,如约早还,莫待到官,然后偿纳。”[3]这些宋人称为“市道”的奸商行为,固然伤风败俗,损人利己,但并不会就成为社会的“最大敌人”。可见他施展了危言耸听的伎俩。在另处他又指出:商人“贪婪”不止,竟至认为与“所有的人是平等的,甚至比别人都高一等”。[4] 商人政治上的“贪婪”,这才是要害。雅各逗留刺桐期间,也深感“贵族和官僚对于这些出身低贱的商人根本不放在眼里”,“自己属于第一等人,其次是农民,再次是工匠,而商人则是城市里最低等的人”。[5] 显然,批判重商,是为了贱商,以便巩固和坚持封建等级制度,达到永葆贵族和官僚们的政治经济权益于不坠。

无独有偶。也就在这一年,一份《词诉约束》赫然又将宋廷的传统规定广告周知:

> 词诉次第:国家四民,士、农、工、商,应有词诉,今分四项——
>
> 先点唤士人听状。吏人不得单呼士人姓名,须称某人省元。其为士而已贵与荫及子孙。有官用干仆听状者,随附士人之后。干仆却呼姓名,然须有本宅保明方受。
>
> 士人状了,方点唤农人。须是村乡种田务本百姓,方是农人。农者,国家之本,居士人之次者也。余人不许冒此吉祥之称。
>
> 农人状了,方点唤工匠。应干手作匠人,能为器具,有资民生日

---

① 《光明之城》,第 207 页。

② 《光明之城》,第 318 页。

③ 《西山文集》卷四〇。

④ 《光明之城》,第 207 页。

⑤ 《光明之城》,第 184~185 页。

用者皆是。工匠状了，方点唤商贾。行者为商，坐者为贾。凡开店铺及贩卖者皆是。

四民听状之后，除军人日夕在州，有事随说，不须听状外，次第方及杂人，如伎术、师巫、游手、末作（末作谓非造有用之器者）、牙侩、舡梢、妓乐、岐路、干人、僮仆等皆是杂人，此外有僧道亦吾民为之。然据称超出世俗，不拜君王，恐于官司无关，官司不欲预设此门。①

这是一张反映宋代社会经济变动表现为人的群体趋于复杂化的等级序列图谱。种种“杂人”的产生，标志着传统固有农业、手工业经济之外新的经济成分的衍化，种种服务性行业增多，代表人物品色纷繁。尽管他们各有所事，但身份很低，实际是“贱民”。而商贾仅比这些“杂人”稍高，也与他们有千丝万缕的联系，正是孙英寿所说“穷人属于我们的党派，不属于白道古以及他周围一些老人的党派”。② 事实上，“杂人”中大概除师巫外，各色人应当都是大贸易港刺桐商人的附庸角色，甚至与市场频繁交换的农民，也都不同程度地成为海上贸易业的从业人员。他们人数众多，一旦“蕃舶罕来，市廛之失业者众”。③ 所以白道古所代表的集团势力，无非就是等级序列顶上一撮而已。历史昭示世人，大凡人数寡少，力单势孤的社会派别，实行虚声恫吓策略，往往借过激、诡异言词试图达到自己的目的。白道古似乎走上这条争论道路。孙英寿是商人集团的代表。刺桐商人相当一部分具有较高的文化修养。兴化军籍贯的名诗人刘克庄熟悉这个特点：“闽人务本亦知书，若不耕樵必业儒。唯有桐城南郭外，朝为原宪暮陶朱。”④所以他们在参与论战过程中，能征引中国古代哲人的章句以阐明自己的论点，提高论争力度，也能综核局势，抓住中心，以攻其要害。对白道古痛击时局显弊，他们不持异议。但关乎切身问题，商人代表则作出毫不妥协的批驳。白道古把“贪婪”的内欲视作洪水猛兽，主张“百姓应该少追求而不应该多追求，说失败比成功更好，穷人比富人更高贵”⑤；“那些起早贪黑、不知疲倦地为自己而劳作的人，也不比盗贼好多少。因

① 黄震：《慈溪黄氏日抄》卷七八。

② 《光明之城》，第 297 页。

③ 真德秀：《西山文集》卷四九，《上元设醮青词》。

④ 刘克庄：《后村全集》卷一二，《泉州南郭二首》。

⑤ 《光明之城》，第 316 页。

为他们仅仅追求世界上最龌龊的那种东西:对财富的贪婪追求"[①]。显然,白道古所主张的是不分青红皂白的禁欲主义,由于界限不清,将劳动人民与盗贼等同,真善美的追求与龌龊的贪婪并举。商人安世年辩论时,指出"市场"是"工作"场所,人们为了商品"而拼命努力工作"[②],方能使"我们的城市果实累累,财源滚滚"[③],跻身于世界级大贸易港行列。但要使人们创造财富,必须首先创造环境,安世年正确下了一个定义:"财富是自由人生活在自由环境中的财富,我们不但要抵抗那些想限制财富的人,而且要努力使它扩大。和白道古所说的相反,这个财富决定了全城的幸福和富裕,包括今天那些穷人和缺衣少食者的幸福和富裕。"[④]这一段富有哲理和博大豪气的精彩言论,充分表现了刺桐商人的气派、斗志和理想!

在中国古代历史上,禁欲常被封建君主应用于他们朘削民脂民膏过度导致饿殍载道,或他们文恬武嬉、政乱纲紊造成百姓涂炭场合,发挥遮羞布和麻醉剂的恶劣作用。南宋后期,刺桐港已逐渐由"富州"、"乐郊"向"愁叹相望"的州军转化,于是地方官员也祭起"食足充口,不须贪味;衣足蔽体,不须奢华""既不妄费,即不妄求,自然安稳,无诸灾难"[⑤]的禁欲主义法宝,期盼以精神上的灵丹妙药化解百姓的不满情绪。时届度宗年中,宋廷已病入膏肓,白道古深谙治政奥妙,面对商人代表公然提倡扩大财富追求主张,居然也抛出人们需要的只是"灵魂""快乐","这种快乐并不需要占有财物"[⑥]的荒谬理论。

白道古基于否定"欲望"从人类的心理机制转化为"追求"财富的动力论断,滑到上帝创世说的客观唯心主义泥潭,竟然提出"是上天孕育了五谷杂粮以养育百姓"[⑦]的神道宣传。与之相反,商人安礼守冠冕堂皇地歌颂了现实世界的创造者。他说:"那些老老实实的农民、工匠、金匠和裁缝

---

① 《光明之城》,第313页。

② 《光明之城》,第313页。

③ 《光明之城》,第317页。

④ 《光明之城》,第319页。

⑤ 真德秀:《西山文集》卷四〇,《再守泉州劝农文》。

⑥ 《光明之城》,第318页。

⑦ 《光明之城》,第314页。

忙于他们手中的活计,正是他们维系了这个城市和国家,而不是什么头脑里充满了知识,却连一桶水也不能从井里打上来的儒雅之士。"[①]这令世人又一次信服地看到:刺桐的商人代表具有唯物主义的辩论才华。唯一的缺陷的是未能甄别"儒雅之士"的类别和"首先不是"之类限制词。

商人集团对封建等级深恶痛绝。他们中的各种人大抵都以切身利害直观地提示人是平等的这个概念。但其间贫穷的众多商业制造业从业者,与商业集团中的富商出发点明显有别。他们对社会财富集中到"少数人手中,因为高低收益不均,所以富人脑满肠肥,而穷人则瘦骨嶙峋"不满,而穷人又得不到帮助。因此要求"穷人和富人都应该同样平等",[②]以改善自己的境遇。这种由直观自发提出的"平等"要求,在中国古代历史上的转折年代,屡屡产生,因而是一个封建社会阶级斗争的正常现象。北宋末年,钟相在荆湖一带酝酿起义,便提出"法分贵贱贫富,非善法也。我行法,当等贵贱、均贫富"。[③] 南宋后期,社会财富偏重集中,超过了两宋三百年历史中的任何阶段,大田主"岁入号百万斛",[④]巨富则"金帛山积,有拥二三千万资者",[⑤]国内最著名的财主无非"数十大家"。[⑥] 贫富如此悬殊,如此鲜明,无怪普通穷人也都能够击中要害,对时局直斥痛陈,要求以"平等"处理惶惶不可终日的阶级、阶层矛盾。富商也要求"平等"。自然,他们这一层面与下层从业者不一样。他们对政治上被挤压而无权感到不满,科举上高低优劣的愤怒,文化上分势隔非议,直到习俗上"服饰殊"等,"且如士、农、工、商,诸行百户,衣巾装着,皆有等差"[⑦]的陈年旧俗深深地感到屈辱,即便有冤有苦,公堂上也要有话在后面说,处处不如人。所以政治等级制度便成为商人集团的众矢之的,而"矢"别无可替代地就是"平等"口号。反之,白道古所代表的官宦士大夫,为稳定赵宋宝座,要持续政治统治体制,自然就要针锋相对地坚持和紧抓这一等级制度。所

---

① 《光明之城》,第 312 页。

② 《光明之城》,第 310～311 页。

③ 徐梦莘:《三朝北盟会编》卷一三七。

④ 刘克庄:《后村全集》卷五一,《备对札子》。

⑤ 王迈:《臞轩集》卷一,《乙未馆职策》。

⑥ 王迈:《臞轩集》卷一,《乙未馆职策》。

⑦ 吴自牧:《梦粱录》卷一八,《民俗》。

有奥秘，盖在其中矣。

从社会发展的过程看，官宦士大夫抱残守缺，无视劳动，诬称人欲为万恶之源，最终走向天道设教。商人集团体现贸易港蓬勃朝气，鼓斗志，向前看，与社会发展方向一致。雅各来华时，元军铁骑饮马长江，士气低落的宋军节节败退。剌桐各个政治集团不能不在争论中接触到或抗或降，何去何是这一时代最为迫切的走向问题。

历史常常嘲弄人。曾经在论战中潮头挺立的商人代表，一下子成了投降派。白道古拍案而起，大声疾呼，并最终一腔热血气浩然，成就为抵抗派英雄人物。中国历史上充满着无数可歌可泣的坚持正义、反对压迫的英雄故事，这一伟大不朽主题，则又是孔孟杀身成仁民族气节的关键点。所以自幼从孔孟学说中接受教育的白道古，早已把这些内容铸为座右铭，融为世界观，坚持终生，义无反顾。白道古的政治见解是田庄经济的上层建筑，"如果没有土地，就都会比以前更穷"。[1] 在商品浪潮侵袭下，闽南的田庄早已不振，更堪让元军铁蹄肆意践踏？所以保卫百姓的身家性命，保卫官宦士大夫的孱弱田庄，便成为理直气壮、奋不顾身的神圣事业。

蒙古崛起后，随即将战争引入金朝和夏朝辖境，又旋即侵扰南宋川蜀、荆湖边疆。从草原畜牧经济中成长起来的军事贵族，昧于封建农业运作，轻忽人命，常将"人民杀戮几尽，金帛、子女、牛羊、马畜皆席卷而去，屋庐焚毁，城郭丘墟矣"[2]。《光明之城》叙述对立双方讨论战降一事时，往往清晰地陈述过蒙军的惨烈战祸，说明剌桐的官宦士大夫和商人消息灵通，对元军的步步进逼忐忑不安。每争论及此，双方态度即迥异对立。白道古的振臂高呼战守与商人的恐战惧屠形成鲜明对比。白道古曾经指责商人一派："他们甚至不想去抵抗鞑靼人，而是想在鞑靼人征服了这个城市之后从中谋利。"[3]这就更显得居心叵测了。据雅各记录，他临离开剌桐的一天晚间，当地谣传元军兵临城下，许多商人果真"准备迎接他

---

① 《光明之城》，第 311 页。

② 李心传：《建炎以来朝野杂记》乙集卷一九，《鞑靼款塞》。

③ 《光明之城》，第 207 页。

们”。[1] 一切征象表明商人一派不但在争论中声言投降以避战祸，而且也决心采取相应行动。

显然可见，以巨商孙英寿为首的商人一派，财大气粗，从对朝廷与官宦士大夫不满逐渐走向图谋投降元军，以使自己社会地位的改善获得飞跃。

这是泉州地方史的一个重要启示！

当泉州跃为世界级大贸易港而被号称刺桐港并扬名于寰宇时，由于蕃商大量集结驻港，于是在土著海商与南外海商两大集团之外，又平添一个蕃舶海商集团。大约宁宗与理宗交替年代，“富商大贾积困诛求之惨，破荡者多，而发船者少”[2]。土著海商趋于削弱，南外海商长期以来又由于朝廷禁约和财本有限未能恢弘，于是蕃舶海商遂获得天赐良机而扶摇直上。这个蕃舶海商集团约至理宗晚年，其经营规模已很可观，巨贪贾似道垂涎欲滴，“岁一千万而五其息”[3]。从它年入净利每一万贯中抽取五成以饱私囊。此时的蕃舶海商首领即崭露头角的蒲寿庚。转入度宗年中，时局动荡，政纲废坠，人心不隐，更给于“心怀异志”的蒲寿庚以可乘之机。他不但尽量笼络各派海商，而且暗中串通驻州的左翼军，同时积极发展蕃汉人口兼蓄的私人武装。

如雅各所录，当时土著海商集团首领为孙英寿，其所作所为，大有蒲寿庚同伙的色彩。该商人一派居然公开倡说降元论，也为日后以蒲寿庚为首的投降派将刺桐城拱手送给元朝做出超前的拙劣表演！

原载《海交史研究》2001 年第 2 期

---

① 《光明之城》，第 411 页。

② 真德秀：《西山文集》卷一五，《申尚书省乞拨降度牒添助宗子请给》。

③ 方回：《桐江集》卷六，《乙亥前上书本末》。

宋代福建科第盛况试析

北宋太平老人《袖中锦·天下第一》罗列了当时国内的工艺及农、林、牧、渔著名产品后，随即将“福建出秀才”的社会现象也列为天下第一。理宗淳祐十一年(1251 年)，陈必复为林尚仁《端隐吟稿》作序也指出：福建举子“负笈来试于京者，常半天下。家有庠序之教，人被诗书之泽，而仕于朝为天子侍从、亲近之臣，出牧大藩、持节居方面者亦常半。而今世之言衣冠文物之盛，必称七闽”。据不完全统计，两宋三百二十年间，福建历届进士人数多达 6869 人，占宋代进士总数 35093 人的近五分之一。其中官至宰相、执政者，不少于五十人。任职于中枢方面或地方者，更不胜枚举。政治家、军事家、科学家、文学家与艺术家，像群峰森列于宋代版图上，屹立在中华英杰谱系中，令后人引为自豪！

不能不令人感到诧异，在宋代地方路一级建制中属于三等单元、文化起步比中原晚、三面环山、一隅通海、土狭人贫的福建，为何能涌现如此众多的优秀人才，摘取当世科第桂冠？

一

福建是个山丘王国。北宋建国后，随着统一安定的社会秩序的建立，休养生息政策的实施，福建地方经济也有一定的发展，但土狭人贫现象未有根本改变。根源在于主要农业生产资料，即耕地的分配极不平衡，“伪闽(指五代闽朝)以八州之产,分三等之制,膏腴者给僧寺道观,中下等者给土著流寓”。① 王审知佞佛,增建寺院267座。这种强制性土地分配,既使寺观经济膨胀,又导致“强宗右姓,力于兼并”,广大农民,无以为生。入宋,“因而不改”,依然是一个最尖锐的社会矛盾。神宗元丰三年(1080年)福建路民田11091429亩,其年主客992087户,户均只有耕地11亩。以当年的粮食亩产量与较小人户五口之家一年的最低生活、生产需求量进行宏观计算,相去甚远。朱服于元丰末年知泉州时吟咏福建山区称:“水无涓滴不为用,山到崔嵬犹力耕。”②可见垦辟指数不低,然神宗以后社会户口增长迅速,缺粮问题日趋严重。人口稠密的沿海各州军尤甚:“虽上熟,仅及半年,专仰南北之商转贩以给。”③山区盛产茶,沿海遍熬盐,城乡竞酿酒,这三大社会商品,福建路拥有生产优势,但“三者利,悉入公”④,为朝廷的禁榷制度所摧残。所以宋代“七闽地狭人稠,为生艰难,非他处比”⑤。为确保生活,人们在农业经营方面采取了各种补救办法,据莆田人方大琮理宗初年写给兴化军知军项博文的书信,建、南剑、汀州和邵武军所谓上四州军为确保粮食自足,严禁种植糯米、造曲、酿酒,又禁种柑橘、凿池养鱼。兴化军刚好相反:“兴化县田耗于秫糯,岁肩入城者,不知其几千担。仙游县田耗于蔗糖,岁运入浙淮者,不知其几千万坛。”⑥其实,果树(荔枝、龙眼,柑橘等)、甘蔗、木棉经济作物的种植,养殖、捞海渔业生产,福、泉、漳州和兴化军所谓下四州军普遍如此。因此,上下四州军之间,社会经济结构略有不同,前者“专仰土产,它无来处”⑦,后者多种经营,弥补不足。但无论在哪里,“一逢岁不稔,大半为饥者”⑧。

在这种情况下,人们势必竭尽心智,另拓谋生出路,诸如从事技艺、经商、出仕、出家(佛道)以及向国内外移民等。对此,南宋曾丰曾予以深刻

---

① 李心传:《建炎以来系年要录》卷五十六。

② 祝穆:《方舆胜览》卷十一,《建宁府》。

③ 真德秀:《真西山文集》卷十五,《奏乞拨平江府百万仓米赈粜福建四州状》。

④ 蔡襄:《蔡忠惠文集》卷二十四、卷二十六。

⑤ 廖刚:《高峰集》卷一。

⑥ 《铁庵文集》卷二十一,《项乡守博文》。

⑦ 真德秀:《真西山文集》卷十五,《奏乞拨平江府百万仓米赈粜福建四州状》。

⑧ 李吕:《澹轩集》卷一,《和许尉仙〈田舍野老有可怜之态〉壁间之什》。

剖析。他说："居今之人，自农转而为士、为道、为释、为技艺者，在在有之，而惟闽为多。闽地褊不足以衣食之也，于是散而之四方，故所在学有闽之士，所在浮屠、老子宫有闽之道释，所在阛阓有闽之技艺。其散而在四方者，固日加多，其聚而在闽者，率未尝加少也。夫人少则求进易，人多则求进难。少而易，循常碌碌，可以自奋；多而难，非有大过人之功，莫获进矣。故凡天下之言士、言道释、言技艺者多，惟闽人为巧。何则？多且难使然也。多之中不竞易而竞难，难之中不竞拙而竞巧，不巧，求而获者有矣，未有巧而不获者也。故闽人之凡为技艺者，多擅权门通肆以游。凡为道释者，擅名山大地以居；凡为士者，多擅殊举异科以进；凡自科举而为官且仕者，多擅清选华贯以显。"[①]这位宋代政论家以福建的衣食问题为出发点，对居民转向技艺、道释、出仕所进行的考察，可谓入木三分。而从事技艺、经商、出仕、出家，无不需要掌握一定的文化知识。塾师、代笔、刻书、金石、技艺、占卜、风水、绘画以及陶瓷竹编、木作的最后装饰工作，佛徒、道士念诵经藏等等，这些行业与文化的关系不待言而自明。何乔远《闽书》就记载了这种借助文化基础转向谋生的社会现象："故其学书不成者，挟以游四方，亦足糊其口。或以绘画、命卜自寿江湖间。"

从商曾经是宋代福建居民重要的谋生手段。上四州军民"家有余财，则远赍健往，贾售于他州"[②]，从事国内的商业活动。下四州军地处海滨，港湾多，在朝廷实行东南海岸开放政策鼓励下，"多以海商为业"[③]。向海洋发展，踊跃从事海上贸易。但掌握商业信息、定价结账，签办公凭，看海图、司针路，以至入蕃贸贩等，均必须以掌握一定的文化知识为必备条件。自古以海商闻名的泉州石井镇，宋代即创建石井书院，兴办教育。爰及明季，"儿童诵读声闻乎逵道，士挟一经，俯首銶心，无所不能为"[④]。学校兴盛，士子奋发，长期不衰。由于福建商人具有较高的文化素质，航抵高丽留驻在其首都的数百海商，当地朝廷"密试其所能，诱以禄仕"；航抵交趾的海商，也往往"留于彼用事者"。泉州海商王元懋因"兼通蕃汉书"，备受

① 《缘督集》卷十七，《送缪帐干解任诣铨改秩序》。

② 祝穆：《方舆胜览》卷十，《邵武军》。

③ 苏轼：《东坡文集》卷五十六，《论高丽进奏状》。

④ 何乔远：《闽书》卷三十八，《风俗志》。

占城国王垂青，被招为驸马，得公主嫁奁值百万缗，留驻十年始归。

既然多类型的转向谋生，无不以一定的文化为重要条件，各类学校教育也就得到社会的广泛支持，科举的殊荣也就有了公认的价值。恰值“朝廷尚文，以书诗礼乐润饰治具，天下之士皆染濯淬励，以文章自奋”①。福建广大城乡，奉“家贫子读书”为圭璋，“非独士为然，农、工、商各教子读书，虽牧儿馌妇，亦能口诵古人语言”②。于是一股科举浪潮就在福建大地喧腾而起。

二

福建古为百越故乡，断发文身，火耕水耨，往往被中原人士讥为蛇种蛮荒。但自列入秦朝闽中郡版图以后，先进的中原文化，不时以其流光溢彩，泽被七闽。唐末五代中，中原战乱连绵，文化人士视一隅安堵的福建为乐土，潮涌南下。据载，当年国内知名的文人学士如李洵、韩偓、王涤、崔道融、王标、夏侯淑、王拯、杨承休、杨赞图、王倜、归传懿、王谈、杨沂、徐寅、郑戬等人，先后入闽，投奔王审知或王审邽，均获礼遇。这些文化人士的入闽，给宋代福建文化的发展以应有的影响。

学校是科举的阶梯。宋代福建有州县学56所，大部分设立于北宋年间。据第一部福建通志即黄仲昭《(弘治)八闽通志·名宦传》的记载，不少州县官重视办学，建校舍，增学田，聘名儒，砺学风，甚而躬亲讲学，扩大社会影响。孝宗乾道年中尤溪知县石墪是一典型，他莅职后，设法扩建校舍，添置学田，充实藏书，延请友人主持讲席，政余也亲率僚佐到校讲学，声名鹊起，许多外县青年也慕名远道而来。

福建的私人学校源远流长。莆田县城西的湖山书堂，据传系南朝梁陈时人郑露兄弟就读的家塾，大概是福建最早的一所民间私人学校。入宋之后，书院、精舍、书社、乡校、家塾、书堂、义斋、义田学日趋繁盛。据不完全统计，各类私学(书院为主)达75所。事实上，伴随着读书谋生浪潮

① 何乔远:《闽书》卷三十六,《建置志·邵武府泰宁县》。

② 方大琮:《铁菴文集》卷三十三,《永福辛卯劝农文》。

的高涨，一个兴学热潮也必然出现，规模不拘、地点机动的私学，其数量一定远远超过官学。神宗熙宁初年知福州的程师孟就赞颂过："城里人家半读书"、"学校未尝虚里巷"①。南宋莆田县也有所谓"三家两书堂"②的谣谚。

福建的理学家对兴学有过突出的贡献。

北宋后期，杨时、游酢"程门立雪"，虔诚地将二程理学移植入闽，首先在闽北扎根。南宋中期，朱熹集二程理学的大成，先在闽北，又在闽南，最后又回闽北，长期坚持钻研、传播和撰述工作，影响极大。在杨、朱之间的过渡时期，尹焞的再传弟子林光朝回莆田，讲学于东井书堂，继承衣钵的是福清人林亦之、陈藻。至此，理学的传播遂扩及八闽，其思想影响也日益显著。理学家认为："穷理之要必在读书。"③兴学为传播理学先务，因此所到之处力主创建书院或精舍，招收弟子，惨淡经营。在朱熹的故乡建阳（按：绍兴十八年，即 1148 年朱熹赴举，自填籍贯为建阳县群玉乡三桂里），书院特多，计有竹林精舍、同文书院、云谷书院、鹰山书院、云庄书院、庐峰书院、瑞樟书院、寒泉书院、义宁精舍、霄峰书院、潭溪书院、环峰书院、溪山书院。弟子也最多，据统计达九十余人。怎样读书？朱熹又提出分阶段的系统教育论，即"幼稚之时""入小学，只是教之以事"，学做人的各方面本领；"自十六七入大学，然后教之以理"，研主宰万物的哲理④。正因如此，朱熹及其他理学家不但著述深奥的理学精义，而且还亲自动手编写通俗的少儿读物，如朱熹有《小学》、《论语训蒙口义》、《训蒙诗百首》、《古文传灯》、《童蒙须知》，真德秀有《文章正宗》，胡宏有《叙古蒙求》，胡寅有《叙古千文》，陈淳有《小学诗礼》等。朱熹在创建庐山白鹿洞书院后，手订学规，除宣传封建等级伦理、个人修养之外，规定学生遵循博学、审问、慎思、明辨、笃行五项"为学之序"。其后朱门所创书院，也都奉行这一学规。在讲学活动中，朱熹又提出和总结了一系列精粹和当时行之有效，而且含有片断朴素辩证法的教学与读书法。毫无疑问，朱熹的教育观、教学

① 梁克家：《淳熙三山志》卷四十，《土俗类》二。

② 李幼杰：《莆阳比事》卷六。

③ 朱熹：《朱子大全·文集》卷十四，《行宫便殿奏札二》。

④ 《朱子语类》卷七。

与读书法，及其门人的教育活动，对当时福建的科举事业及以后的地方文化发展产生了重大影响。

约定法成，习久成俗，日益高涨的兴学局面升华出社会上的浓厚学风和劝学习俗。福州民间，"凡乡里各有书社，岁前一二月，父兄相与议，求众所誉学识高，行谊全，可以师表后进者某人，即一二有力者，自号为鸠首，以学生姓名若干人，具关子敬以谒请曰：'敢屈某人先生来岁为子弟矜式，幸甚。'既肯可，乃以是日备礼，延致诸子弟迎谒，再拜唯恐后，远近闻之，絜篋就舍，多至数百人，少亦数十人"①。这里舒展的是一幅父兄送子弟上学图。教师公评，择优而请，因而教师的质量有所保证。仪式庄严，争先恐后，尊师苦学的风范也可树立。据宋人所见，当时福州城内学生之多，学风之浓，十分动人："路逢十客九青衿，半是同窗旧弟兄。最忆市桥灯火静，巷南巷北读书声。"②仙游县"后生不儒衣冠，不得与良子弟齿。岁时即先生旧德以指授经术。其为词章，相与讲导锻成，一律进取科第。若逢蒙之射，而陶朱之贾，其失中而莫售者，鲜矣"③。

宋代福建文化发达，各州军多能刻印书籍，而建安、麻沙又是国内著名的刻书中心之一。建安有书铺(刻书售书一体化)二十余家，麻沙有七家，各领风骚数百年，历宋元明至清初始衰。所刻书籍，"上自六经，下及训传，行四方者，无远不至"④。麻沙被"号为图书之府"。许多书铺又与当地文人配合，编印适应科场所需的多种应用类书，十分畅销，数量"百倍经史"。而且刻印迅速，反映策试信息及时。如宁宗庆元四年(1198 年)年初，即将上年太学私试策文汇编为《太学总新文体》雕印面世，前后只有几个月。理宗淳祐五年(1245 年)刻印刘达可编选的《璧水群英待问会元选要》一书，该书共 82 卷，分 15 门，搜罗各类策论文体，洋洋大观。这类书不免有粗制滥造，鱼目混珠之作，但为青年学生提供了翻检方便。同时，刻书方便，书籍来源丰富，也为福建官私学校、私人收藏创造了有利条件。建安、麻沙所在的建宁府城乡，"家有诗书，户藏法律"。远在南陲的

---

① 梁克家：《淳熙三山志》卷四十，《土俗类》二。

② 祝穆：《方舆胜览》卷十，《福州》。

③ 蔡襄：《蔡忠惠文集》卷二十四、卷二十六。

④ 朱熹：《朱子大全·文集》卷七十八，《建阳县学藏书记》。

漳州漳浦县吴与，虽家微官卑，毕生勤于搜访。藏书质量极佳，“多蓬山所无者”。数量又多达二万卷，被著名史学家郑樵评为海内四大藏书家之首。兴化军方略建“万卷楼”，藏书1200笥；方于宝建“三余斋”，藏书数万卷；方渐建“富文阁”，藏书数千卷；方某建“望壶楼”，以典藏唐人著作闻名。如此等等，给莘莘学子提供了读书方便。

学校、风习、图书，无疑都是促成教育事业兴旺的客观条件。但它还必须与广大青年学生的禀赋素质相结合，方能收到开拓科第新局面的社会效果。曾列名神宗熙宁三年(1070年)进士科试榜首的叶祖洽，在泰宁《改县名记》这篇文章里，试图解答此一问题。指出：“泰宁为最僻，不与四方之商贾交，故习俗淳厚，山川之气特为奇秀。故为士者，质美而明。”“苟非质美特立，能若是乎！今其县比屋连墙，弦诵相闻，有不谈诗书者，舆台笑之。”①其实，“质美而明”，并非“山川之气”所钟，亦非“习俗淳厚”所凝，集中到一点，正在于泰宁如同福建其他地方，“深山穷谷”或“土狭人贫”，它鞭策、磨砺、激发有志之士披荆斩棘，从逆境中去开拓人生的坦途。这才是造就福建士人“质美特立”的禀赋素质的真正原因。

三

宋代福建人口是以前历次中原人口南迁和百越原住人口会聚和发展的结果。魏晋隋唐时期，浓烈的宗法习惯使南迁人口带有携族避难、合族同居的诸特点，尤其是入闽伊始，潜居山林，筚路蓝缕，世族官宦的合族规模，必然受自然条件、垦殖指数、农产水平等制约，采取“别子为宗”的“小宗”宗法结构，星散于泉山闽水之间，形成至今尚有遗迹可寻的姓族房支居住状态。延续和维持这种社会结构的祭祖田、蒸尝田制就显得十分牢固和普遍。由宗族结构派生而出的“义庄”、“义学”、“义田塾”，也就所在多有。如兴化军莆田县有陈俊卿南园义庄、陈居仁义庄，仙游县有罗峰傅氏励贤庄，兴化县有林髦义庄，用以赡养孤贫，扶助举子。莆田县则又有黄问义学、方泳义斋、郑砥西斋、郑安正友堂、林国钧东井书堂，“皆招名士

① 何乔远：《闽书》卷三十六，《建置志·邵武府泰宁县》。

与子弟讲学其中"①。正因如此,宋代福建科第就产生了宦族世家分配的明显倾向。

宋代登科录传世的仅存二本,又一份残本。《宝祐四年登科录》是其中之一,它较《绍兴十八年同年小录》更为详尽。在进士姓名、婚娶、兄弟、籍贯之外,还着重标明曾祖以下三代名氏、宦否及以谁为户主等情况。依据末项自填文字,可将进士家庭分为官户(三代中有仕宦户)与平户(三代布衣)两类,并分别统计如下:

	福州	兴化军	泉州	建州	南剑州	邵武军	汀州	漳州	合计
官户	31	15	8	6	4	2	1	0	67
平户	24	2	7	7	2	3	0	2	47
小计	55	17	15	13	6	5	1	2	114
官户%	56.36	88.23	53.33	46.15	66.66	40	100	0	58.77

显然,福建宝祐四年(1256 年)进士名额分配,官户占有过半数的优势。《绍兴十八年同年小录》登录进士姓名、籍贯(路州县乡)二项,可分坊郭户与乡户二类,统计如下:

	福州	兴化军	泉州	建州	南剑州	邵武军	汀州	漳州	合计
坊郭户	0	0	0	1	2	0	0	0	3
乡户	26	12	7	11	2	3	0	2	63

可见居住乡间的进士占绝大多数。以上统计说明:宋代八州军中,进士出身世家超过当州半数的有五个州军,其中三个州军分布于沿海,起码在绍兴十八年(1148 年)前后一段时间里,该三州军的进士又都是乡户。由此可知,当年从事农耕,进行地租、俸禄、地租增殖经济循环的世家,是推涌进士科第的重要土壤。

兴化军世家科第比率最高。据李幼杰《莆阳比事》截至宁宗嘉定初年的择要统计,兴化军三县有宦族世家 308 支。作者在书中还以"名亚虎榜,魁占龙头"、"南宫高第,壁水上游"、"四异同科,七名联第"、"三世登

① 李幼杰:《莆阳比事》卷六。

云，四代攀桂”、“父子一榜，昆季同年”、“进士甲科，诸试优选”、“大魁祖孙，双元文武”等事目，极力渲染世家在科第夺标中的兴盛局面。据不完全统计，兴化军全宋进士达1151名，占一路总数的16.75%。该军只有三个县，崇宁元年(1102年)只有63157户，平均54户多一点即有一名进士，则又是一路中比率最高的单元。其中莆田方、林、郑、陈等著姓进士颇众，仙游则罗峰傅氏(46人)、枫亭蔡氏(39人)两个著姓进士最多。

地处闽浙赣三路交界的建州(建宁府)，为中原人口与文化入闽的前沿地带，故家世族麇集。“建宁衣冠氏族，惟浦城之邑最盛，卿相侍从，蝉联大家，郡人类其子孙为爵里记”①。当县有所谓杨、章、吴、黄四甲族。杨氏宋初出杨徽之、杨亿二个名人，被誉为宋朝“南方人物之盛”的带头人②。章氏则先后出宰执三人及出仕百余人。吴氏、黄氏系土著望族，吴氏出宰执二人。他如邵武县南乡和平里，有著姓危氏、上官氏、黄氏，自仁宗景祐迄宁宗嘉定中有进士20多人。

著姓中举，簪组绳联而为宦族世家，在当地科第名额中占有突出一席之地，容易理解。家族历史的精神激励，雄厚家资的生活保障，父辈缔就的官场纽带，当然都为后代人铺平了出仕之路。

世家在科第名额分配中的优劣多少，固然暴露了宋代科举保守落后的一面，但是科举并非察举，场屋考官也不就是九品中正，它固有的中举阶梯，并不可以保证纨绔子弟一帆风顺。在这种封建主义有限的“任贤”、“公平”原则面前，世家子弟懂得：必须过一道奈何桥。况且自唐代以降，官场舆论已铸就不经进士中第不为美的朱紫规范。福建宋人文集、志书、族谱、家传里，常能看到世家父兄训导后辈、后辈策励自己应举取胜的生动事例。尤可注意的是，由于社会经济变动的频率日趋迅速，商品经济触动封建自然经济的日益深刻，以及社会矛盾始终持续紧张，宋代宦海浮沉、官场角斗也随之剧烈。先秦时期“君子之泽，五世而斩”的局面已不复存在，家族盛衰的周期大为缩短，“古田千年八百主，如今一年一换家”。宋代福建地方的小宗宗族结构固然有极为顽强的生命力，但其中的世家房支盛衰，却也有它嬗递变迁的时间性。若干有头脑的世家，对封建社会

① 韩元吉：《南涧甲乙稿》卷二十，《黄公墓志铭》。

② 黄恬：《嘉庆浦城县志》卷三十五，《艺文》。

地租、俸禄、地租增殖这一老式的经济循环，按“富家不用买田地，书中自有千钟粟”的新准则进行了改造，以适应“贫富无定势，田宅无定主”的普遍经济规律。因此，科举制度发展至宋代，仍有它的进步性，福建农、工、商相当部分人巧妙而有效地把它转化为特定条件下的物质谋得方式，对福建地方政治、经济和文化发展做出了应有的贡献。

原载《福建论坛(文史哲版)》1988 年第 3 期

一代名臣　千古传颂

——纪念蔡襄诞辰975周年

一

蔡襄(1012—1067),仙游枫亭人,寒族农家子[①]。登仁宗天圣八年(1030年)进士第。于担任福建漳州军事判官、西京、洛阳留守推官之后,康定元年(1040年)调为馆阁校勘,庆历三年(1043年)迁知谏院,参与朝廷中枢政治活动。这时候,北宋王朝正被一场社会危机所笼罩。

北宋建国后缓慢堆积起来的冗官、冗兵、冗费三座大山,压得社会喘不过气来。宋太祖奠定的"名实分离"、权限分割、机构重叠的政治体制,宋太宗一朝开始扩大的科举录用名额愈来愈使朝廷各级衙门冗官蚁聚,臃肿不堪。从真宗大中祥符年后,至仁宗庆历年中,内外官增长一倍多,州县吏增长三倍至五倍[②]。官吏冗滥,却又政事废弛,文恬武嬉,政风败坏。随着边境民族战争的激化,兵卒增长得尤其惊人。太祖朝兵额不过二十万,庆历中增为一百二十多万人,即增长六倍以上。将校常不得其人,兵卒又多私人役使。军队缺少训练,指挥不灵,素质下降,每战必败。冗官、冗兵,导致冗费,国库虚竭。朝廷虽巧设名目,苛敛穷取,至庆历初,

---

① 蔡襄:《蔡忠惠文集》卷二,《读乐天闲居篇》:"嗟予出寒素,家世尝力农。"

② 《包拯集》卷三,《论冗官财用等》。《续资治通鉴长编》卷一百二十五,宝元二年(1038年)十一月癸卯。

赋税所入，十倍于宋初①。但自此以降，年入不敷所出都在三百万贯以上②。

政治的腐败，使宋夏战争转化成为宋军频繁创造败北新纪录的局面。康定元年(1040 年)大将刘平、石元孙于延州三川口，庆历元年(1041 年)大将任福于镇戎军好水川，二年(1042 年)大将葛怀敏与十六名将领于渭州定川寨惨败，或被俘，或战死。三大战役折将损兵，多达十万余人③。士气屡挫而屡怯，“延安之役，人犹勇斗；好水之师，陷敌伏中。定川之败，不战而走”。④ 边郡惶惶，天下哗然。

宋太祖所确立的“不抑兼并”国策，注定一个地权偏聚于地主阶级掌握的狂涛必然迅速掀起。同时一支农民起义、农民战争波澜壮阔的进军曲的伴奏也必然随之以俱来。仁宗即位后，品官形势户占去“天下田畴”之半⑤。“一邑之财，十五六入于私家”⑥，又由于人口不断增长，农业生产受灾、抛荒而萎缩，物价持续上涨所形成的生产与消费失调的矛盾趋于尖锐，并日益激烈。兼之从中央到地方各级政权赋税、差徭、苛政的敲剥，饥肠辘辘的农民，愈来愈多地卷入阶级斗争旋涡，农民暴动，“一年多如一年，一火强如一火”，“乃是遍满天下之渐”⑦。统治者忧心忡忡，深感王朝大厦岌岌可危。

内外交困，于是庆历改革派搴旗而起。庆历二年(1042 年)五月，仁宗诏三馆臣僚条陈政见，蔡襄即奏上《黼扆箴》⑧。这是一组十三篇全面评论当代政治、军事、财政、民生以及君主作风的文章。翌年，迁知谏院。蔡襄又屡屡上章，直言极谏。他怀着忠君爱国忧民的思想感情，不但揭露当代各方面的弊病，同时也阐明自己政治改革的抱负。

---

① 《蔡忠惠文集》卷二十三，《黼扆箴》。

② 张方平：《乐全集》卷二十三，《论国计出纳事》。

③ 《蔡忠惠文集》卷十九，《请改军法疏》。

④ 《续资治通鉴长编》卷一百三十八，庆历二年十一月辛巳。

⑤ 《宋会要辑稿·食货》卷一之二〇。

⑥ 秦观：《淮海集》卷八，《财用》。

⑦ 《历代名臣奏议》卷三百十七，《弭盗门》引富弼奏疏。

⑧ 《蔡忠惠文集》卷二十三，本段凡未另注出处的引文，皆见本篇。

民

《黼扆箴》在借用天人感应说，劝谏仁宗皇帝必须顺应天时，俯察民隐，寓政治忠告于自然规律感召作用之后，就引人注目地首先提到民生多艰。《跻俗于礼》篇指出：

侈靡偷薄，渐染成俗。大臣者天下之表也，相竞广市田宅，争求重利。况百官哉！况下民哉！于是官吏曲狱受贿而抵死者，案牍相继。豪富之家，狗马婢妾，无有制度，纵欲相矜。财所不及者，则极力为之，恩义之薄，而财利之厚，上自大臣，下及黎庶，莫不然也。……

臣窃思其原，盖天下之治，一断于法。法之所禁，或避之。治民之吏，知法而已。礼义之方，钳口不言。诚有立经制、兴礼让之士，俗必指为阔诞。然治天下不由于礼者，莫能至也。

这是一幅文字织成的北宋中期社会风习画，在北宋朝廷优容政策鼓励下，官民地主激烈兼并土地，追求财利，以侈靡相尚，礼义沦丧，“而贫者父子转流，无养生送死之具”①。朝廷命官但知持“法”以治，而豪宗巨姓却能“超逾法制，交通大吏，欺轹愚弱”②。为此，蔡襄遂提出以“礼”止“侈”，以“义”制“利”的积极建议。这就是在意识形态领域里，阐扬封建主义的礼教和义理，借以抑制贪侈溺利邪风，使道德规范的约束力与法律制度的强制力互相结合，虚实齐举，陶冶制裁并重，以达到通过统治阶级的自我教育、自我调整，从而缓和统治阶级内外矛盾的目的。

地主阶级兼并土地于下，封建朝廷诛剥赋役于上。在《论财用札子》③里，蔡襄又胪列当朝特别是宋夏战争掀起以来的细碎诛剥种种事实，揭露上自三司，下逮州县各级政权，各自巧设名目，酷敛穷取，“前符未至，后条已行。郡县承风，急于星火”④。而且“汉唐致危乱之因种种，略施行矣”⑤。蔡襄满怀忠忱，吁请朝廷必须重视“民为邦本，本固邦宁”⑥

---

① 《蔡忠惠文集》卷十九，《乞戒励安抚使书》。

② 《蔡忠惠文集》卷十九，《乞戒励安抚使书》。

③ 《蔡忠惠文集》卷二十二。

④ 《蔡忠惠文集》卷二十二，《论财用札子》。

⑤ 《蔡忠惠文集》卷二十二，《论财用札子》。

⑥ 《蔡忠惠文集》卷二十二，《论财用札子》。

这一政治哲理，力“戒诛剥”，以“宽民力，莫若蠲赋税，均借贷，省配敛，赈流移”①。显而易见，轻徭薄赋在这里被应用为治国政略，被估量为消弭汉唐末年轰轰烈烈农民战争基因的一帖灵丹妙药。

官

官以治民，所以紧接着蔡襄列举用人种种弊端，或才不称职，或任期太短，或缺少员多，或无功得赏。其结果是庸才冗滥，匆匆来去，无心求治；“磨勘”期满，不问考课，照例升擢。政治腐败，这是重要的一条。蔡襄提出：科举制度应予改变。由于取士“将以治民而经国”，所以应以“试策”为取进士的标准，以“大义”为取明经的标准，做到场场考校验落，严格录用条件②。主张大胆破格奖拔贤能，裁汰冗滥和贪邪官吏，认真考课，不单凭“资序”升迁，以期打开任贤政治之门，收澄清吏治之效。

军

宋军与夏军作战常败，暴露积弊，促成朝野上下深省。蔡襄认为；“军法不立，将谋不专。”（军机交下属纷然杂议）③任期过促（一年更换三五人），训练不精，兵卒冗滥，编制不当是几个重要弊端。力主每路独立成军，将校改换军职使名，厉行军伍“阶级”管理，尊崇将权，“权不分则威立，威立则命行”④。严练兵，使艺精，“夫兵精马强，以战则力倍”⑤。则可去冗省费，一举两得。方能“以守则固，以战则胜”，变常败之兵为常胜之师。

财

针对朝廷财政竭蹶，供馈困难，百姓贫穷诸现状，蔡襄主张“上下两济，公私两行”。财政机构应荐拔贤才，去贪吏，使之久任，恢复年课，俾能精通理财业务，“肯为久计，而兴大利”。同时责其“去小利，行大惠”，讲

---

① 《蔡忠惠文集》卷十九，《论东南事宜疏》。

② 《蔡忠惠文集》卷十九，《论改科场条制疏》。

③ 《蔡忠惠文集》卷十九，《请立军法疏》。

④ 《蔡忠惠文集》卷十五，《乞立边帅等威》。

⑤ 《蔡忠惠文集》卷十五，《论减费用》。

"节减之制",并孜孜"博求钱谷通流之术"[1],以期扭转财政局面。

君

《黼扆箴》拳拳告诫性格懦弱、大权旁落的皇帝,内宠既多,应"严肃莅之";不可闭目塞听,要"好问益广",不时召臣僚"专对"、"辩论",讲求"古今成败,百姓冤隐,安边之策,富国之术"。要敢于去邪佞,拔贤才,重政令,慎恩赏,操柄威福,善听能断,认真改变作风。

蔡襄既历数当朝种种弊端,于是怀着惴惴不安,再三痛陈"天下困弊","天下之势至危"[2];"陶陶生民,若在风涛之上"[3];"嗷嗷四海,思望休息"[4]。并由此而呼吁:

> 《易》之道:穷则变,变则通,通则久。[5]
>
> 大修人事,以救其患。[6]
>
> 救天下之患,必有济时之术。[7]
>
> 朝廷更张之事,更待何时?[8]

直像一只海燕,为呼唤和迎接"庆历新政"的暴风雨而振翅翱翔。

早在仁宗即位伊始,吕夷简即膺宰执重寄,首尾二十年,专横独断,仁宗几乎言听计从,臣僚俯首帖耳,莫敢与之颉抗。景祐三年(1036 年)五月,权知开封府范仲淹以与吕夷简论事不合及密请建立皇太弟侄遭谪。援范的余靖、尹洙、欧阳修同时贬黜。左司谏高若讷充当打手。蔡襄时任西京留守推官,撰作《四贤一不肖诗》[9],伸张正义,鞭挞奸佞。一时"人争传写,卖书者市之,颇获厚利"。甚而传入辽境,题写于幽州馆壁[10]。从那

---

① 《蔡忠惠文集》卷二十二,《论财用札子》。

② 《蔡忠惠文集》卷十四,《言灾异》二、三。

③ 《蔡忠惠文集》卷二十二,《论财用札子》。

④ 《蔡忠惠文集》卷十四,《再论王举正》。

⑤ 《蔡忠惠文集》卷二十三,《黼扆箴》。

⑥ 《蔡忠惠文集》卷十四,《言灾异》二、三。

⑦ 《蔡忠惠文集》卷十四,《乞罢迎舍利》一。

⑧ 《蔡忠惠文集》卷二十二,《论财用札子》。

⑨ 《蔡忠惠文集》卷三。

⑩ 王辟之:《渑水燕谈录》,又见司马光《涑水纪闻》遗文。

时以后，蔡襄就以鲠亮正直知名于朝野。庆历三年（1043 年）四月，吕夷简老病罢相，仁宗犹敕令商量军国大事，宰臣亲至其邸，榻前议事。蔡襄于是上《乞罢吕夷简商量军国事》长疏①，论列吕氏当国以来贬逐言官、排斥异己、卖恩树党、廉贪不分、庸人理财、沮坏边事、增辽岁币、不才不忠八大罪状，进而击其“立性奸邪，欺君卖国”②。这一上章，简直就是仁宗前期政局的一个总结，振聋发聩，气派非凡。吕氏畏惮，不得不奏请并获准撤去其商量军国大事衔。同月，范仲淹、韩琦并命为枢密副使，召自陕西前线。蔡襄随即上奏，以固任命，并寄厚望于二人，“叶力而大有作为”，“拔贤才，收众策，不惮改作”③。七月，蔡襄、欧阳修、余靖又各自上疏论罢参知政事王举正，并请擢任范仲淹。仁宗即依所请。九月中，范、韩与富弼联名奏上《答手诏条陈十事疏》，从而揭开“庆历新政”帷幕。接着，蔡襄又积极投身于新政实施，“于此之时，言事之臣，无日不进见，而公（指蔡襄）之补益为尤多”④。

“庆历新政”昙花一现。由于反对派的极力抵制和破坏，前后一年即宣告失败。庆历五年（1045 年），知并州韩琦疏请罢里正衙前，改行乡户衙前。朝廷下其疏于黄河流域数路征询意见。皇祐四年（1052 年），蔡襄与韩绛又分别以福建与江南东西路实情加以补充，赞成其议。嗣经朝廷命蔡襄、韩绛与三司使副置司研讨，终于在至和二年（1055 年）制定乡户衙前法颁布执行。较之里正衙前，乡户衙前新法具有以产钱与物力排定鼠尾簿，衙前分配面大为增加。其财产高低与衙前分数对应分为五等，财产与分数一致，级差递减合理，在上户之内号称“均平”；役人按县定额，各等各以十倍户数予备，役次空阔，可以有九年休息空闲时间，破产可能性大为减少；行乡户，废里正，词讼顿稀诸优点。朝廷的差役制度与社会基础在新条件下臻于稳固。无疑地，这在当时是一次成功的改革。大约嘉祐五年（1060 年）左右，河北计臣张问启请复里正衙前，建议缩短空闲间隔为五年。朝廷又下其法于各地。翌年，蔡襄自知泉州调为权三司使，抵

① 《蔡忠惠文集》卷十四。

② 《蔡忠惠文集》卷十四，《乞降吕夷简致仕官秩》。

③ 《蔡忠惠文集》卷十五，《乞用韩琦范仲淹》。

④ 欧阳修：《欧阳文忠集》卷三十五，《端明殿学士蔡公（襄）墓志铭》。

京后即据福建“民间词讼，妄想纠决，久远不便”[1]，上章力争。从有关史籍分析，或即由于蔡襄的坚决反对，张问所启，因之未能在全国普遍长期实行。

嘉祐八年(1063年)，仁宗逝世，英宗即位，任三司使的蔡襄乘机奏上《国论要目》[2]一组十二篇。其中分为四门，《兴治道》包括《明礼》、《择官》、《安民》篇，《正风俗》包括《正凌慢》、《辩邪佞》、《废贪赃》篇，《谨财用》包括《疆兵》、《富国》、《去冗》篇，《赏功实》包括《原赏》、《任材》、《正刑》篇。另附《论兵十事》为结语。其目的在于企求英宗新君讲究“治道”，“思其变更之术”。指出：“兵不疆则国不富，国不富则民不安。是故始于治兵，而终于安民，本末之论也。”可见这是蔡襄在庆历新政失败之后，再一次谋求改革，以军事改革为重点，以达成安民为依归的政治方略书。

庆历新政已过去十八九年，银绢“买和”的结果，边境也已趋于宁静，唯仍然豢养一百十多万军队，岁费约五千万缗，占国家总岁入缗钱六千多万中的六分之五，依然是威胁国家机器正常运转的荦荦大端。所以蔡襄耿耿为怀，以改革军事为第一事。改革的步骤，为减省冗兵(“消冗”、“选择”、“省兵”)，加强“训练”，建“立兵法”，以收“兵少而精”，应战能胜，以守则固，节省军饷同时又“量力而出”，即可国用饶给，稍减诛剥，民困稍苏的成效。“安民”为本。蔡襄再一次描绘了土地兼并、商业经营、侈靡冒法“无禁”的情景，并且第一次提出“禁奸豪、均民力”、“废贪赃”(惩治贪官，禁绝官商)的政治主张。从阶级斗争的角度看，这是适当压抑兼并，减轻农民、手工业劳动者负担，消弭蓬勃发展的农民起义，力求安定社会秩序的必要措施。较之《黼扆箴》，有了重大进步。在这本末两极之间，是一系列改善吏治的过渡环节，就中尤以任官以才为重要。蔡襄指出：“今世用人，大率以文词进。”所以无法因地制宜，人尽其才，须加改正，“其术莫善于‘还’”“所谓‘还’者，与其能者”。如领军之职，还于武士；财政之职，还于计臣等等。对于重文轻武，疑忌武人，文词挂帅的宋朝用人体制，这自然是一个改革方案。可惜上述议论，未能为英宗所采纳。

作为一个改革派，蔡襄的政略打上他那个时代的烙印。仁宗一朝，商

---

① 《蔡忠惠文集》卷二十二，《启请里正衙前札子》。

② 《蔡忠惠文集》卷十八，本段凡未另注出处的引文，均出本篇。

品经济正在蓬勃发展（包含土地商品化），自然经济还极为浓重。农村中的暴动如火如荼，边境上的战争败讯纷传，政治领域“三冗”严重突出。针对此三者的问题，已被改革派提到日程上来。民族战争是政治的反映，政治是阶级关系的反映，归根结底，官、商、僧、俗地主与农业、手工业劳动者的尖锐对立及其赖以形成的基础——主要生产资料的不平等分配，乃是基础的基础。然而由于被层层宗法的、隐秘的、斑斓的面纱所包裹，因而不同程度地障蔽着当年改革派的视线，从而未能作为关键来加以解决。所以一旦提到经济关系时，蔡襄也就毫无例外地从先儒经典中采撷花朵，以装饰其改革方案中的必要环节。“礼乐”、“四维”的倡导，虽然有其积极意义，却不能不十分苍白无力。“贫富不均，奸贪不禁”①，怎么办？“姑能务均一，瘵瘼庶苏愈”②。答案差不多只是问题的重复。所以蔡襄的改革主张，既是现实的，又是复古的；是可行的，又是软弱的。客观历史条件的尚未成熟，也促成他们这种先末后本、先表后里颠倒地认识当代，了解当代，并试图借助儒学和尝试以古代盛世为模式来改造世界。这就从一个重要方面给定了改革的前途及其悲剧性格。

二

蔡襄先后历漳州军事判官、两知福州、泉州，福建转运使、西京留守推官、权知开封府诸亲民职。任内堪称是一名“清长官”。

至和二年（1055年）春，还在开封府任上，蔡襄刚好四十四岁，读白居易同年所作《闲居篇》有感赓和，表示要竭忠报国，除奸荐贤，以至礼乐焕然，四夷平静，而且发下宏愿：

愿舒泰山云，甘泽成岁功。愿回太清日，晴景破阴蒙。

愿跻万人寿，夭扎终不逢。愿令编户富，食衣无困穷。③

爱国忧民之心可掬。蔡襄在这儿倾诉出了封建时代出身农家，接近、

① 《蔡忠惠文集》卷二十二，《论财用札子》。

② 《蔡忠惠文集》卷二，《送许寺丞知古田县》。

③ 《蔡忠惠文集》卷二，《读乐天闲居篇并序》。

同情和理解农民的良吏的美好理想。时和、岁登、人寿、家丰，诗篇的词汇，原原本本地摘自千千万万农家年节门扉桃符的用语，和盘托出当年这位地方父母官所蕴含的内心世界。所以在京兆尹任内，敢于“击断露銛锋”①“动忤贵权，事必处于公平”②“尤喜破奸发隐，吏不能欺”③。

莅临福建乡邦，依蔡襄自己的说法：“在己上者，有所枉道则咨之；在己列者，有所罔心则评之；在己下者，有所干犯则惩之。介介而行，一无所屈。”④刚直严明，励精图治，到处有声。现做以下分述。

(一)改善政治气氛

衙门风气，是封建王朝的直观形象，也是政治清明与否的晴雨表。蔡襄相当重视此事。嘉祐二年(1057 年)十月，知福州任内，特为此颁发《教民十六事》⑤，布告周知：州县各衙门、在城坊虞候、所由及外县公人，如受贿枉法；市买部门，故意对行户抑价、赊欠；县衙门擅自科配、从事修建或乡里正长敛钱以饱私囊；无赖之徒冒充知州亲属，招摇撞骗，均许人告发。税务巡拦不得私自随意闯入人家搜检税物。巡检使人不秉承州衙门指挥，不得带兵围搜人家。在城街坊只管界内争斗、火警、贼盗、赌博、屠牛有关公事，不得越权。这些明禁事项，貌似琐碎，但唯其如此，它原来就是渗透于民间，广泛威胁百姓人身安全、财产持有的政治力量。宋代民间之所以将其称为公人世界、公人钱窟，就是因为他们随时肆无忌惮地利用职便，迫害、鱼肉被统治的百姓，蔡襄加以严厉禁绝，便直接为民除害，利国利民，改善政治气氛，为吏治清明创造条件。

(二)减轻百姓负担

十国期间，闽政权令诸州丁口年纳丁钱。漳、泉州，兴化军折变为身丁米五斗。陈洪进归诚宋朝后，校以官斗，泉州、兴化军身丁米增为七斗五升，缴纳以价钱。真宗大中祥符年中蠲免两浙、福建等六路身丁钱，唯

① 《蔡忠惠文集》卷二，《读乐天闲居篇并序》。

② 《蔡忠惠文集》卷二十，《泉州谢上表》。

③ 欧阳修：《欧阳文忠集》卷三十五，《端明殿学士蔡公(襄)墓志铭》。

④ 《蔡忠惠文集》卷二十四，《上运使王殿院书》。

⑤ 梁克家：《淳熙三山志》卷三十九，《土俗类》一《戒喻》。

独不除漳、泉州、兴化军身丁米。福建中、南部地狭人稠，百姓困穷，只有从事佣作以缴身丁米价钱，殊为不易。经蔡襄奏请，又函吁前福建转运使、现任宰臣庞籍，皇祐三年(1051年)十一月，诏令酌为减少。泉州、兴化军原额七斗五升，主户减二斗五升，即减少33%；客户减四斗五升，即减少60%。漳州原额八斗八升八合，主户减三斗八升八合，即减少43%；客户减五斗八升八合，即减少66%。

在福建转运使任内，蔡襄巡历州县，察知广大农民差充弓手，“最为重难”[①]。一人应役，全家资给，七年一替，耗费不少。尔后朝廷变本加厉，敕令除广南、四川各路许三年一替外，其他路分不许差替。为此，蔡襄即奏请获准福建维持原状，从而避免了弓手状况的更加恶化。

福建地狭人稠，由于特殊原因，沿海州军商业与手工业特别发达。在城市里维护商贾和手工业者的正当权益，自属重要。蔡襄莅职福州，所颁《教民十六事》规定：行户不许使用掺杂砂蜡假钱，银行不许私造次银出卖，商贩不许贱物贵卖。此有助于稳定物价，减少商人与消费者的无端损失。

(三)发展地方经济

农业是当年国民经济的决定性部门，水利则是农业兴衰的命脉。蔡襄知福州任内，命属县疏导渠浦，扩大水利灌溉。嘉祐二年(1057年)冬，据闽、侯官二县的不完全统计，疏导渠浦二百四十五条，长度达二百几十公里，受益耕地在三千六百顷以上[②]。在福建转运使任内，恢复莆田五塘水利尤为突出。兴化平原原有胜寿、西冲等五处古水塘，退盐咸，保灌溉，受益面积达一千余顷，农户计八千余家。仁宗天圣、宝元年中，形势户陈清等建请修建秋芦陂以续灌溉，废五塘为湖田。结果原灌区农田年年旱干失收，只有一百多顷湖田，三十余家官户、形势户得利。词诉纷然，悬而未决。蔡襄察知民隐，断然奏请恢复五塘，废湖田，兴水利，兴化平原欢声雷动。

泉州城东北与惠安县交界处有万安渡，洛阳江与泉州湾在此汇流，海

---

① 《蔡忠惠文集》卷二十二，《乞诸州弓手依旧七年一替札子》。

② 梁克家：《淳熙三山志》卷十五，《版籍类》六《水利》。

湾开阔，撑渡不易，交通困难。旅客、物资北上，须自泉州北门出经南安，攀山越岭抵仙游转赴福州。十国期间，南汉刘鋹、漳泉留从效、陈洪进据地自雄，宋代人亦以为“恃此以为固”。① 因此，随着北宋一统天下，尤其是泉州港日趋繁荣，万安渡建桥成为紧迫任务。仁宗皇祐五年（1053年），郡人卢锡等已集资试建，未能成功。至和三年（1056年），蔡襄莅职后，鼎力主持此项工程，竣工于嘉祐四年（1059年）。桥长三百六十丈（实测为八百三十四米），桥面宽一丈五尺。在江海浪涛中施工，创造性地采用筏型基础，设墩四十六座，墩顶仿飞檐挑斗以缩短横梁跨度，之后“激浪以涨舟，悬机以弦纤”，使巨石长梁妥架墩上。又养牡蛎以固其基。从此，长虹卧波，人争越，闽海四州变通途。前此，蔡襄在福建转运使任内，已令沿海州县于干道两旁种植松树，自福州东南闽江渡口南达泉、漳州，成为万安桥配套工程。一首民谣唱得好：“夹道松，夹道松，问谁栽之？我蔡公。行人六月不知暑，千古万古摇清风。”②

（四）重视移风易俗

庆历六年（1046年），蔡襄将长期被锁置福州衙门密室太宗时期颁下的《太平圣惠方》，命医师何志彭去芜存精，共六千九十六帖，镂版公布，以广传播。次年调任福建转运使，又大力取缔各地蓄蛊杀人、祀巫拒医恶习，借以逐渐改变“左医右巫，疾家依巫索祟，而过医之门十才二三”③的落后社会现象。

福建盛行厚葬，丧家往往典卖田宅，以供其费，因此常破家荡产。寺僧为丧家念经，既索钱财，又唆办“山头斋筵”愚弄百姓，破人家资。为此，蔡襄特撰《山头斋会戒》，《教民十六事》中又专条严禁，以杜邪风。

福州任内，颁布《五戒》文告，禁戒儿子娶妻即分家，父母分由兄弟养，同室操戈，嫁娶论财，富人刻剥贫民。所禁内容，多半旨在维护封建纲常，但对稳定小农经济与社会秩序，也有其积极作用。

《教民十六事》又明令禁止居民开设赌场，犯者“拆屋纳官”。僧人不

---

① 方勺《泊宅编》。

② 梁克家：《淳熙三山志》卷四十二，《土俗类》四《物产》。

③ 《蔡忠惠文集》卷二十六，《圣惠方后序》。

得住宿民家等。

总之，蔡襄治闽，关心民瘼，击浊扬清，雷厉风行。有人形容当时的泉山闽水，"龙虎蟠"、"鼓角喧"①，充满了战斗激情。

三

蔡襄不但是一位杰出的政治家，而且工书，又是一位对福建两种主要经济作物（茶叶、荔枝）颇有研究的著作家。他所著的《荔枝谱》是继宋太祖开宝年中郑熊《广中荔枝谱》后的又一部专著。

仙游枫亭是荔枝之乡。蔡襄自幼熟悉此物，中举后出仕漳州，其后各两度知福州、泉州，也都是到处荔枝如林，绛囊似火之乡。年长月久，"每得其尤者，命工写生，粹集既多，因而题目以为倡"②。故此书是部经长期观察研究的严肃之作。

郑熊《广中荔枝谱》记广中蕃禺（今广州）附近荔枝二十二个品种，内容较单一。蔡襄《荔枝谱》成书于嘉祐四年（1059 年），晚了百年，但内容丰富得多。凡果树栽培、种属繁衍、名品序列、加工方法、果乡杂志以及销售规模，均做出简要叙述。对中国古代果树栽培历史，尤其是荔枝史的研究，价值极高。

《荔枝谱》记当年荔枝栽培的地理北限，在古田县水口镇。半个世纪之后，太阳黑子渐多，全球性气温下降现象开始，徽宗大观四年（1110 年）冬福州大霜，荔枝普遍冻死。南宋孝宗淳熙五年（1178 年）冬，又大雪，重发起来的荔枝树又多枯折。因此，福建荔枝植界北限逐渐南移，"州北至长溪、宁德、罗源，至连江北境，西自古田、闽清，皆不可种，以其性畏高寒。连江之南，其成熟已差晚半月，直过北岭，官舍、民庐及僧道所居，至连山接岭，始大蕃盛"③。古田县水口镇已在植界之外。连江县密迩福州，其南部可栽，但成熟期晚，北岭以南，"始大蕃盛"。按水口镇在北纬 26 度

① 江少虞：《宋朝事实类苑》卷三十六，《诗歌赋咏》。

② 《蔡忠惠文集》卷三十，《荔枝谱》第一。

③ 梁克家：《淳熙三山志》卷四十一，《土俗类》三，《物产》。

20分，东经118度45分，与福州城直距为75公里。北岭（福州北郊北峰）境内宦溪在北纬26度10分，东经119度20分，直距只有十余公里。可见当时以福州在城为中心的荔枝植界北限半径，较《荔枝谱》成书年代，大为缩短。所以比较研究《荔枝谱》与《三山志》有关中国荔枝东南植界北限的记录，可以准确弄清当年荔枝栽培及气象变化的重要物候信息。

蔡襄总结果农的长期经验，记录下荔枝的禁忌，成长期中忌麝香，采摘期间怕蝙蝠。此中所蕴大自然的奥秘，须由生物化学家深入研究，方能明了。

果树商品运销极大难题，是保鲜与防腐。《荔枝谱》记载了红盐、白晒与蜜煎三种方法。随着该书的刊行，这三项加工技术也不胫而走，广为传播。毫无疑问，其经济价值极高，影响也极大。

《荔枝谱》载明福建沿海四州军荔枝名品达三十二个，较《广中荔枝谱》已多十个。神宗元丰年中，曾巩著福建《荔枝录》，基本上采用蔡襄所定品名，列名品达三十五个。其后有关福建荔枝的专著与诗文，也无不陈陈相因，袭用蔡说。蔡襄在确定名品名称外，兼及荔枝树主、传说故事、母子树系、果品性状，略具早期的种属内部分类。

《荔枝谱》还为后代人留下极为珍贵的经济史资料。指出福州荔枝栽培既广，果园规模有的竟"至于万株"。成熟期前，包买商即"计林断之以立券"。采摘后，经加工，远销"至北戎（按即辽朝）、西夏，其东南舟行新罗、日本、琉求、大食之属。莫不爱好，重利以酬之。故商人贩益广，而乡人种益多。一岁之出，不知几千万亿"。[①] 说明北宋时期，福建荔枝栽培业、专业户及流通范围的广阔，利润的丰厚，与对地方经济发展的促进作用。特别应该强调：大陆荔枝自当年即销入琉求。不待证明，当年的福建人民肯定已进入辛勤开发台湾岛的历史新时期。真是海峡风涛阔，悠悠两岸亲。

原载《古今中外论蔡襄》，上海三联书店1988年版

① 《蔡忠惠文集》卷三十，《荔枝谱》第三。

吴夲事迹钩沉

北宋闽南名医吴夲①,医艺超群,医德高尚,生前被誉为“神医”,卒后被奉为“医灵”,历代敕封,至今香火依然兴盛。但其生平事迹,却鲜为人知。现钩稽考订,献一得之见。

一、籍贯

南宋以来,吴夲的籍贯就歧见迭出。

宁宗嘉定二年(1209年),杨志撰《慈济庙碑》,指出:“介漳泉之间,有沃壤焉,名曰青礁,”“笃生异人。”②显以宋代漳州龙溪县青礁为吴夲故里。稍后,《淳祐清漳志》为坐实此说,断言该地有“吴真人宅”,“其侧丹灶犹存”③。

之后,庄夏撰另方慈济庙碑,虽未明言该碑置立地点,依本人考订(详后),系白礁慈济庙碑。碑文以为宋代泉州同安县积善里白礁慈济庙所在即吴夲“故居之祠”④。

---

① 编辑按:吴夲,古代典籍原均作“吴本”,当代饶舌者妄说为“吴夲(tao)”,致以讹传讹,有待识者辨正。

② 陈锳:《乾隆海澄县志》卷二二,《艺文志》引。

③ 陈锳:《乾隆海澄县志》卷一七,《古迹志》引。

④ 陈锳:《乾隆海澄县志》卷二二,《艺文志》引。

爰及明季，又出了另处故里说。李光地《吴真人祠记》："吾邑清溪之山，其最高者曰石门，""吴真人者，石门人也。"[①]即主张今泉州市安溪县感德乡石门村为吴夲故里。

歧见的长期存在，暴露了争论各方缺乏说服对方的强而有力的证据。尽管二方慈济庙碑均撰于宋代，但距吴夲的活动年代已颇为遥远，未能取得吴夲故里定性的直接资料。李光地虽然声明据吴夲《家传》立论，论据不曾展开，读者无法置信。

近年，龙海县丁厝《白石丁氏古谱》公之于世，其《懿迹纪》载录仁宗天圣五年(1027年)吴夲为丁氏书写传家文榜，末尾自署"泉礁江濮阳布叟吴夲"[②]。泉字下当略州郡一字，礁江指喻白礁前方海道狭长，形似江河，用作白礁代称。至此，长达数百年的故里纷争终于彻底解决。

吴夲自号濮阳布叟。西晋始置濮阳郡(治今河南滑县境)，北宋以县逮河北东路澶州。既悬为郡望，启发后人由此去追寻吴夲的祖籍。西晋大动乱年中，华北大批人口南迁，福建涌现第一次人口飙升高潮。当时濮阳吴姓居民也纷然南下闽粤，有吴猛其人，兽医，南下后得到潮州、漳州人民的爱戴，卒后被奉为吴真君，入祀灵济庙[③]，成为一个导人探幽的先例。古人聚族而居、合族迁徙是传统民俗习惯，吴夲远祖或即其时随潮流移徙。闽南晋江上游早期居民中心今南安县丰州镇坡地近年出土西晋太康刻字墓砖，为这一推断提供了实物佐证。泉州《延陵吴氏通谱》载《吴真人谱系纪略》云：

> 吴夲远祖一支插入清溪，因粮累分寓临漳，九世修斋。圣父讳通公，圣母氏黄，避乱隐居于银同之南，沧海之滨，择白礁结茅而居。宋太平兴国四年，圣父年四十八，圣母年三十八，生吴夲[④]。

姑依古代三十年一代推算，吴氏远祖乍来闽南，入居泉州清溪县(今安溪)，至吴夲十世祖时，约于唐朝前期因家口增加而不得不分房迁徙，南下

---

① 《榕村全书续集》卷五。李光地说秉承父训撰文，故其说至迟在明季已流传。

② 漳州市方志编纂委员会1986年复印本。

③ 陈荫祖：《民国诏安县志》卷四，《建置·祠庙》。周恒：《光绪潮阳县志》卷二一，《艺文》载(明)周光镐：《重修灵济宫记》。

④ 作者佚名，但校之林学增《民国同安县志》，应即(清)黄化机的《谱系纪略》。

漳州。当时漳州初建,地旷人稀,比较容易谋得生活条件。迄其父吴通更事时,又避五代干戈,东移银同(同安)白礁海滨。其时泉州系漳州藩镇,白礁又是海滨荒陬,自然要静谧而且安全得多。据此,则安溪县是吴夲上代二次迁的祖籍,安溪人李光地说"其子孙聚族(石门尖)山下,奉真人遗容"。分房时部分族人仍居原地,似乎有此可能。

二、布叟·医灵·真人

《白石丁氏古谱·懿迹纪》载录吴夲自署的全段文字云:

> 迨宋仁宗朝,吴真君以通家善书,为吾舍再录此颂及叙(按:此指丁迁《遗嘱歌词二十韵》与丁祖《叙》文)于祠堂,为世守芳规。其榜末题云:天圣五年腊月吉日,泉(郡)礁江濮阳布叟吴夲谨奉命拜书。

丁迁《遗嘱歌词二十韵》与丁祖叙,俱载古谱,通篇宣传佛教哲理,提倡"普济",力主"发善"。吴夲应通家好友之邀而挥笔,"为世守芳规",其内心可知。布叟,布,布衣;叟,其年吴夲四十九岁,按宋人年届五十即称翁称叟。名与实符。在这里,我们看到的是一位富有儒家文化传统心理的老人关于文化身份的自我表白。佛之"普济",儒之"博爱",交融兼备,构成了吴夲人生观的一个重要方面。

杨志《慈济庙碑》说:吴夲善医,生前为"神医"。既卒,"乡之父老,私谥为医灵真人,偶其像于龙湫庵"。

杨碑是今人将吴夲生前附会为道士的重要依据。但仔细研讨,漏洞百出。

按宋朝廷议给道教神仙颁封号,太宗时有真君①。神宗熙宁末年始有真人②。至元丰三年(1080 年)依太常寺奏请,方正式厘定"神仙封号,初真人,次真君"③。民间"私谥",势必要仿效官方仪制,以争所祀神祇的世间价值。则早此半个世纪,何来真人封号。况据有关载籍,吴夲的真人

---

① 李攸:《宋朝事实》卷七,《道释》。

② 《宋会要辑稿·礼》卷二一之五二、六四。

③ 《宋会要辑稿·礼》卷二〇之六。

封号,迟迟于理宗嘉熙四年(1240年)据御史赵涯奏请,始颁赐"冲应真人"封号[①]。事实应是"乡之父老私谥"的"医灵"。故孝宗乾道二年(1166年)颁赐庙额时只称"医灵神祠"[②],并无"真人"二字。

但"是"与"非"是矛盾的统一物。"医灵真人"出于杨碑,既包含吴夲生前之"非",又包含身后,特别是进入南宋中期时之"是"。

道教在有宋一代的发展,曾经出现几次高潮。北宋真宗、徽宗,南宋宁宗、理宗时期,道教都由于君主的特殊宗教癖好或客观时代条件,导致大规模泛滥。从地域动向看,最初是北盛于南。

大约始自北宋后期,云游的道士陆续赶赴闽南,开辟传教新区域。据不完全统计,泉州宋代知名的道士十余名,其中绝大多数活动系在两宋之交下延至中后时期[③]。突出现象是,原来文化落后的漳州,南宋中期后,宗教文化急遽升腾[④]。鼎鼎大名的博罗道人陈楠,嘉定年中也亲赴漳州的道教"鹤会"。日后成为道教南宗宗祖的白玉蟾[⑤],居然随侍陈楠于漳浦县梁山(在今云霄县境)[⑥]。白玉蟾于嘉定十年(1217年)成名收徒,次年宁宗于洪州设御醮,白玉蟾"为国升座",则其随侍陈楠并从事传教于漳州的时间,固应在此之前。由此可见,建炎至南宋中期,乃是道教在闽南向纵深推进的历史时期。于是必定发生许多小教派、小神祠攀依道教并向道教转化的现象。矛盾、交叉发展和互相转化便是此一时期的过渡特征。

真德秀南宋中期两知泉州[⑦]。当时"疫疠易生,春夏之交,多以病告"[⑧],为此一年两度向慈济庙祷告,祈求"蠲除苛痒"。文集中现存五篇《慈济庙祝文》,其中说:"神之生也,以和扁之技,妙起死之功。"[⑨]赞扬吴

① 陈锳:《乾隆海澄县志》卷一九,《方外》。

② 《宋会要辑稿·礼》卷二〇之一六七。

③ 怀荫布:《乾隆泉州府志》卷六五,《方外》。

④ 陈淳:《北溪全集》卷四三,《上赵寺丞论淫祀》;卷四七,《上傅寺丞论民间利病六条》、《上傅寺丞论淫戏》。

⑤ 原名葛长庚(1194—1229),字白叟,福建闽清人。

⑥ 沈定钧:《光绪漳州府志》卷六五,《纪遗》。

⑦ 首任嘉定十—十二年(1217—1219),再任绍定五—六年(1232—1233)。

⑧ 真德秀:《西山文集》卷五二,《慈济庙祝文》。

⑨ 真德秀:《西山文集》卷五二,《慈济庙祝文》。

夲生前医道高明,能起死回生,却从未涉及道教祀典。《西山文集》卷 48、卷 49,专收《青词》(道教斋醮祈请文章)多篇,表明作者好道。但所有慈济庙祝文均不在其中,显不以吴夲为道教神仙。

与此同时,即宁宗嘉定二年(1209 年),杨志碑文却悄悄地在“医灵”字下安上“真人”封号,在吴夲医艺特点中加进道士符咒治疗长技(气功疗法之一)。它不但为后代敷演吴真人各种神奇传说提供了文献基础,而且为当代逐渐推动慈济庙向道观转化铺平了现实道路。所以迄理宗嘉熙四年(1240 年)颁赐吴夲为冲应真人,淳祐元年(1241 年)又敕改庙为宫。

这样,吴夲就从生前不带宗教色彩的“濮阳布叟”,自景祐三年(1036 年)辞世而被神化为“医灵”,至嘉定初年又向道教转化,迄嘉熙四年(1240 年)底于功成:神为道教“真人”,庙为慈济宫。

三、慈济祖庙

宁宗嘉定年中,杨志、庄夏各撰一方慈济庙碑,是研究庙史的重要资料,向受世人重视。

杨碑撰于嘉定二年(1209 年),置于青礁慈济庙。碑文凿凿,毋庸重议。庄碑之撰置时地模糊,故明清二代漳泉府县志书或取或舍,模棱两可,不可不辨。

碑文称“今枢密曾公”。按曾从龙于嘉定十二年(1219 年)三月自同知枢密院事除参知政事。而上文又提及嘉定九年(1216 年)曾从龙罹疾事,所以庄碑时间,当撰于嘉定九年至十二年三月前之间。

庄碑地点,碑不明言。但字里行间,可以索隐。

碑文:“时梁郑公当国,知其事为详,达部使者以庙额为请,于是有慈济之命。”梁郑公即梁克家,晋江人。隆兴二年(1164 年)以中书舍人被选使金,参与宋金隆兴协议的谈判签订事宜,因仪表潇洒,言谈出俗,九发中的,备受金主赏识,载誉还朝。孝宗宠奖,命画师特地绘制《四夷宾贡图》

赐赠①。翌年，梁恃宠示意泉州使者奏请庙额。《宋会要辑稿·礼》记其事："医灵神祠，在泉州府同安县。乾道二年（1166年）十月，赐庙额慈济。"②可知梁克家系为家乡神祠请求赐额。至于"当国"云云，不必当真。其时梁克家尚未执政。

碑文："故居之祠"重葺"讫事，乡之秀民黄炎贻书属夏以记"。黄氏为白礁著姓③。庄夏祖籍泉州永春，撰碑时已迁居泉州。碑述曾从龙（泉州人，曾公亮四世从孙）及作者病历与转危为安奇迹，"故喜书其事"。"泉人乞灵，皆在西宫"④。可见修庙董事人及病人、撰碑人无不是泉州人，"故居之祠"显系白礁慈济庙。碑文："且系以辞，俾乡人歌而祀之。辞曰：相紫帽兮大麓，傃英祠兮矗矗。"紫帽山，坐落泉州晋江县，为该县名山。英祠即慈济庙。紫帽与英祠对举，杰阁与名山并称，强调辖境名胜，突出地域观念，一目了然。

显而易见，庄碑记述的人、事、物、地各项，焦点集中宋代泉州同安县积善里白礁慈济庙。反之，杨碑记述的焦点，则集中于宋代漳州龙溪县青礁慈济庙。不妨列表对比。

项目	碑别	
	杨碑	庄碑
作者籍贯	漳州龙溪县青礁	泉州永春县
神祠方位	漳州龙溪县青礁	"宅于漳泉之介"
立庙请额	颜师鲁（青礁人）请立庙	梁克家（泉州人）请赐额
修建董事	颜发、颜唐臣（青礁著姓）	黄炎（白礁著姓）
病人举例		曾从龙、庄夏（俱泉州人）
陪衬景物	岐山（龙溪县名山）	紫帽山（晋江县名山）

显而易见，二方碑石记述焦点迥异，所树神祠各别。故庄碑必为白礁

① 《象山梁氏家谱》：钱端礼《万国来王御画院学臣刘松年奉敕写赐梁中书舍人四夷宾贡图记》（乾道元年）。

② 《宋会要辑稿·礼》卷二〇之一六七，杨志《慈济庙碑》。

③ 吴宜燮：《乾隆龙溪县志》卷一，《乡都》。

④ 陈锳：《乾隆海澄县志》卷一，《舆地》。

之物，应定名为《重修白礁慈济庙碑》。

至此，我们便可根据各别碑文，探索祖庙问题。

根据杨志碑文，吴夲卒后，首先崇祀的地点是青礁。青礁在白礁东面，平畴毗连，咫尺相邻，枕山面海。当年山上林树蓊蔚，环境幽静，盛产药材，龙湫谷矿泉甘洌，能治疾病，都便于中药的采撷加工和就地取材，驻医诊疗。龙湫谷崖畔，似乎建有临时棚屋，以供炮制与休憩之需。所以吴夲"常与同闬黄驭山过今庙基"①，东上龙湫谷。景祐三年（1036 年）卒后，乡民雕其像供奉，称棚屋为"龙湫庵"②。斗转星移，建炎以后，由于种种社会矛盾的激化，南宋朝廷做出大量封神、大建寺庙的决定，以适应现实的需要。"岁在辛未，乡尚书颜定肃（师鲁）公，奏请立庙"③，择龙湫庵西南地，兴建新庙，即今慈济宫所在。颜氏系青礁著姓，自然首先在本乡奉旨兴建，以祈神庇。

同年，故里白礁乡民也依旨闻风而动，"岁在辛未，肇创祠宇"④，建成故里慈济庙。这一桩公案由于考订庄碑地点而真相大白。

原载《吴本学术研究文集》，
厦门大学出版社 1990 年版

① 杨志：《慈济庙碑》。

② 杨志：《慈济庙碑》。

③ 杨志：《慈济庙碑》。

④ 庄夏：《慈济宫碑》。

钓鱼城之战浅论*

1259年宋蒙战争中，钓鱼城（今四川合川县东十里）南宋军民在围敌重重、孤垒悬江的险恶情况下，凭借钓鱼城所处的有利地形，充分发挥了战斗威力，最后终于取得了重创蒙哥、扭转整个战局的巨大胜利。钓鱼城军民的光辉战绩，一直受到后人的赞誉，吸引着中外学者对它的历史价值进行探讨和研究。

为了了解钓鱼城的实在情形，加深对这一要点防御典型战例的理解，我们曾前往现地踏勘。现结合文献资料，试从这次作战本身探讨其取得胜利的原因。

一、蒙军的战略方针和在四川的进攻部署

蒙古攻宋，在忽必烈即位之前，其战略方针一直是企图控制长江上游的四川，然后顺江而下，席卷江南。早在成吉思汗举兵南进之初，1210年金降将郭宝玉就献计说："中原势大，不可忽也。西南诸蕃，勇悍可用，宜先取之，借以图金，必得志焉。"①力劝蒙古统治者锐意经略西南，利用当地各族潜在的军事力量，扫灭金朝，尔后图宋。但是只有在太宗窝阔台灭

* 本文与军事科学院吴如嵩同志合作，由本人执笔。

① 《元史》卷一四九，《郭宝玉传》。

夏、灭金之后，这一战略思想才真正付诸实施。夏金灭亡，蒙宋直接对峙，只隔长江一衣带水。只有这时，取蜀出峡，顺流东下，直取江左，才使这一战略具备实现的可能。也只有这时，在长江上游、物博人稠的四川才真正成为蒙古必取之地。

1251 年，蒙哥即汗位。征服南宋的步骤加速进行。蒙哥针对“宋人监守蜀、荆、襄、鄂，两淮为北面藩蔽”的防御部署，“思出奇绕道西南，攻其腹背，且绕出江源上流，使失天堑之险”①。翌年，即命忽必烈率军进占大理，迫降吐蕃，对四川构成大迂回形势。同时，又命巩昌等二十四路便宜都总帅汪德臣修筑沔州、益昌及利州城，屯田汉中，整军积粟，“欲为取蜀之计”②。准备南北夹击，夺取四川。

1256 年，蒙古统治者召集御前会议，决定灭宋大计。1257 年九月出师。蒙哥采取臣下“立成都以图全蜀”③的建议，派纽璘率兵万人先行入川。又“募兵习水战”④，准备渡江。至此，南宋朝廷的战略侧翼已完全处于蒙军威胁之下。1258 年二月，蒙哥决定亲率大军“由西蜀以入”。同时派兵两路，一由忽必烈进攻鄂州，企图夺取长江中游重镇，又由塔察儿进击荆山，佯攻两淮，“掣肘淮海”⑤，“以分兵力”，⑥牵制宋军西援。

这一以主力夺取四川，控制长江上游，然后顺流东下，会师潭州，攻占临安的战略方针，对于缺乏大量渡江器材和江河作战经验的蒙古骑兵，无疑是有利的。

第一，实施这种深远迂回的战略，可以发挥骑兵迅猛轻捷的特长。《黑鞑事略》说：“其阵利野战，不见利不进，动静之间，知敌强弱。百骑环绕，可裹万众；千骑分张，可盈百里。摧坚陷阵，全借前锋。”入蜀取吴，万里驰骋，“迅如雷电，捷如鹰鹘”，正是蒙古骑兵的长技。⑦ 成吉思汗在浍河堡之战后径下燕云，窝阔台迂回关陕，直入河南以攻汴，都是这种战略

① 《元史新编 · 大理》。

② 《元史》卷三，《宪宗本纪》。

③ 《元史》卷一四九，《刘黑马传》。

④ 《元史》卷一六五，《朱国宝传》。

⑤ 王恽：《秋涧文集》卷五二，《朱氏世系碑铭》。

⑥ 《元史》卷三，《宪宗本纪》。

⑦ 《元史》卷一五七，《郝经传 · 东师议》。

的运用。

第二，在经济上，四川是南宋朝廷国库的重要支柱。“蜀中财赋入户部五司者五百余万缗，入四总领所者二千五百余万缗，金银、绫绵、丝绵之类不与焉”①。按孝宗淳熙中南宋（四川除外）年收入六千五百三十余万缗计算，四川约占三分之一。可见四川是南宋不可或缺的财富之地，在军事和经济上占有重要地位。若为蒙军所占，将使南宋处于极其不利的境地。

第三，川滇是南宋朝廷骑兵的后备基地。为了对付金朝骑兵，南宋朝廷不得不装备一支自己的对应军队。江南马不堪上战场，战马只有取之于川滇。原北宋秦凤路岷州的宕昌寨，阶州的峰贴硖镇，以及四川利州路的文州和云南的大理，都产强壮阔大、可备战阵的良马。南宋朝廷于有关地点设茶马司，以茶盐、紬绢向各该地区购马。川秦马由利州沿嘉陵江转入长江出峡，滇马则由广西输送。

夺取四川，虽然对蒙军有较大的战略利益，但是除了南宋有长期的防御准备和当地军民坚决抵抗不论外，四川的自然地理条件却是蒙军实现其战略意图的一大障碍。主要是夏季酷热，疾疫频繁。由于作战地区的东部盆地属副热带湿润气候，按现代实测情况，最热月（七月）平均气温26℃～30℃。每年夏季常有连晴高温天气，最高气温达38℃～44℃。蒙哥攻钓鱼城正是七月，适逢久旱高温，疾疫流行，非战斗减员增多，战斗力锐减。为此，蒙古统治者曾派畏兀儿人月举连赤海牙制曲药治疗疾疫。②至于山高坡陡，林深草密，河溪交错，隘路难行等等，均不利于蒙军大量使用骑兵的进攻作战。

二、四川宋军的作战部署

宋军在同蒙军的多年战争中，明确地认识到蒙古军队在实行迂回战术时，其惯用的战术常常是从几方面割裂对方的防御部署，使之难于判明

① 佚名：《宋季三朝政要》卷二，《理宗》。

② 《元史》卷一三五，《月举连赤海牙传》。

其主攻方向，然后以其优势的骑兵迅猛地插向对方的薄弱部位，实施决定性的突击。为了对付蒙军这一战术，嘉熙年中，名将孟珙在京湖任职期间，就创立和实行“藩篱三层”的防御体系。① 淳祐中，李曾伯兼夔州路策应大使，历年遣兵将入成夔、归、忠、万诸地。所以南宋朝廷获悉蒙哥入蜀攻宋消息，便诏贾似道自扬州以枢使宣抚六路，移驻峡州。积极主张抗蒙的向士璧被任命为湖北安抚副使兼知峡州，兼归、峡、施、黔、南平军、绍庆府镇抚使，借以巩固江防，以免疏漏。

由于四川军事形势的日益危急，1242 年，宋理宗不得不任命抵抗派余玠为四川宣谕使。余玠入蜀以前，曾到江陵拜访四川宣抚使孟珙，商议四川的防务，向他学习“藩篱三层”的防御布局。余玠本人早年曾在名将赵葵幕中，同蒙军战于汴城、河阴、安丰，声名卓著。他的入川，也抱定了“愿假十年，手挈四蜀之地，还之朝廷”②的宏愿。

余玠入蜀后，整顿吏治，遴选守令，诛除贪横，更新军政。他对四川的防御作战做出了卓越的贡献。

第一，在设防思想上，逐渐形成了“守点不守线，联点而成线”的防御作战原则。对于余玠这一防御作战指导思想的形成，必须提到合州进士阳枋。他在《上宣谕余樵隐书》中提出十二条治蜀建议，其“控扼形势”条云：“今之可以御敌而蔽东南者，一渝城尔。盖渝城非特险固可守，而控两江之会(指内外江)，漕三川之粟，诚为便利。今宜以重兵镇渝，别选忠勇之将，一守合，一守泸，一守梁山。坚城完壁，为渝藩蔽。以时耕于荒闲之地，才值秋成，亟收敛以入大屯。敌人若至，各归城壁，并力拒守。间出入诸屯之间，以示不测。少待生聚阜藩，根本充实，屡趱向前，以图进取。”③这一建议极有见地。依山筑垒，耕战结合，固守要点，控扼纵深，就可以抵消蒙古飘忽无定的骑战长技，使之疲于奔命而无所得。而宋军则可以以逸待劳，出敌不意，积小胜为大胜，进而联合出动，击败敌军进攻。他的建议对于余玠在整个四川的防御部署上，自然发生了不小的影响。

第二，因山设防，占点控面的防御体系。

① 《宋史》卷四一二，《孟珙传》。

② 佚名：《宋季三朝政要》卷二，《理宗》。

③ 《字溪集》卷一。

余玠为了贯彻其防御作战的指导思想，提高固守重庆的效能，采取了濒水依山、控制交通要道的办法，修筑了多处山寨①，其中有大获山（阆州）、大良平（广安军）、运山（蓬州）、凌云山（嘉定府）、神臂山（泸州）、天生城（万州）、白帝城（夔州）、青居山（顺庆府）、云顶山（怀安军）等。之后，调金州兵入驻大获山，沔州兵入驻青居山，兴州兵入驻钓鱼山，“共备内水”（涪江以东）。利州兵入驻云顶山，“以备外水”（沱江以西）。这样，就形成了一个以重庆为枢纽、控扼河川山险堡寨的防御体系。溯嘉陵江可以上达利州剑门关，溯长江入沱江抵怀安军，入泯江抵嘉定府，下长江迄夔门，“如臂使指，气势联络”②。后来的作战过程证明，只有这种加大防御纵深的体系，才能增强防御的稳定性，起到阻止或延缓蒙军的多路突破，为自己长期坚守、大量消耗进攻之敌，适时调动兵力实施反击创造条件。这些山城后来沦陷，大多是由于主将叛降，真正被蒙军攻破的不多。

余玠这一系列大规模筑城，其目的说到底在于屏障重庆，控制夔门。长期在荆湖、蜀夔任职的李曾伯就曾经在《恭禀宣谕援夔奏》中指出：“东南头目在蜀，咽喉在夔。”③宋四川阆州守将杨大渊投降蒙古后，也建言“取吴必先取蜀，取蜀必先据夔。”④早在 1240 年，四川安抚制置使彭大雅就重视重庆的防务，修筑重庆城，手书泐石“城渝为蜀根本”⑤、“筑此为国西门”⑥，以示扼守夔渝的重大意义。由此可见，屏障夔渝，既在防守四川上具有重大作用，对捍卫东南也有其重要战略意义。

经过这一蕃整顿，“诸城工役，次第就绪”之后，四川的战局便发生了变化。宋军在余玠的统率指挥下，先后多次打败蒙古军队。1252 年，王坚收复了兴元。“自宝庆以来，蜀阃未有能及之者”的乎如斯。

---

① 余玠筑“十余城”，诸书记载不一，此从阳枋《字溪集》卷八《余大使祠堂记》及《宋史》卷四一六《余玠传》。《元文类》卷四九，姚燧《李德辉行状》又有“八柱”之说，因其数字较小，不取。

② 《宋史纪事本末》卷九十四。

③ 《可斋续稿前》卷四。

④ 《元史》卷一六一，《杨大渊传》。

⑤ 罗志仁：《姑苏笔记》。

⑥ 佚名：《宋季三朝政要》卷二，《理宗》。

三、钓鱼城要点防御的形势

在四川十余座山城中，起屏蔽重庆、具有支柱作用的是钓鱼城。

钓鱼城的选点和修筑，并不始于余玠。1240 年彭大雅修筑重庆城时，就命合州知州甘闰修筑钓鱼城。嗣后，被余玠延请于招贤馆的冉琎、冉璞兄弟，又进言增固钓鱼城和防守诸事。认为修筑此城，“积粟以守之，胜于十万师远矣”①。于是经余玠奏请，理宗诏冉琎权发遣合州，冉璞权通判州事，委以再修钓鱼城的重任。

钓鱼城既险且要，从其地理位置看，已具备了防御要点的军事价值。最高点海拔三百九十多米。四周悬岩拔地，山上桧柏葱茏。我们曾从镇西门向东登临，沿路步步陡绝，如登天梯。其间扁刀岭一段，两侧绝壁，其路宛若刀刃，仅容一人通行。登临绝顶，三江波涛尽收眼底。嘉陵江在其东北汇合渠江西流，在其西南又汇合涪江折而东去。钓鱼城恰好是三江合流的砥柱，巍然耸峙，视界开阔。在钓鱼山筑城，确实可以上控嘉陵、涪、渠三江展开的广大扇形地区，阻止蒙军长驱直入，下屏战略要地重庆，是良好的筑垒地域。

现存的钓鱼城遗址，大部分属清代建筑。嵌在城墙底部老苔苍然的石块，可能即宋城孑遗。城墙依山修筑，南北面凡有壁立陡绝的悬岩，城墙就中断，斜坡处便接续起来，以弥补天然障碍的不足。城墙弯曲起伏，不方不圆。南北面又各筑一条一字城伸至嘉陵江边，将钓鱼城三面临江敞口的一面封住，把来自东面丘陵地带的敌军拦截于城墙与江流之外，同时又成为掩护合州通向钓鱼城的前进路和接近路的两道屏障。据元人的《钓鱼城记》载录：“城辟八门，即护国、青华、正西、东新、出奇、奇胜、小东、始关。城内还储备了不少粮食，建有营房和校场，“西门之内，因满为池，周围一百余步，名曰‘天池’。泉水汪洋，旱亦不涸。池中鱼鳖，可掉舟举网。又开小池十有三所，井九十二眼。泉水春夏秋冬，足备不干。城中之民，春则出屯田野，以耕以耘；秋则收粮运薪，以战以守。……官兵协心，

---

① 《宋史》卷四一六，《余玠传》。

是以能坚守力战。”[①]城坚、粮丰、水足，钓鱼城具备了可供城内军民长期坚守、独立作战的必要条件。

四、双方兵力及作战经过

1258年四月，蒙哥兵分三路入川：御营一路自六盘山经陇州、凤翔、宝鸡入大散关，走金牛道趋剑门关，沿嘉陵江直下；莫哥一路，故技重演，走其1231年的老路——米仓道，即从洋州经米仓关直取巴州。“盖自兴元达巴州，不过五百里。达巴州，则垫江（即合州）以北，尽皆震动，而阆州危难，在肘腋间矣”[②]，可以给合州东面防御以严重威胁。孛里叉一路，由鱼关入沔州，取道进川。

蒙哥于十月初进占剑门关后，经过激战，先后占领苦竹隘、长宁山、鹅顶堡三处要隘，控制了川北的要点。十一月二十五日，进驻阆州和溪口。这时，莫哥一路下巴州，顺渠江围攻礼义山不下，北上与蒙哥会师。塔察儿的偏师在攻掠至长江边之后，也西来会师。蒙哥鉴于初战告捷，形势有利，便命令忽必烈的东师出发。十二月，运山、青居山、大良平的宋军守将相继投降。

这时，钓鱼城之战即将爆发，双方兵力大致如下：

蒙军兵力。《元史》卷三《宪宗本纪》：“军四万，号十万，分三道而进。”其实不然。按《元史》卷一六五《张立传》：“岁戊午，宪宗征蜀，征诸道兵。”卷一五四《李进传》：“选诸道兵之骁勇者从。”卷一四八《董文用传》：“己未，伐宋，文用发沿边蒙古、汉人诸军。”其中如耶律铸率领的“侍卫骁果”[③]，马木剌的斤率领的“探马军万人”[④]。董文蔚率领的“邓之选兵”[⑤]，刘复亨率领的“东平军马”[⑥]以及从征的张柔、史天泽、刘黑马、汪德臣各

---

① 《万历合州志·无名氏记》（按即元人《钓鱼城记》）。

② 《读史方舆纪要》卷五六，《陕西汉中府》。

③ 《元史》卷一四六，《耶律铸传》。

④ 《元文类》卷二六，虞集《高昌王世勋碑》。

⑤ 《元史》卷一四八，《董文蔚传》。

⑥ 《元史》卷一五二，《刘通传》。

家，均拥有大批军马。郝经做过一个估计，诸部“大者五六万，小者不下二三万”①。从征自不必倾其全力而出，但也不能太少。后来又会合塔察儿、纽磷②、李忽兰吉③的兵马，数量就一定十分惊人。所以汪德臣才称“大军百万”④，耶律铸才写“貔貅三十万”⑤，术速忽里才议“选锐卒五万”⑥，自非无根之谈。

宋军。川北、川西已经丧失。制置使蒲择之已成蒙军手下败将，余玠创筑的嘉陵江沿岸山寨丢失殆尽。钓鱼城孤垒悬江，兵力不多。

兵力对比，蒙军拥有绝对优势，在态势上蒙军也居于有利的地位。纽璘率先遣军入川后，至此已将成都、彭、汉、怀、绵等州荡平，威、茂诸州少数民族也已归附，川西在蒙军掌握中。他又受诏至涪，于蔺市造浮桥，“断流涪会，以阻江道”。驻军桥上，杜绝宋军入蜀援渝援合。就是这个纽璘，还奉命前攻思、播二州，扰乱对重庆等地粮饷的供应。⑦ 其部将石抹按只更在合江、涪江、清江各行军通道建浮桥二十多座，给蒙军提供了极大方便。⑧ 在御营进驻钓鱼山前，宋降将杨大渊突袭合州，俘掠百姓八万余人而去。李忽兰吉又出动战船，劫夺钓鱼城粮船四百艘，给钓鱼城造成人员、粮食各方面的困难。

蒙军虽然兵力占优势，态势有利，但是战场太大，战线太长，因而西师、东师之间难以达到协同，蜀首、淮尾之间并非无隙可乘。特别是川南夏季的酷热，将使来自蒙古草原、黄河流域的蒙军精疲力竭，百病丛生。宋军虽然处于劣势，但钓鱼城、重庆府各城军民怀着保卫家乡的激情，坚壁清野，以老其师。并可利用有利的自然地理条件，粉碎敌人的进攻。大部或局部地将其歼灭，以争取自己的胜利。

---

① 《陵川集》卷三八，《复与宋国丞相论本朝兵乱事》。

② 《元史》卷一二九，《纽璘传》：“步骑号五万。”

③ 《元史》卷一六二，《李忽兰吉传》：“部军皆青居人。”

④ 《元史》卷一五五，《汪德臣传》。

⑤ 《双溪醉隐集》卷二，《述实录》。

⑥ 《元史》卷一二九，《来阿八赤传》。

⑦ 《元史》卷一二九，《纽璘传》。阳枋《字溪集》卷十二，《附录·纪年录》戊午、己未年条。

⑧ 《元史》卷一五四，《石抹按只传》。

经过殊死的搏斗，钓鱼城军民终于固守坚城，取得了防御战的胜利。胜利的取得首先归功于钓鱼城军民具有长期坚守、独立作战的决心和行动。守将王坚是抗蒙骁将，与张珏一起，并肩战斗，十分注意砥砺士气，奋勇抗敌。1258年十二月廿九日，蒙军派降人晋国宝前往钓鱼城招降。王坚严词拒绝，晋国宝便离山复命。转年正月初四，王坚又派兵将晋国宝半途捉回，杀于阅武场，以教育广大军民，这是一个很有意义的行动。坚守要点的作战，一个异常重要的条件就是要具备与阵地共存亡，死守到底的决心。王坚将降人晋国宝公开正法，不仅显示了自己坚决抗蒙的意志，也激励了军民同仇敌忾、誓死一战的决心。这不仅对于这次防御作战有着积极的意义，而且对于后来的持久奋战都有着深远的影响。钓鱼城军民正是具有这种长期坚守、独立作战的思想，从而创造了战史上坚守抗敌共达三十六年的空前业绩。

钓鱼城所以能够不怕久困长围，又与它利用天然的地理形胜构筑的坚固城堡密切联系。1254年，王坚曾征调“所属石照、铜梁、巴川、汉初、赤水五县之民，计户口八万，丁十七万，以完其城”①。它已是一座拥有十数万人的山城，能够大量屯兵储物，再加之且耕且战，军民有着相当的生存能力。在城堡构筑上，它既能打能藏，又便于机动兵力。由于视界开阔，敌人的动静了如指掌。反之，城内情况则蒙军难以观察。

从蒙哥进攻钓鱼城直至阵亡，就可看出蒙军在钓鱼城下的窘迫和无能为力。1259年二月初二，蒙哥率军从钓鱼城东面渡过渠江鸡爪滩，扎御营于石子山。初三日，战斗开始。初七日，蒙军突破一字城。初九日，攻镇西门。三月间，又攻东新门、奇胜门、镇西门小堡。城坚难摧，未能取胜，士气顿减。四月，大雨二十日，又乍晴转热。二十二日，蒙军攻护国门。二十四日，夜登外城，袭击宋军，仍未能破城。五月，气温渐高。大约就在这时疫病开始流行。

当合州被围的战报送达杭州后，三月中，南宋朝廷便任命吕文德为四川制置使兼知重庆府。接着，向士璧、吕文德先后驰赴涪州，断蒙军浮桥。② 六月初三日，吕文德兵入重庆。

① 光绪《合州志》卷十二。

② 《宋史》卷四一六，《向士璧传》。

在重庆与合州之间的嘉陵江畔的三曹山，是宋军锁江的水步军防守地段。① 五月，重庆宋军溯水援合州，同蒙军战于三曹山西。六月，吕文德率战船千余，再战于三曹山东。七月，大战于黑石峡东。蒙哥亲自立马东山督战，史天泽指挥蒙军，三战三捷，追至重庆才回师。

蒙军虽然在水战中获胜，而钓鱼城却使驰骋欧亚的蒙古铁骑如芒在背，如鲠在喉。七月初，久旱，高温。② 酷暑难熬，疫疠作祟。战将损折，汪德臣战死。蒙哥曾召集作战会议，讨论进止。由于部分将领拒绝做根本性的战略转变，决心继续攻城。蒙军建筑瞭望台于钓鱼城西门外，以便窥探宋军情况。当登台的蒙军士兵爬竿时，宋军发炮，巨石纷飞，台摧人亡。恰在附近的蒙哥也负重伤。这时，宋军把准备好的鲜鱼二尾及蒸饼百数抛掷出来，“谕以书曰：尔北兵可烹鲜食饼，再守十年，亦不可得也”③。这种讽刺式的战斗插曲，是长自己斗志、灭敌人威风的精神武器，使蒙军失去攻城信心。在严酷的现实面前，初九日，蒙军被迫撤走，留下三千人继续围城外，其余南攻重庆。二十一日，蒙哥死于重庆北温泉④。蒙哥既死，诸王莫哥派人前往鄂州告讣。由塔儿台护柩，蒙军大部北撤而去，只留下郑温率兵四千，警逻钓鱼山。

钓鱼城战场沉寂，鄂州一带却紧张了起来。1258 年十一月中旬，忽必烈接蒙哥出发诏旨后，从开平即日南进。先后经今河北、山东、河南各地，于一二五九年八月三十日，进抵长江北岸。九月初一，接到钓鱼城讣

---

① 《元史》卷一三一，《速哥传》。

② 萧立之：《冰崖诗集》上，《郴旱檄北湖龙》：“开庆元年（1259 年）秋七月，山中从前无此热。旱禾焦死晚禾枯。”可证。

③ 元人《钓鱼城记》。

④ 蒙哥之死，除《宋史》、《元史》编者为尊者讳，不便明言外，诸书记载不一，此从元人《钓鱼城记》，宋人刘克庄《蜀捷》诗有“挞览果歼强弩下，鬼章有入槛车时”句，可证确实死于宋军手下。元初马哥波罗也在元朝宫廷中听到同样说法（张星烺译《马哥波罗游记》，第 106 页）。关于蒙哥弃世的地点，《钓鱼城记》作“次过金剑山、温汤峡而崩”。金剑山，不详何地。温汤峡也不止一处。但细味《元史·宪宗本纪》九年七月条，蒙军忽退而转攻重庆，继之是帝崩，则温汤峡乃北碚北温泉。王象之《舆地纪胜》卷一七五《夔州路·重庆府·景物下》，巴县西南有温汤峡，东北有销剑山。金剑山或即销剑山转抄之误，或年久漫漶之阙文。若是则蒙军前攻重庆，御营从巴县东北径往西南，稍事调养，乃自然情理，非唯臆断。

告。忽必烈于震悼之余，率军三路渡江，进围鄂州。十一月中，忽必烈获悉阿里不哥夺取汗位的阴谋。闰十一月初二，答应贾似道的议和请求，签订密约，匆匆北归。

1259年冬，钓鱼城之战宣告结束了。但是它在战史上的意义却不可低估。明人邹智指出："向使无钓鱼城，则无蜀久矣。无蜀则无江南久矣。宋之宗社，岂待崖山而后亡哉？"[①]历史事实确实如此。蒙哥一死，全局震动。入川蒙军撤离战场，忽必烈北上争夺汗位。兄弟阋墙，内讧迭起。最后，忽必烈登上了君临北中国的宝座。蒙古历史这一新的篇章不能不说是钓鱼城之战提供了历史的契机。南宋朝廷又苟延了二十年寿命，这也不能不说与钓鱼城之战的胜利有关。

原载《厦门大学学报(哲社版)》1982年第2期

① 《万历合州志》卷一，《跋钓鱼城志后》。

关系宋季政权存亡的钓鱼城与崖门寨战役

——纪念前者730周年、后者710周年

“黑格尔在某个地方说过，一切伟大的世界历史事变和人物，可以说都出现两次。他忘记补充一点：第一次是作为悲剧出现，第二次是作为笑剧出现”①。南宋季年的钓鱼城、崖门寨战役，也可以说是出现两次的伟大历史事变。不过，所不同的是：第一次是历史的喜剧，第二次则是历史的悲剧。钓鱼城之战挽狂澜于既倒，拯救了临安朝廷，使之能够苟延残喘20年，而崖门寨之战，“炮火雷飞箭星落，谁雌谁雄顷刻分”②。南宋行朝舰队一举被元军全歼。这个曾经绵延了320年的王朝，不得不宣告灭亡。

一、迥异的战略体系

钓鱼城战役发生于理宗开庆元年(1259年)。但从时间年序的纵切面看，自嘉熙四年(1240年)四川制置副使彭大雅修筑重庆城，同时命部将甘闰创筑钓鱼城，以便“图险保民”③时起，它早就进入四川地方军事抗蒙斗争的城寨战略行列。淳祐二年(1242年)，余玠被委为四川宣谕使入川。其时蒙军以汉中为基地，进筑利州城，“陆挽兴元，水漕嘉陵”。粮饷

① 《马克思恩格斯全集》第8卷，第121页。

② 文天祥：《文山全集》卷十四，《指南后录·二月六日海上大战》。

③ 《古今图书集成·方舆汇编职方典》卷六一一，《重庆府部艺文》，佚名《合州钓鱼城记》。

充裕，亟“规进取”。[①] 论地理条件，利州具有居高临下，虎视蜀川的特殊优势：

> 陆走剑而外，东西川在焉；水走阆、果而去，适夔峡焉。西则趣文、龙二州，东则会集、壁诸郡，而乌龙、桔柏又在其前。[②]

蒙古军队手中有粮草，脚下走水陆，战场局面日益恶化的形势，迫使余玠“议弃平土”[③]，构筑水系山城攻防网络，以求实现捍蜀护夔卫吴的战略目标。

这一崭新的战略构架就是：以制置司驻地重庆城为中心，顺长江流域各水系，其西以远的岷江、沱江流域划为“外水”防区，其正面嘉陵江、涪江及渠江枝状水系合并为扇形流域划为“内水”防区。横亘于“外水”防区的部分以及“内水”防区的全部，即自川西平原东缘龙泉山以东，直抵达州、合州、叙州一线，为方山丘陵地带。呈水平分布的紫红色砂页岩地层被侵蚀切割，形成平顶山丘地形。因此，只要选择能够控扼交通、利于耕战、易守难攻的制高点，“凡地险势胜，尽起而筑之”[④]。就可以以逸待劳，阻遏蒙军铁骑奔冲，分片、线、点切割蒙古军队的攻势，使之由强化弱，扭优转劣，宋军从而避锐击钝，战而胜之。

钓鱼城处重庆前方，当三江之会，在山城系列中得天独厚。“吴门捍蔽重夔渝，两地藩篱属钓鱼”[⑤]，战略地位特别突出。川北蒙古军队如“水走阆、果而去”，必经钓鱼城，方能下渝、夔，因而它就成为嘉陵、涪、渠三江的战略枢纽。根据侵蜀蒙古军队常“顺流率劲兵，乘巨筏，浮革舟”[⑥]的进军习惯，所以冉琎、冉璞向余玠提出韬略：“蜀口形胜之地莫若钓鱼山，请徙诸此。若任得其人，积粟以守之，贤于十万师远矣。”[⑦]显然，坚城钓鱼山，就是铸造一座“蜀口”关锁，建置一方三江砥柱，取得控扼三江扇形流域纵深的主动权，从而可以给远道奔袭来犯之敌以毁灭性打击。

---

① 苏天爵：《元朝名臣事略》卷十一，《左丞李忠宣公》。

② 苏天爵：《元朝名臣事略》卷十一，《左丞李忠宣公》。

③ 傅增湘：《宋代蜀文辑存》卷八七，牟子才《论救蜀急着六事疏》。

④ 阳枋：《字溪集》卷八，《余大使祠堂记》。

⑤ 阳枋：《字溪集》卷十一，《庚子叨第赍合州甘守》。

⑥ 《元史》卷一二一，《按竺迩传》。

⑦ 《宋史》卷四一六，《余玠传》。

宝祐六年(1258年),蒙古宪宗蒙哥亲统大军侵蜀。数月期间,川北州军及苦竹隘、鹅顶堡、大获山、运山、青居山、大良平诸山城守将相继投降。翌年仲春,蒙古兵临钓鱼城下,经过双方几个月艰苦卓绝的攻守争夺战斗,钓鱼城巍然不动。入夏,酷热,蒙古军队瘟疫蔓延,蒙哥召集将领议进止。宿卫术速忽里说:

> 川蜀之地,三分我有其二,所未附者巴江以下数十州而已。地削势弱,兵粮皆仰给东南,故死守以抗我师。蜀地岩险,重庆、合州又其藩屏,皆新筑之城,依险为固。今屯兵坚城之下,未见其利。①

可见剩下川蜀一隅地,只要宋军志壮城坚,蒙哥亲统的十数万大军就难越雷池一步。非但如此,继续胶着城下的蒙古铁骑,最后则是以帅亡将折——蒙哥、汪德臣战死的惨败而撤退。所以钓鱼城战役的胜利,归根结底,就是水系山城攻防战略体系的辉煌验证,又是以王坚、张珏为首的宋军将士能战善守的一曲冲霄凯歌。

崖门寨战役的战略与此恰恰相反。

宋恭宗德祐二年(1276年),元军兵临南宋行都临安城下。文天祥等人早些时候已有转移朝廷于闽广的主张。危急之际,张世杰企图护送恭宗逃离,因元军预为防范,只将益王赵昰、广王赵昺安全转移②。当年五月建立景炎行朝于福州。当权派陈宜中心胸狭窄,张世杰眼光短浅,新朝伊始,就搞内部摩擦,排斥文天祥和陆秀夫。不准文天祥开都督府于温州,后又逼其从南剑州移驻汀州,这就割断了行朝与浙东焦土抗元官民的联系,并将福州大后方的屏障撤掉。宋军初战邵武,获得大捷,群情振奋。行朝非但未能掌握战机,发展形势,相反,“不为守国计,即治海船,识者于是知其陋矣。至冬闻警,即浮海南去。天下事是以不可复为”③。他们东施效颦,照抄高宗赵构航海避敌故技,惧敌怯战,逃之夭夭。十二月,行朝船队进入广南东路辖境。一路上遭遇一批批广东乡民的勤王军,捐资献粟,慷慨请战。其中以顺德人区仕衡的上书引人注目。行朝手中有正规军17万,内精锐淮兵1万,诸路民兵30万,战力依然雄厚,故区仕衡

① 《元史》卷一二九,《来阿八赤传》。

② 苏天爵:《元朝名臣事略》卷十四,《左丞董忠献公》。

③ 文天祥:《文山全集》卷十六,《集杜诗·幸海道第三十》。

建请：

丞相（指陈宜中）贾勇决战，先护六飞，据广（指广州）为行在，一军为前锋，四军为左右翼，两军为游兵；一军向浙，一军向闽，皆由海往；一军由溳江（按即西江）向岭北，一军由湘漓备楚蜀。北兵虽强悍，远来野战，行无宿粮，驱无休息。绝海风涛，非大漠之熟途，粘天帆舵，非铁马之长技。咸食湿蒸，半多呕泄。春夏渐迫，不能耐暑。吾之水军蜑子，惯习鲸波，足以敌之海上。万一散而怀归，诸港口哨舟，且守且战。彼久必溃，我得养锐，勤王之兵四集，事尚可为。惟丞相决策而已。①

疏文有见地，"决战"精神尤可嘉。疏请以广南为恢复基地，分兵北伐，扬长击短，争取胜利。否则也可"且守且战"，苟延残喘。这在当时是可行的方略。况且文天祥正率部与元军鏖战于闽赣粤三角地区，如获行朝大力支持，可以鼓行而前；浙闽赣及荆湖不少州县，支持行朝的暴动如火如荼；遥远的东川，音讯难通，但名将张珏一柱擎天，死守钓鱼城，并建行宫，派人暗访行朝下落，准备接驾。张珏又遣将收复泸、涪二州，严令重庆战守，万州、咸淳府、梁山军、绍庆府也仍在撑待。一个残破的南宋原来版图，期盼一道睿智的韬略之光把它复原。历史带有神秘色彩，或许是行朝听从此一建请，重燃恢复的灰烬，当元军吕帅夔部撤离后，行朝船队便西驰，"图复广州"②。不意为珠江畔元军所狙击，折回惠州甲子门。小挫即馁，旋派倪宙向元军请降③。但元廷未予理会，而陈宜中等人则从航海避敌堕落为叛降。他们已经无所作为。所以景炎二年（1277 年）一整年时光，行朝船队就只徘徊于珠江口岛屿，恋栈广州。年中文天祥空坑大败后，撤入粤东。至此，行朝陆上立足点愈见缩小，游荡的船队实际成了浪迹萍踪。

景炎行朝的粮饷日趋窘困。孤悬海上的海南岛是当时尚未被元军铁骑践踏之地，也是行朝后期粮草供应地之一。祥兴元年（1278 年）春天，

① 瑞麟：《光绪广州府志》卷一一三，《区仕衡传》。引疏文时间不明，但据其字句，当系景炎元年（1276 年）冬行朝始入广东时。疏中谓民兵 20 万，与佚名《二王本末》不同，未知孰是。此从《二王本末》作 30 万。

② 何乔远：《闽书》卷四一，《前帝志》。

③ 《元史》卷一二九，《竣都附百家奴传》。《元史》卷十，《世祖本纪》作倪坚。

行朝移驻硇州，从雷州半岛南端水杳磊浦运粮，于是与元军发生争夺粮道的雷州战役。行朝败走，北上移驻新会县崖山。几个月之后，文天祥被俘于粤东，陆上牵掣元军的行朝武装力量被消灭，二广濒海州县若干尚为行朝守土的居民点已微不足道。没有后方，崖山孤悬，最后的崩溃已指日可待。

避敌、降敌、玩敌，这就是南宋行朝灭亡的三部曲，这就是不成其为战略体系的“战略”。

概括地说，钓鱼城战役之所以胜利，是由于它有一个合乎实际的当年比较先进的战略体系，具有水系山城，耕战结合，城自为战，步能制骑诸特点；在时空关系上，便是以时间（分散各点，拖住敌人）削弱骑兵奔冲的空间，掌握主动权，打击以至消灭敌人。崖门寨战役之所以必败，是由于它的领导者制定了一个错误百出的“战略”体系，包含有航海避敌，抛弃后方，龟缩崖门，瓮中待毙诸缺点；在时空关系上，便是以空间（大海茫茫，迷住敌人）换取苟且偷生的时间，终归自我被动，陷入不能自拔的深渊。

二、喜剧、悲剧及其余响

战略只是战争胜败的舞台，戏剧效果尚须由演员扮演，或威武雄壮，或怵目惊心，以构建喜剧或悲剧的感情格局。

钓鱼城战役是一出历史喜剧。

战事从开庆元年（1259 年）春二月打响，蒙古军队围城强攻，遇到王坚、张珏指挥下的钓鱼城军民的顽强抵抗。所以城下鏖兵延宕三个月即渐及五月暑天。这时候，来自漠北和华北的蒙古军队将士，遇到川东高温这个自然力大敌，在损兵折将、士气日减的状况下，增加了瘟疫折磨的新困难。“岁值大旱，自春至秋，半年无雨”①。温度升高迅速。蒙古军队速战速决的战略部署已被粉碎。师老士怨，战力日下。军事态势愈来愈有利于钓鱼城守军。壕堑依然如故，但强弱已悄然易位。“夏秋之交，军士

① 佚名：《合州钓鱼城记》。

多疾疫，方议班师”①，由于部分将领坚持围攻，蒙古军队遂建桥楼眺望城内秘密，以探虚实。一支充满战斗乐观主义的攻心插曲于是奏响：

> 珏命城中取鱼二尾重三十斤者，蒸面饼百数，俟缘桅者至其竿木，方欲举首，发砲击之，果将上桅人远掷身殒百步之外，即遗鲜活之鱼及饼以赠，谕以书曰：“尔北兵可烹鲜食饼，再守十年亦不可得也。”②

宪宗蒙哥在旁，同时重伤，蒙古军队被迫撤走。不日，蒙哥即中道身亡。蒙古统治集团随之发生内讧，无暇南顾，南宋朝廷借此偶然机会又苟延残喘二十年。

崖门寨战役则只能是一出历史的悲剧。

崖山在新会县南 80 里潮居里。崖山西对汤瓶嘴山，两山夹峙，水面阔仅 500 多米，因称崖门。门内有长港，便于碇泊，崖山顶上绍兴年中建有山寨。张世杰认为船队碇泊崖门长港，怒潮激浪封门，便于守御。于是在崖山之麓建行宫、草市，港内一字形摆碇船舰，扎成水寨。当时将士约数万③，粮饷所需由新会县豪族伍隆起、陈元辅、陈英辅、廖汝揖等人提供，“浑然未尝乏绝”④。行朝为加强与地方势力的结合，特授命护驾南来的原驻福州西外宗正司的闽冲郡王赵若和娶伍隆起次女伍玉蕊为妻，以实现政治联姻。军事、政治、财政似乎都有好转。显然，这只是一种缓和的假象。

祥兴元年(1278 年)六月，与行朝入驻崖山同时，元世祖忽必烈批准江东宣慰使张弘范大军南征扫灭行朝的军事作战方案，南征军二万旋即自扬州水陆兼程出发。当时荆湖虽有“在在为群”⑤响应崖山行朝的武装暴动，迅即被元军歼灭；海南岛宋安抚使赵与珞的部队，入冬也归于失败。这年春天，川东坚持抗战的数处府城，先后被元军攻占，张珏被俘。次年正月，合州安抚使王立投降，行朝的立足点就只剩下崖山。而冲向崖山的

---

① 《元文类》卷五八，王磐《中书丞相史公神道碑》。

② 佚名：《合州钓鱼城记》。

③ 赵若和：《赵氏族谱序》。

④ 赵若和：《赵氏族谱序》。

⑤ 《元文类》卷五八，姚燧《湖广行省左丞相神道碑》。

元军月中便在崖门的南北登陆会师。

战力对比，行朝有将士数万人，船舰千余艘，大船居多；元军张弘范部有大小船500只，其中200只迷航未能如期抵达，李恒部有船120只，将士可能比宋军少。当时文天祥被元军用船押往崖山，亲见："北人乍登舟，呕晕，执弓矢不支持。又水道生疏，舟工进退失据，使虏初至，行朝乘其未集击之，蔑不胜矣。"①可惜这种历史的幸运并未降临给行朝。

张世杰的军事低能，葬丧了一切。他非但未能如文天祥所断言的那样，趁元军初来乍到，根基未稳之际，捕捉战机，大举奋击，争取胜利。而且在宋军出动船只交锋数获小捷时，元军船中悉数都是闽浙水手，内心向宋，暗自动摇，则一旦扩大水战规模，文天祥又断言："闽浙水手在北舟（指元军）中必为变，则有尽歼之理。"②又非但如此，当元军船舰进入崖门，针对行朝一字形水寨，摆开拦腰切断攻势的长蛇阵时，张世杰熟视无睹，仍不松绑，"于是不可以攻人，而专受攻矣"③。恰恰相反，若能松绑，它便可以对元军船舰进行反包围，封锁崖门，全歼来敌。

元军经过二十余日休整，熟悉地形，并以断绝行朝樵汲道路，使之茹干饮咸，呕病相继后，遂于宋祥兴二年（1279年）二月六日发动总攻。李恒率部趁早潮行朝水寨向北漂移时向南进攻。张弘范则趁退潮行朝水寨向南漂移时向北进攻：

> 一朝天昏风雨恶，炮火雷飞箭星落。谁雌谁雄顷刻分，流尸漂血洋水浑。昨朝南船满涯海，今朝只有北船在。④

> 炮轰如雷，矢下如雨，龙骇鱼惊，蛟奔鲸遁，不四三时，彼军（指宋军）大败。其宋主昺及扈从文武官属，舟师器械，俱没于水。⑤

战斗异常惨烈，胜负迅速澄清。向晚时分，即以元军获得全胜，宋军全败告终。

如同其他封建王朝，南宋行朝的最高代表一样不甘心退出历史舞台。

---

① 文天祥：《文山全集》卷十六，《集杜诗·祥兴第三十六》。

② 文天祥：《文山全集》卷十六，《集杜诗·祥兴第三十六》。

③ 文天祥：《文山全集》卷十六，《集杜诗·祥兴第三十六》。

④ 文天祥：《文山全集》卷十四，《指南后录·二月六日海上大战》。

⑤ 林星章：《道光新会县志》卷十三，《事略》引白左《平崖山记》（即张宏范铭功碑）。

维护王朝不绝如缕命脉的使命落在张世杰肩上。

张世杰虽是军事的低能儿，却是一个刚烈丈夫。战前，张弘范派张世杰外甥几蕃劝降，概被峻拒。战危时，他先派人迎接赵昺，拟护卫出奔，遭陆秀夫拒绝。又派人迎接杨太后，杨太后闻赵昺溺海，随之同归。最后，张世杰遵太后遗命，以 16 船护送闽冲郡王赵若和，突开南壁，趁雨雾弥漫，杀开一条血路，冲出重围。船到浅湾（今香港荃湾），忽遇陈宜中船[景炎二年（1277 年）十二月后，陈宜中失踪，据传逃去占城]，即举行海上秘密会议。详情已不可知。据赵若和的晚年回忆，会议再次决定：潜回福州，试图“匡复”。

赵若和（1267—1332）系赵廷美十世孙，西外宗正司宗子。景炎行朝撤离福州时，随宗子护驾，辗转至崖山。或即护驾有功，受封闽冲郡王①。祥兴元年（1278 年），奉命娶新会县斗洞豪族伍隆起次女伍玉蕊。崖山分手时，伍玉蕊深明大义，鼓励丈夫立志抗元，力图恢复，慷慨陈词，极为动人。浅湾会议后，东驶至潮州湾面时，遭遇风暴，陈宜中、张世杰船西去，赵若和继续向东，驶抵福建龙溪县浯屿海面时，杠具损毁，他同护卫的侍臣黄材、许达甫等四船人马，被迫在人地生疏的漳浦县浦东（今龙海市港尾乡）海岸登陆。韬光敛迹，筚路蓝缕。迨至元二十二年（1285 年），西川赵和尚自称宋福王子广王起事，元廷悬金捕捉赵王。赵若和惧罪，改姓黄，更加深居简出。年老时每忆及这段往事，伤心至极，“茕茕独立，形影相吊，数临月夜，含泣焚香”②。表达了一个壮志未酬遗臣的悲愤胸臆。

随张世杰杀出的尚有陈植③。陈植，字梦立，以字行，福建漳浦人。淳祐进士，娶宗室安定郡王赵伯泽女。提督岭南海路兵马。景炎行朝南撤，陈植输饷护驾，提领船舰事务。崖门出奔后，回碇梅岭（今福建诏安县海港，当时属漳浦县），“收亡命，驰檄诸蛮，图立宋后”。准备再起。但尚未成功，即遭元廷追捕，逃入山间隐居，赍志以殁。

---

① 赵若和封爵，《赵氏族谱》记载不一，有闽中、闽冲郡王二说，当以“闽冲”为妥。

② 赵若和：《赵氏族谱序》，黄材：《黄氏族谱序》。

③ 陈汝咸：《康熙漳浦县志》卷十五，《人物》上。志云陈植以六舟离崖山，当脱“十”字，应即张世杰率十六舟出奔同一回事。十六舟，数字见元《经世大典》与赵若和《赵氏族谱序》。

冲出崖门寨重围的尚有苏刘义父子。苏刘义系行朝猛将，一直任殿帅。冲出崖门，间关辗转入南海县都宁山（在今顺德县东），寻觅一名宋宗室子弟，改名旦，并集结乡民千余人，建置寨垣，志在大举。逾月而旦卒，大计遂告吹。

这几支行朝播下火种的复仇火焰熄灭了，使得崖门寨悲剧的色彩更加浓重。它们的失败，带有时代特点：郡王、郡马，维贵维尊，才不称职，德不亲民。当时漳州汉畲联合，在陈吊眼指挥下继续进行大面积持久性的抗元战争，聚众十余万，结寨五十余座。漳浦县当时正是战场中心。景炎二年（1277 年）秋，张世杰联合这支武装，北征泉州蒲寿庚九十日，赵若和、陈植应该记忆犹新！直至至元十八年（1281 年）年终，这支武装方被元军镇压下去，两者近在咫尺，打着“匡复”旗号的郡王、郡马，不肯移履携手并肩作战。广南东路濒海一带，崖门寨战后不久，便陆续爆发南海县欧南喜，新会县黎德、林桂方、赵良钤，增城县蔡大老、钟大老、唐大老建国号，改纪年，聚众攻城略地，岭海骚动的抗元战争，老将苏刘义也并未跃马挥戈战犹酣！

三、万人同谱《正气歌》

崖门寨战役惨败，出现了世界亡国史上最为悲壮的场面。承宣使翟国秀等百余人解甲就降，张世杰等小部分人冲出重围，其余除伤亡者外，纷纷投海殉国，其中有祥兴皇帝赵昺、端明殿学士陆秀夫、枢密使高桂、权礼部尚书徐宗仁、吏部侍郎赵樵、兵部侍郎茅湘、礼部侍郎邓光荐（被元军捞起未死）、翰林学士刘鼎孙、起居舍人徐兴国、朝散郎贾纯孝、进义校尉朱张恂等朝官、眷属及大批将士。翌日，“浮水之尸十余万”①。一说“死溺者数万人”②。较保守的估计：“后宫及百吏士从死者以万数。”③显而

① 《元文类》卷四十一，《经世大典·平宋》；卷二十一，姚燧《中书左丞李公家庙碑》亦作“其将吏死焚溺者十万余人”。

② 文天祥：《文山全集》卷十六，《集杜诗·祥兴第三十四》。

③ 黄溍：《黄文献集》卷三，《陆君实传后叙》。

易见，投降派极少，殉国者绝多，构成了崖门寨亡国时的特殊现象。非但如此，众多的殉国无名英雄，站在人生理想主义高度上，追求杀身成仁，创造不屈斗士形象而乐于赴义，竟成为行朝覆灭史的铿锵挽歌乐章，更值得后人掬其底蕴，探其奥秘。

殉国者徐兴国，兴化军莆田县人，崖门寨战前，托人带书信透过元兵包围圈，与在家乡的三男诀别。信中说："先人沾世恩笃忠节，护驾南渡，捐躯者六世诸祖监丞也。吾而今无忝监丞后，得与诸陈氏(按指抗元死难的莆田陈文龙、陈瓒)齐名足矣，可事胡人求活乎?"附诗一首：

我为赵皇怀本支，敢于骸骨怨沉移。
自经沟渎非为谅，效死封疆正此时。
曾识邹书取义是，怎违鲁论杀身悲。
誓随六尺沦胥往，惟有青天白日知。[①]

不与"胡人"(指元朝蒙古、色目贵族)戴天共存，愿为"赵皇"尽"忠节"，杀身成仁，为国捐躯。封建王朝的君主是当时的民族旗帜！为宋朝赵皇尽"忠"，也便成就了民族的"气节"。徐兴国的忠节观正是崖门殉国者的共同政治理想，它既是中国封建文化长期积淀的心理状态、精神传统的确定表述，又是当时社会条件哺育起来的政治概念的珍贵揭示。

政治概念都有其相对范畴，明君与昏主、睿忠与愚忠、爱国与卖国，两两相对，并有其时代界定。在民族战争炽热时期，爱国、卖国对立特别尖锐。北宋灭亡，降金派王时雍被人斥为"卖国牙郎"。他们亦常被暴动百姓"执而戮诸市，曰此宣和误国之人也"[②]。南宋行朝覆灭的当年，文天祥与元朝孛罗丞相谈话，斥降元派为"奉国"、"献国"、"卖国者"。同时又辨明行朝的君臣关系：

博罗曰："德祐嗣君非尔君耶?"曰："吾君也。"曰："弃嗣君别立二王，如何是忠臣?"予曰："德祐吾君也，不幸而失国。当此之时，社稷为重，君为轻。吾别立君，为宗庙社稷计，所以为忠臣也。从怀、愍而北者非忠，从元帝为忠；从徽、钦而北者非忠，从高宗为忠。"博罗语塞，平章皆笑。

---

① 莆田《延寿徐氏族谱》卷二，《列传》，徐元稔《宋殉国起居舍人公传》。

② 李心传：《建炎以来系年要录》卷十一，建炎元年刘观言。

君有“失国”之君与非失国之君，故臣有“非忠”之臣与忠臣。鉴别的标准在于以“社稷为重”。这样就判明了君统的是否合理，臣节的是否纯真。由此他又肯定了景炎行朝存在的合法性：

予曰：天与之，人与之，虽无传授之命，推戴拥立，亦何不可。①

“天与”抽象，“人与”真实，“推戴拥立”具有广泛的社会基础与“君权人授”的原始民主性，从而使当时的忠君思想具有若干新的积极成分。

引爆崖海大量殉国现象的思想动因，只能由相应的物质条件来升华。显然，有宋一代完全具备了这种物质条件，即江南经济区大范围市场的形成，大大增强了华夏民族共同体及其精神力量。

随着北宋全国大统一的实现，租佃制田庄逐渐流行于各地。这种田庄模式，具有松动生产者身份，调动改善技术积极性，加强市场联系，有利商品经济增长诸机制。草市镇遍地开花，乡间市场网珠串丝连，重心和层次互不相同的商品流通关系日趋发达。建炎以降，北方人口大量南迁，南方人口密度急剧上升，生产技术交融空前繁复，社会经济获得长足进步：“国家抚有南夏，大江剑阁以南，泰然安堵，而又兼巴蜀江北，以为外屏。以元丰二十三路较之，户口登耗，垦田多寡，当天下三分之二。其道里广狭、财赋丰俭，当四分之三。”②雄厚的经济基础推动全国规模的商品交流，东则钱塘江畔，“江帆海舶，蜀商闽贾，水浮陆趋，联樯接武”③。西则成都药市，“海贾冒风涛，蛮商经崒嵂，厚利诱其前，颠沛不遑恤”④。东南泉州、广州，“蛮舶萃焉”，象犀山积。南夏奇珍，待输亚非。一个全国市场至少是它的雏形日益成熟。社会经济谐和高涨，使居民的衣、食、住、行各民俗部门的差异性日益减少，文化生活的共同性不断加强。先秦以来，中国封建王朝的主导思想体系——儒学在两宋的新成果即理学的形成与发展，对文化共同性的加强，尤其发挥了不可忽视的作用。理学始于北宋中期。南宋前期，以横向深入为特征，在地方路级行政区中，差不多一处有一个以上的理学派系在从事相关的传播活动。广南二路原来距理学中心

---

① 文天祥：《文山全集》卷十七，《纪年录》引文天祥手书。

② 章如愚：《群书考索续集》卷四六，《财用门·东南财赋》。

③ 潜说友：《咸淳临安志》卷九四，《赋》引葛澧《钱塘赋》。

④ 度正：《性善堂集》卷一，《步玉局会饮于判院涂丈廨舍正得日字》。

稍远，落在后面。建炎以后，也大有变化。如著名理学家张栻，久历监司州军职，孝宗淳熙元年至四年（1174—1177）知静江府，"所为郡必葺其学，于静江又特盛。暇日召诸生，告语不倦。民以事至廷中者，亦必随事教戒，而于孝弟忠信，睦姻任恤之意，尤孜孜焉。犹虑其未偏也，则又刻文以开晓之。至于丧葬嫁娶之法，风土习俗之弊，亦列其事以戒，命闾井各推耆宿，使为乡老，授之夏楚，使以所下条教，训厉其子弟，不变然后言之有司，而加法刑焉"①。出仕的理学家正是政教、刑法兼施，着力扩大其传播效果。理学在广南东路的传播，同样也收到绩效，一批有作为的理学家如简克己、陈去华、翟杰、区仕衡、陈益新、梁仲钦等人，著书立说，讲学育人，从而开垦出广东的理学处女地。理学的普遍发展，意味着宋人民族意识的增强。孔子疾呼"裔不谋夏，夷不乱华"②，礼赞"尊王攘夷"。大多数理学家至少在政治学说上，对以武装手段南侵宋朝版图，残杀宋朝居民的女真、蒙古贵族，持"不共戴天"思想，抱"扫平仇敌"决心，主抗战，反讲和。如朱熹认为绍兴和议，"上不为宗社，下不为生灵，中不为息兵待时，只是怯惧，为苟岁月计！从头到尾，大事小事，无一件措置得是当"③。甚至说："本朝御戎，始终为和字坏。"④对宋朝一味妥协退让的国策进行猛烈抨击。类似的主张也不难见之于其他理学家著作。理学以及意识形态领域里其他学派或个人，在南宋后期民族矛盾异常尖锐情势下，持续掀起有关国家、民族存亡的激烈辩论，由于活字印刷和其他信息媒介工具（诸如学校、书籍、邸报、邮递、粉壁、瓦舍、勾栏等等）的发达，在全国版图上的传播，就可以取得相对于以前朝代既快又广的效果。这样就有可能使国内的较多数居民，长时间但程度不同地卷入政治旋涡，使他们接受历史传统、政治学说以及民族气节等的熏陶、浸润、渗透。爱国主义、民族气节的活泼源泉是一个国家的居民，对自己家乡的一草一木、一砖一瓦的眷恋，乡井感情的浓烈，升华为对自己国家、民族血诚的意念。不同的阶级固有其特殊性，共同的民族圈则结晶出认同感。尤其是国家绝续、民族危急之

① 朱熹：《晦庵集》卷八九，《右文殿修撰张公神道碑》。

② 《左传》定公十年。

③ 朱熹：《朱子语类》卷一二七，《高宗朝》。

④ 朱熹《朱子语类》卷一三三，《夷狄》。

秋，同赴国难，誓死斗争，历来是中华民族的优良传统，而由于宋季民族矛盾、战争的空前复杂、剧烈和持久，更获致空前发展的有利时机，认同和共鸣具有空前的深度和强度。曾有人粗略统计，靖康死难烈士可考者仅五十余人[①]，南宋行朝的殉难者则不知超过了多少倍！究其根柢，就是南宋一代民族共同体空前巩固强大，民族气节观空前深入人心，因而能够引爆出阵容如此壮阔的历史悲剧。

文天祥是当时行朝殉国者中民族气节最突出的英雄人物，他的《正气歌》则是民族精神雄奇的诗篇。它不但继承和充实了中华民族自古以来"富贵不能淫，威武不能屈"的伟大性格，而且代表了宋季众多无名民族英雄，喊出了"时穷节乃见"、"生死安足论"、"鼎镬甘如饴，求之不可得"[②]这类堂堂之声。国破山河在，民族不可灭。所以文天祥在狱中仍进行抗争的同时，对本民族芸芸众生的命运，又极为关注："万物方焦枯，皇皇祷穹苍。上帝实好生，夜半下龙章。但愿天下人，家家足稻粱。我命浑小事，我死庸何伤。"[③]其襟怀何等开阔！心地何等善良！爱憎何等分明！

正由于崖海悲剧大哀巨恸，文天祥业迹风标千古，曾在中国历史上产生深远影响。首先引起震撼的是南宋遗民，王炎午于文天祥粤东被捕后，即作《生祭文丞相文》，希冀其壮烈牺牲，振发纲常；文天祥就义后，作《望祭文丞相文》，歌颂其殉国："日月韬光，山河改色。"[④]谢翱作《书文山卷后》、《西台恸哭》，汪元量作《浮丘道人招魂歌》等诗文，无不心血流注，精诚感人。文天祥缧绁大都，元廷的学士文人，如徐世卿作《挽文丞相》诗呼吁："大元不杀文丞相，君义臣忠两得之。"颂扬文天祥"精神贯日华夷见，气节凌霜天地知"[⑤]。之后，许有壬作《文丞相传序》，从另一角度称赞文天祥"收宋三百年养士之功者，公一人耳"[⑥]。爰及明清二代，凭吊崖门，怀古兴叹，礼赞崖海的"忠魂义魄，流为川融，凝为山峙。上与日月争光，

---

① 佚名：《二王本末》跋。

② 文天祥：《文山全集》卷十四，《指南后录·正气歌》。

③ 文天祥：《文山全集》卷十四，《五月十七夜大雨歌》。

④ 文天祥：《文山全集》卷二十，《附录》。

⑤ 谢才甫：《民族诗选注》，第120页。

⑥ 文天祥：《文山全集》卷二十，《附录》。

下与明珠并耀。奋百代而特立，亘万古而常存者也”[1]之类的诗文，连篇累牍，不胜枚举。一代旷世悲剧，镕铸而成中国千万人民振奋民族气节的丰碑。

原载《中国钓鱼城与南宋后期历史国际学术讨论会文集》，重庆出版社 1991 年版

① 林星章：《道光新会县志》卷十二，《金石》；王以旂：《重修崖山全节大忠祠记》。

唐末农民战争深远的历史影响

波澜壮阔的唐末农民战争是中国封建社会转折时期的一个阶级斗争高潮。中国封建社会从前期转向后期,政治、经济和文化都发生了一系列变动。它们都或多或少和这次农民战争有关,因之唐末农民战争就具有许多特点。本文仅就其中的若干问题略作探索。

一、李唐王朝的掘墓人

从李唐王朝建立到王仙芝起义,这个封建朝代,已经走过两个半世纪以上的漫长历程。这使得唐朝政府能够从容地积累统治经验,不断加强它的国家机器。所以农民战争除非燃成全国性烈火,否则就难以冲毁林立的衙门、庞大的军队和根深蒂固的宗法势力。

王仙芝、黄巢相继起义后,回旋作战于山东、河南。旌旗指处,人民热烈响应,"群盗起河南"①,"或攻郡县,或掠乡村"②。纵横驰骋,所向披靡。之后,挥戈南进,闽粤"盗贼群聚"③,"郡县离析"④。接着拥甲北上,

① 《旧五代史》卷五五,《康君立传》。

② 《旧唐书》卷一九下,《僖宗本纪》乾符四年(877 年)三月诏。

③ 《旧五代史》卷一三三,《钱镠传》。

④ 《九国志》卷一一,《刘昌鲁传》。

“湖湘间群盗蚁结”①。雄师跃至百万，黄巢自称“义军百万都统”②，横扫“数千里，军镇尽若无人”③。长驱渡淮，关东“方镇莫不解体”④。飞兵而西，破潼关，下长安，推翻唐朝，建立大齐政权。巨大的胜利，更加激发人民群众的斗争热情。“黄巢入长安，所在盗兴”⑤，“所在寇乱”⑥。这样，终于以长安为中心，交织而成一个遍布全国的农民战争火力网。

罗隐《东安镇新筑罗城记》载：

> 天下自懿考、僖皇之后，纲领不振。庞勋、王郢觝触于前，仙芝、君长践踏于后，所以齐寇(诬称黄巢)攘臂一噪，四海瓦解。自尔枝牵蔓引，可口而咬。其或一垒之不谨，一版之不严，则刳剔之不暇。虽十室之邑，三户之乡，必壁堑以备之，篱落以抗之。⑦

这是阶级决战的普遍高涨！在“四海瓦解”声中，精神抖擞的被压迫者，奋起攻击地主阶级，以致“十室之邑，三户之乡”的小小聚落里，他们都已惶惶然不安。他们陷入唐末农民战争的汪洋大海。因此，基础一经动摇，李唐王朝的大厦便终究要倒塌下来。

赋税是封建王朝存在的经济体现。晚唐，随着社会经济重心的逐渐南移，江淮地区已成为农业、手工业和商业高度发展、“富庶甲天下”⑧的财源渊薮。因之李唐王朝赋税的主要收入，以及宫廷的所需物品，便仰给于此了，“今天下以江淮为国命”⑨，一语道尽江淮的极端重要。王仙芝、黄巢起义后，江淮地区掀起人民斗争的浪潮。忧心忡忡的唐朝政府，就严令淮南、忠武、宣武、义成、天平五军节度使加紧讨捕，以确保经济命脉的安全，并令有关防区派兵防卫漕运粮纲，五日上报一次运输状况。之后，

---

① 《新唐书》卷一九〇，《刘知谦传》。

② 《旧唐书》卷一二八，《郑畋传》；卷一八二，《高骈传》。孙光宪《北梦琐言》卷三，《王中令铎拒黄巢》。

③ 《旧唐书》卷一八二，《高骈传》。

④ 《资治通鉴》卷二五三，广明元年(880年)七月《考异》引《妖乱志》。

⑤ 《新唐书》卷一八九，《赵犨传》。

⑥ 《九国志》卷二，《危全讽传》。

⑦ 《文苑英华》卷八一一。

⑧ 《资治通鉴》卷二五九，景福元年(892年)四月。

⑨ 《文苑英华》卷六六〇，杜牧《上宰相求杭州书》。

王仙芝、黄巢亲率农民军，数度鏖战于江淮，摧枯拉朽，取得一连串胜利。乾符四年(877 年)七月，黄巢与尚让合兵围攻宋威于宋州，战败平卢、宣武、忠武三镇唐军，大获全胜。宋州控扼运河，因此唐廷力争，遣将添兵才勉强扭转局面。事后宰相郑畋吹嘘此役“使江淮漕运流通，不输寇手”①。再次证明农民军征战江淮，威胁李唐的存亡。正因如此，农民军的屡捷，便打乱了封建剥削网络，大幅度下降了政府的赋税收入，迅速导致镇压农民军的中原粮储基地东都库藏的枯竭，有力地削弱了政府军的作战能力。大起义三年后的春天，唐朝兵部尚书、判度支杨严遂以“不能济办”为由三表求去。这意味着依江淮为国命的黄金岁月一去不复返了。农民军在财源方面给李唐王朝以致命打击，为迅速攻占长安创造了有力条件。

农民军攻克长安后，“天街踏尽公卿骨”、“甲第朱门无一半”。开展剥夺富豪的“索财”斗争，镇压反动官僚和李唐宗室，“屠之无类矣”②。对建都二百多年的地主老巢，用革命铁帚进行一蕃打扫。

至此，李唐王朝的社会基础由于受到广泛的打击而动摇，经济命脉——江淮地区由于战火而遭到严重破坏，几百年的统治巢穴最终也无可幸免地落入农民军手中。它的死刑已因大齐的建立而凌厉宣判。

不错，唐僖宗皇帝在长安陷落的前夕是西逃了。农民军虽“以数万众西追车驾”③，又未能捕获。从而出现了成都的残唐政权与长安的大齐政权并存的局面。但是此时大齐雄踞关中，拥甲百万，遣使四出，“天下藩镇多受其伪命”。④ 其中不免有“貌奉而心图之”⑤的观潮派，但只要大齐政权臻于巩固，他们终归要俯首听命。所以大齐政权是左右全国的“实际的政权”，而僖宗小朝廷只能是“形式上的政权”⑥。

不错，随着农民军的撤离，光启元年(885 年)三月，僖宗皇帝又返回长安。然而政治局面已根本改观。在晚唐割地称雄的老藩镇之外，一大批新军阀割据了东起淮海，西抵秦岭的辽阔境土。这些“方镇之帅，或浸

---

① 《资治通鉴》卷二五三，乾符五年(878 年)十月。

② 《新唐书》卷二二五下，《黄巢传》。

③ 《资治通鉴》卷二五四，广明元年(880 年)十二月甲申《考异》引《实录》。

④ 《旧唐书》卷一三二，《王处存传》。

⑤ 《旧唐书》卷一八四，《周岌传》。

⑥ 《列宁选集》第 3 卷，第 100 页。

长于健卒,或崛起于群盗"。[①] 他们"皆自擅兵赋,迭相吞噬,朝廷不能制"、"常赋殆绝。藩侯废置,不自朝廷,王业于是荡然"[②]。僖宗以及昭宗虽仍虚拥尊号,但大明宫悦耳的燕乐却为刀剑的撞击声所替代。一个新的历史时期实实在在地揭开了它的帷幕。

二、士族地主的埋葬者

这个新的历史时期就是:生存了好多世纪的士族地主,开始退出历史舞台。经过半个世纪的过渡,庶族工商地主夺取了政治、经济和文化各个领域的绝对领导权,在两宋经济、文化科技的灿烂成果上显示了它的时代才华。

士族地主从汉末逐渐发展之后,依恃堡坞经济和门阀政治,长期垄断最高统治权。唐朝时期,它虽然已丧失了旧时的全盛局面,但仍在政治、经济和文化各方面继续显示其力量。例如晚唐时期,士族在士庶科举争斗中并不得志,但它却一反"尚冠冕"[③]的老传统,偏"不以轩冕为贵。虽布衣徒步,视公卿蔑如也"[④]。依然保持他们那"浮薄自大"的派别性格。堡坞经济凋谢了,但它仍控制宗族,坚持派别族姓联姻。"男女婚嫁,不杂他姓"[⑤],借以维系其盘根错节的宗法势力。此外,它在意识领域里仍然要弄那一套法宝:建家庙[⑥]、重读经[⑦]、立家礼[⑧],炫耀自己,吓唬别人,毒害老百姓。这都说明士族地主屡经岁月冲刷,正在走向灭亡,但还顽强地进行挣扎,不甘自动退出历史舞台,而继续以它的腐朽污秽损害中华民族的机体。为了历史和民族的进步,亟须清除这批垃圾。历史恰好赋予唐

---

① 马令:《南唐书》卷三〇,《世裔谱》第二八。

② 《旧唐书》卷一九下,《僖宗本纪》。

③ 《新唐书》卷一九九,《柳冲传》。

④ 《旧五代史》卷九三,《李尊美传》。

⑤ 《旧五代史》卷九三,《李尊美传》。

⑥ 《司马光集》卷七九,《文潞公家庙碑》。

⑦ 《旧唐书》卷一七四,《李德裕传》。

⑧ 《新五代史》卷五五,《崔居俭传》。

末农民战争以这一庄严使命。

唐末农民战争爆发于山东，鏖战于关东、东南、关中各地。原来王、谢、袁、萧“侨姓”麇集的江左，朱、张、顾、陆“吴姓”聚居的东南，崔、卢、李、郑、王“郡姓”横行的关东，韦、裴、柳、薛、杨、杜“郡姓”称雄的关中，无一不曾成为农民军“鼓噪惊天，云旗蔽野”①浴血搏斗的沙场。经过极为严峻的两军对垒，“中原士庶”，“十室九空”了。农民军给予他们的打击是：

镇　压

农民战争是革命农民与地主阶级之间你死我活的斗争。揭竿而起的广大农民，首先必然对地主阶级实行严厉镇压。例如唐代一向号称“衣冠薮泽”的江陵，士族韦宙一家，积谷就多达七千堆，懿宗皇帝曾夸之为“足谷翁”。公子豪奴，平日为非作歹，“闾巷苦之”。乾符四年(877年)冬，农民军攻荆南，翌年春正月，一战破城。“多于鲫鱼”的穷“措大”，群情振奋，配合农民军，诛戮地主，以致士族“遭罹甚多”②，连吸吮民脂的巨商豪贾，也同归于尽③。

剥　夺

农民军无情地“剥夺剥夺者”。例如关中为李唐帝京所在，士族云集，别业相望。广明元年(880年)十二月，农民军挺进关中，财富再分配的浪潮随之高涨。杜陵韦、杜，是秦汉以来专擅的名门豪族。宰相韦见素后裔韦庄哀叹：“田园已没红尘里”、“阮咸贫去田园尽”④。当地士族崔某将自外返乡，有人劝他：“更堪呜咽问田园。”⑤鄠县渼陂，良田好水，士族占尽。经过革命荡涤，“乱前别业依希在”⑥，地主庄墅寥寥无几了。诗人郑谷目击这种情景，不禁为江陵老家的田园担起心来：“乡园几度经狂寇，桑柘谁

① 《全唐文》卷八一二，许裳《戴昭墓志铭》。

② 孙光宪：《北梦琐言》卷三，《韦宙相足谷翁》、《李当尚书竹笼》、《逸文》三。

③ 《太平广记》卷四九九，《郭使君》。

④ 《全唐诗》卷六九六，韦庄《辛丑年》(按即农民军入关后的广明二年，881年)；卷九九八，《鄠杜旧居》。

⑤ 《全唐诗》卷六六三，罗隐《送光禄崔卿赴阙》。

⑥ 《全唐诗》卷六七六，郑谷《渼陂》。

家有旧林。”[①]显然可见，唐末农民军借助革命暴力，把平均主义口号付诸实施，从而给予占地称雄的地主阶级以沉重打击。

析　族

唐末农民战争在极为辽阔的境土上反复进行。大河上下，长江南北，铁骑所向，当者披靡。地主阶级于是豖突狼奔，四川、汾晋、东南与岭南，就成了他们栖身的目的地[②]。

依恃血缘纽带进行宗族农奴制统治，是士族地主取得存在的社会基础。强宗豪族长期以来就是它的代称。魏晋时期，一个堡坞，就是一个“为生之具已足”的生产单位，宗人部曲聚族居住、迁徙。如河东薛氏，拔族迁自四川，“有部曲数千家。永嘉之乱，保河汾以自固，历刘、石、符氏莫能屈”。然而经过唐末农民战争，“薛氏中微”了[③]。原因在于随着部曲制度的终止，劳动者身份有所提高，依附性因而削弱。田庄租佃制的兴起和发展，更使农村居住状况发生重大变化。一经冲击，人自东西，宗离族析，把士族存在的墙基掏空。北宋人说：“今夫天下所以不重族者，有族而无宗也。有族而无宗，则族不可合。族不可合，则虽欲亲之而无由也。”[④]唐宋之际，宗族结构有过一次大的变动，是唐末农民战争的历史业绩。

毁　谱

士族地主为了保障门阀制度，借以巩固门第的政治特权，魏晋以来，便形成和垄断了一个特殊的籍册制度——谱学，作为甄别士庶、升降品级的依据。于是家史、家传、族谱、族图，“勋书王府”，秘藏石室，与士族缔成生死缘，既是士庶争斗的工具，又是压迫劳动人民的精神枷锁。

农民军在冲击士族地主的同时，也扫荡了谱学体系，以致“家家亡

---

① 《全唐诗》卷六七六，郑谷《作尉鄠郊，送进士潘为下第南归》，又卷六七五，郑谷《渚宫乱后作》有“牢落故居灰烬后”句，老家在此，而非袁州。

② 《新五代史》卷六三，《王建传》，卷六五，《刘隐传》。《旧五代史》卷六〇，《李袭吉传》。马令《南唐书》卷一三，《儒者传》上。

③ 《司马光集》卷七九，《殿中丞知商州薛君墓志铭》。

④ 《东坡应诏集》卷三，《策别十三》。

之"[1]。广明元年(880 年),克洛阳,下长安,一炬之下,"衣冠谱牒烬灭"[2]。因此,后来石晋纂修国史的史官,竟请求朝廷发动文武官员,"各叙累代官婚名讳行业功勋状一本,如有家谱家牒,亦仰送官"。足见天潢玉牒,华腴家传,确乎凋零。这种情形曾引起北宋那些怀古派文人为之频频叹息[3]。正因如此,宋仁宗虽然多次鼓励臣工修复家庙制度,几年后除了平章事文彦博一人带头外,牢落不堪,"无肯唱众为之者"[4]。这有力地说明了:农民军对士族地主上层建筑的摧毁,影响至为深远。

总之,唐末农民战争对士族地主的经济基础以及赖以竖立的上层建筑进行了无情的扫荡,预示了这一腐朽派别末日的来临。

但是任何一个阶级派别的消长,都需要一个历史过程,而唐末农民战争的高潮阶段,前后只有十多年。这期间,虽然它"集中全力来彻底消灭压迫阶级,消灭这个阶级存在的经济条件"[5]等等,毕竟为时不长。所以农民军如果能够创造一个历史环境,使其中的政治主宰者既与士族地主绝缘,又能"扮演了特殊的革命遗嘱执行人的角色"[6],只要这样,这个历史过程就能付诸实现。

五代十国就是合适的历史环境。从历史的长过程看,五代十国是中国历史上几个重要的过渡时期中的一个。这种时期的特点,是兵纷马骤,天下大乱。杂乱纷呈的时期,总是在表面现象的背后,隐藏了极为重要的过渡事实。如果说春秋战国(依西周封建论)是领主、地主互为消长的历史肘期,魏晋十六国是秦汉地主、士族地主互为消长的历史时期,五代十国则是士族、庶族地主互为消长的历史时期。

据历史文献记载:朱全忠少时"佣食"[7]于人,杨行密充过"手力"[8],

---

① 《欧阳修集》卷六九,《与王深甫论世谱帖》。

② 《柳开集》卷一四,《柳君墓志铭》。

③ 《册府元龟》卷五五七,《国史部·采撰》,天福六年(941 年)四月赵滢奏语。《欧阳修集》卷三一,《杜祁墓志铭》。

④ 《司马光集》卷七九,《文潞公家庙碑》。

⑤ 《列宁选集》第 3 卷,第 891 页。

⑥ 《马克思恩格斯选集》第 4 卷,第 280 页。

⑦ 《新五代史》卷一,《梁太祖本纪》。

⑧ 陶岳:《五代史补》。

徐温少时"贩盐为盗"[①]。郭威"少孤","为军卒"[②]。柴荣曾"贩卖茶货"[③],李昪"起于厮役"[④],王建"世为饼师"[⑤]。刘隐"商贾"[⑥],钱镠"家世田渔"[⑦],王审知"世为农"[⑧]。马殷"少为木工"[⑨],高季兴出身"家僮"[⑩]。这就说明:是威力无比的唐末农民战争,推涌出这一大批底层人物登上历史舞台。他们在刀光剑影的簇拥下,毫不客气地把士族地主赶出政治阵地。例如唐哀帝天祐二年(905年)四月,在朱全忠指使下,哀帝颁诏斥责文武官员"分清浊优劣",以"浮薄相尚"。接着将"门胄高华"以及"科第自进"的一批官员分别贬处,"缙绅为之一空"。随之又制造"白马事件",杀戮大批的"衣冠浮薄之徒",投之黄河[⑪]。官品清浊曾是士族地主择仕的重要标准,竟因他们的衰谢,被敕旨宣布为罪状,不能不是政治气氛的一个变化。欧阳修说:五代十国时期,"天下庞裂焚荡剪薙,而唐之名臣之后尽矣"[⑫]。一定程度地道出个中消息。

诚然,五代十国时期,政治舞台上还不免有若干士族分子厕身其间,这恰好是士庶互相消长过渡时期的特征。问题在于他们不起主要作用,而成为附庸;他们的传统不再得到重视,而遭到鄙弃。郭崇韬的悲剧就是一个明证。后唐初年,郭崇韬、豆卢革和韦说三个大官僚结成小集团,开历史倒车,搞"旌别流品"。出身庶族的郭崇韬以郭子仪后代自居,强以"家无门阀"排斥起自代北的元老重臣,因之"旧僚宿将,戟手痛心",群起

---

① 马令:《南唐书》卷八,《徐宣祖》。

② 《新五代史》卷一一,《周太祖本纪》。

③ 《五代史补》。

④ 《司马光集》卷六一,《答郭纯长官书》。

⑤ 佚名:《五国故事》上。

⑥ 《新五代史》卷六五,《南汉世家·刘隐》。

⑦ 《旧五代史》卷一三三,本传。

⑧ 《新五代史》卷六八,《闽世家·王审知》。

⑨ 《旧五代史》卷一三三,本传。

⑩ 《新五代史》卷六九,《南平世家·高季兴》。

⑪ 《旧唐书》卷二〇下,《哀帝本纪》。《资治通鉴》卷二六五,天祐二年五、六月。

⑫ 《欧阳修集》卷六一,《杨大雅墓志铭》。

而攻之，终于把他们抛弃[①]。历史给他们以辛辣讽刺。他们的悲剧从另一侧面证明，起自草莽的君主重臣，与士族地主的传统文化绝缘或联系极少，从而必须在扬弃士族派别习俗、礼仪和心理特征的状态下取得前进。所谓“由贱而贵者，耻言其先；由贫而富者，不录其祖。而谱遂大废”[②]。其秘密盖在于此。

时代出英才。伴随着士族地主的泯灭，五代史册为后人揭示的士族肖像，竟是群丑联翩，蠢物衔尾。反之，“黥髡盗贩，衮冕峨巍”[③]者流，则是人才荟萃，物华璀璨。各自是“经济范畴的人格化”（马克思）的结果。因此，岁月推移，半个世纪之后，“唐朝崔、卢、李、郑与城南韦、杜二家，蝉联珪组，世为显著，至本朝绝无闻人”[④]。这是宋人语中肯綮的评论。真正是“旧时王谢堂前燕，飞入寻常百姓家”。

三、经济变革的推动力

唐末农民战争为中国封建生产方式向深度和广度发展，又一次吹起进军号。

隋末农民战争给予农奴制堡坞以沉重打击，使之纷纷濒于崩溃。唐初以后，租佃制田庄开始萌芽，取代部曲、奴客历史地位的“佃作”人、“作人”、“耕犁人”、“见佃人”日益增多，而且取得合法存在权利[⑤]。从武则天时期开始，破产的均田制小农，农奴制堡坞的奴客，以及租佃制田庄的佃农，采取逃亡斗争方式，会合为逃户大军，构成玄宗时期括户中的客户。两税法实施后，“户无主客，以见居为簿”。从法权上看，户籍重新编制，主客户界线已经泯灭。实际上，中唐的客户转为主户后，苛政又使之沦为

① 《旧五代史》卷五七，《郭崇韬传》；卷六七，《豆卢革传》、《韦说传》。

② 《苏洵集》卷一三，《谱例》。

③ 《新五代史》卷六一，《序》。

④ 王明清：《挥麈前录》卷二，《本朝族望之盛》。

⑤ 《唐律疏议》卷二七，《杂律》下。

“私属”[①]和“奴客。役罚峻于州县”[②]，即一定程度上复归于农奴式的奴役。懿僖之际，翰林学士刘允章在《直谏书》中，更以“降人为客”作为一个时代问题而大声疾呼。

显然，扫荡农奴制度回潮，是唐末农民战争的神圣战斗任务。中和元年(881年)，唐朝检校尚书左仆射郑畋承制发表一道檄文。其中说：

> 近岁螟蝗作害，旱暵延灾，因令无赖之徒，遽起乱常之暴。虽加讨逐，犹肆猖狂。草贼黄巢，奴仆下才，豺狼丑类。……剽掠我征镇，复没我京师，凌辱我衣冠，屠残我士庶。……犹复广侵田宅，滥黩货财，比溪壑以难盈，类鸟鸢而纵攫。[③]

剔除地主官僚对贫苦农民的恶毒谩骂成分，可以看到这其中透露了黄巢农民军的若干消息。檄文首先道出“无赖之徒”，无赖，《史记·高祖本纪》刘邦说：“始大人常以臣无赖。”《集解》晋灼引许慎曰：“赖，利也。无利入于家也。”《史记·张释之传》：“郡尉无赖。”《集解》张晏曰：“才无可恃。”足见黄巢起义首先由无资营生、饥寒交困的贫苦农民，亦即文中的“奴仆”发难。陆贽描述“私属”状况说：“依托强豪，以为私属。贷其种食，赁其田庐。终年服劳，无日休息。罄输所假，常患不充。”[④]士族诗人韦庄《仆者杨金》一诗道：“半年辛苦葺荒居，不独单寒腹亦虚。努力且为田舍客，他年为尔觅金鱼。”[⑤]不谋而合。“私属”在地主老爷眼中，确即“奴仆”，又都是“无赖之徒”。他们在“贩盐虏”、“贩盐白丁”[⑥]黄巢领导下，联合“平人”，即一般自耕农民和城镇贫民，起而斗争。由于他们备受压迫，一旦起义，就不能不带有狂暴性质，也不能不为自己的命运而坚决斗争。

“农民需要土地，他的革命情感，他的本能的、原始的民主主义不可能不表现为向地主的土地伸手”[⑦]。郑畋檄文说：“广侵田宅，滥黩货财。”有它的历史真实性。广泛而激烈的农民战争，为农民夺取地主阶级的资产

---

① 《陆贽集》卷二二，《均节赋税恤百姓》。

② 《新唐书》卷五二，《食货志》。

③ 《旧唐书》卷一七八，《郑畋传》。

④ 《陆贽集》卷二二，《均节赋税恤百姓》。

⑤ 《全唐诗》卷七〇〇。

⑥ 《旧唐书》卷一七九，《张濬传》。

⑦ 《列宁全集》第8卷，第220页。

提供条件，出现了社会财富再分配的动人景象："豪富田园废，疲羸屋舍新。"[①]直至后唐天成年中，地主仍在惊呼："劫货财以平分。如此之流，应遍天下。"[②]劳动力再生产的可能和延续，是社会财富再生产的前提。农民奴隶般生活的维持和改变，有利于生产力的发展。"在一切生产工具中，最强大的一种生产力是革命阶级本身"[③]，这就是为什么经受了农民战争锻炼和生活变动的人民群众，能够在经过五代混战严重破坏、北宋统一之后迅速推动社会经济、科学技术巨大进展的根本原因。

唐末农民战争在地主阶级的围攻下终于失败，但它却在生产关系环节上留下印记。农民战争愈激烈、愈广泛、愈持久，这种痕迹就愈深刻、愈牢固，影响就愈巨大。

农民战争终止了，继之以军阀混战。"平野有千里，居人无一家"[④]，相当一部分人口聚保山林。在农村中，迫于赋役，又出现农民卷入"影复"依附的浪潮。新的统治者为了赋税，需要控制更多的劳动人手。但因慑于乍息的群众风暴，朱全忠推广了高途"抑兼并"的征税做法[⑤]。张全义在洛阳地区，又采取了更加缓和的态度。东都洛阳，沃野千里，地主的园林、田庄毗连。农民军惩罚了地主阶级，"黄巢败后，谁家园池完复"！尔后由于军阀争战，夺得土地的农民被迫逃亡，张全义到时，户不满百，为了招徕，明令"无重刑，无租税"，"令自耕种"，所垦地土，"便许为主"，"数年之间，京畿无闲田"，民户五六万[⑥]。僻处凤翔的李从曮，"恐夺民利"，也将祖业的"园田赋贫民"[⑦]。诸如此类，以及盛传的"北韩南郭"事迹，也都证明：在这种劳动者与生产资料互相结合的特定形态里，以歪曲的形态保存了农民战争的若干成果。

---

① 《文苑英华》卷二九五，裴说《旅行闻寇》。

② 《册府元龟》卷四七五，《台省部·奏议》，天成元年(926年)萧希甫奏语。

③ 《马克思恩格斯全集》第4卷，第197页。

④ 《全唐诗》卷六六八，高蟾《宋汴道中》。

⑤ 《册府元龟》卷六七七，《牧守部·能政》。

⑥ 《旧五代史》卷六〇，《李敬义传》，《旧五代史》引《齐王张令公外传》。《册府元龟》卷四七五，《台省部·奏议》，天成四年六月崔憓奏语，《册府元龟》卷六七八《牧守部·劝课》。《旧五代史》卷六三，《张全义传》。

⑦ 《旧五代史》卷一三二本传；苏辙《栾城集》卷二，《李氏园》。

户籍是国家赋役、兵力与社会治安的重要保证，同时又是劳动者身份与阶级斗争的政治标尺。旧的户籍已被农民战争所粉碎，挣脱“私属”、“奴客”锁链的客户浮游飘荡，户籍的重编已刻不容缓。因而在战争频率有所下降的后唐同光二年（924 年）二月，政府命令“简勘天下州府户口正额，垦田实数”①，重新造册。文献显示，数年之后，这一命令已获兑现，至晚天成二年（927 年），州县已据新册，抽点“贫民、客户在县应役”②。边郡阶州，长兴元年（930 年）也“检括得新旧主客”户③，申请立县。由此可见，晚唐“户无主客”的旧户籍制度终止了，新旧客户已合法编入新册。旧客户是早先逃亡浮游、州县荫蔽下来的非法户口，新客户则是庄荫户口（私属、奴客等）经由阶级斗争涌现的非法户口。在租佃制田庄普遍发展时，他们的合法化，应当是也只能是佃户户籍的合法化。客户户籍固然是佃户的一副枷锁，对比“奴客”地位，却是农民战争成就的唯一现实的自由形态。同光诏书在中国户籍制度史上也具有划时代意义，就是它，开了两宋主客户籍的先河。

这里，必须回答：客户的身份如何？

后晋天福三年（938 年）六月，张铸在奏疏中说：乡村中的“浮居人户”，经过耕垦，小有产业，便被官府挂户定役，“遂舍所居，却思他适”④。后周朝廷于广顺二年（952 年）正月将官庄田宅农具转交给原佃客户“充为永业”，不愿的“许召主卸佃”，客户可以自由离庄谋生⑤。直到北宋晚期，祖籍北方的吕大钧（陕西兰田人）仍说客户“转徙不定”，王岩叟（河北大名人）也说客户易于“去而之他”⑥。足见黄河流域的客户，人身比较自由。

南方稍有不同。南唐升元初（937 年）也整顿户籍。北宋开宝八年

---

① 《册府元龟》卷九二，《帝王部・赦宥》。

② 《册府元龟》卷四七五，《台省部・奏议》天成二年（927 年）八月郑韬光奏疏。

③ 《旧五代史》卷四一，《明宗本纪》。

④ 《册府元龟》卷四九五，《邦计部・田制》。

⑤ 《五代会要》卷一五，《户部》。

⑥ 《宋文鉴》卷一〇六，吕大钧《民议》；《续资治通鉴长编》卷三九七，元祐二年（1087 年）三月。

(975 年),李煜括土客户成立十三支军队,规定客户三丁出一,成立拔山军。“佣奴赘婿”另成立义勇军。两者不混淆,客户不同于“佣奴”。但又规定拔山军以“物力户为帅以统之”①,则又意味着客户对田主有一定的依附关系。之后,宋仁宗天圣五年(1027 年)诏书,明确指出江淮、两浙、荆湖、福建、广南州军,地主的“私下分田客”,不能随便迁移,必须持有主人的凭由,才能脱离原主。人身依附相当严重②。

显然可见,南北客户身份不尽相同。产生这个差异的原因可能甚多。但其中主要的一个,应当从唐末农民战争历程中寻找答案。

“革命战争是一种抗毒素,它不但将排除敌人的毒焰,也将清洗自己的污浊。”(毛泽东)农民军主力作战于南方的时间前后只有二年多一点,其余都鏖兵于北方。所以农民军铁拳横扫地主阶级、李唐王朝及其传统文化,使得北方“桥门壁水,鞠为茂草”,而江左“文物有元和之风”③。这个差别微妙地反映在租佃制的经济关系方面,势必构成农民战争调整和改造原来生产关系某些环节上的功能有高低和幅度有大小,从而为宋代南北客户状况奠定了发展基础和赋予地方色彩。

唐末农民战争对经济发展在广度方面的推动,是将社会的经济重心进一步向南方推移。中国封建经济的重心,晚唐以来已逐渐南移。唐末农民战争促使大批人口南迁,出现西晋永嘉之后的又一次移民高潮。继之而来的便是南唐的赣江,吴越的浙江,闽的闽江、晋江,南汉的珠江,楚的湘江、漓江等流域经济区的开发和相继勃兴,为两宋江南地方经济的繁荣奠定可靠的物质基础。

颠倒黑白是地主的天生顽症。广明元年(880 年),僖宗在改元诏书里丑诋当时在南方征战的农民军,说什么“遭贼之处,农桑失业”,“盗贼留驻”所在,“伤夷最甚”④。

泉州港的崛起,是一个有力批驳。乾符五年(878 年)冬天,黄巢义军从浙东南下,刊山堙谷,横扫八闽,翌年春挺进岭南。农民军吊民伐罪,给

---

① 马令:《南唐书》卷五,《后主书》第五。

② 《宋会要辑稿·食货》卷一之二十四。

③ 马令:《南唐书》卷一三,《儒者传》上。

④ 《旧唐书》卷一九下,《僖宗本纪》。

福建人民留下难忘印象。中和(881—885 年)年间,前后由王绪和王潮率领的河南“黄巢部伍”①数万人②,南来闽中,进入泉州辖区。在群众的支持下攻占泉州,留驻下来。

唐时泉州辖晋江、南安、莆田、仙游、龙溪五县。元和年中,才三万多户。农民军和移民的到来,顿使形势改观。他们和当地群众一起,先后修成了南安自家陂,晋江六里陂、陈埭,仙游留公池(水库),莆田南安陂等水利工程。其中以六里陂工程最为浩大。据传,渠首拦截了南安九十九条溪涧,引水东流,一直伸展到晋江青阳山丘陵地带,灌溉沿渠广阔农田。经过农民军和当地群众的辛勤劳动,农村里呈现一派生机。桃林场(今永春)一带:“桑梢出舍蚕初老,柳絮盖溪鱼正肥。”③南安乡间,随处是“枳篱茅屋共桑麻”④。这与当时“不见人烟空见花”的闽北荒景相比,是多么不同啊!

手工业相应也有所进步。丝麻纺织、陶瓷、铜铁、造船等行业,特别是陶瓷业,都向前迈进了一步。

伴随经济发展,人口繁殖了。当时中原干戈不息,此地却“息兵安堵”,“招怀离散”。因此,从后唐长兴三年(932 年)起,泉州当权者先后将大同、桃林、归德、小溪、武安各场提升,分设同安、永春、德化、安溪、长太县。地方建制的变化,是社会经济变动的自然趋势。例如小溪场就是由于谷粟、桑麻、纺织、银铁、渔猎诸生产部门有了发展,商品流通,市镇兴起,户数也增至三千,才改设安溪县⑤。北宋初年,泉州总户数增至十五万一千多,较元和户数,翻了五倍。

在交通不很发达,商品市场狭小的封建社会里,只有密迩地区的农业、手工业经济有了相当发展之后,一个沿海城市才有进一步扩大海上贸易的条件。五代时期,历史赋予泉州以机缘。早在八世纪初,泉州城自晋江谷地迁至今址,靠近良港安海湾,物资集散大为方便。继伯父王潮、父亲王审邽之后统治泉州的王延彬,从唐末天祐(905—907)年中起,当权达

---

① 《五国故事》上。

② 《同安县志》卷二五,(明)洪绶《光州固始辨》。

③ 《全唐诗》卷六八一,韩偓《卜隐》,作于 910 年。

④ 《全唐诗》卷六八一,韩偓《南安寓止》,作于 913 年。

⑤ 嘉靖《安溪县志・艺文》,詹敦仁《请建清溪县记》。

二十余年。“仍岁丰稔,每发蛮舶,无失坠者,人因谓之招宝侍郎”[①],海上贸易获致重大发展。此后,在留从效当权期间(944—962),又有新的进步。当时向后周进贡,一次就送出舶来品白龙脑一千斤,其规模可以想象。“船到城添外国人”,泉州城显得太狭小了,不得不进行扩建,“云屋万家,楼雉数里”[②]、“台馆翚飞匝郡城”、“千家罗绮管弦鸣”[③]。环城遍植刺桐花,春深时节,万株欲燃,碧波红霞,蔚为壮观。从此,刺桐城便渐渐扬名海外,成为亚非人民友好往来的丰碑。

四、平均主义的宣战书

王仙芝自称“天补平均大将军兼海内诸豪都统”[④],黄巢自称“冲天太保均平大将军”[⑤]。在中国农民战争史上,第一次亮出农民平均主义的旗帜。这是划时代的开端。

从此以后,农民的平均主义始终是一面攒聚万众的战旗。南唐诸祐宣言“能使贫者富,富者贫”,北宋王小波号召“均贫富”。浙东魔尼教徒怒斥地主阶级“平等无,有高下”。元末红巾军要“杀不平”、“摧富益贫”,明代邓茂七自称“铲平王”,刘汝国自称“刬富济贫替天元帅”。李自成以“均田免粮”、“贵贱均田”、“刬富济贫”、“平买平卖”为纲领,直到太平天国追求“无处不均匀,无人不饱暖”理想的《天朝田亩制度》。悠悠千年,农民战争的英雄为平均主义理想挥洒热血谱诗篇。

唐末农民战争为什么会爆发?有各种不同的回答。宰相郑畋在宫廷的争论中坚持说:“黄巢之乱,本因饥岁。人以利合,乃至实繁。”[⑥]这是肤浅之见。饥岁由天灾引起,天灾这个外因,必须通过生产方式内部诸因素发生不同的作用。所以最根本的原因还在于广大农民丧失土地,穷困不

① 《五国故事》下。

② 《清源留安留刘氏族谱》,(宋)张敬明:《留从效墓志铭》。

③ 《全唐诗》卷七六一,詹敦仁《余迁泉山城留侯招游郡圃作此》。

④ 《资治通鉴》卷二五二,乾符元年(874 年)末《考异》引《续宝运录》。

⑤ 《新编五代史平话·梁史平话》。

⑥ 《旧唐书》卷一二八,本传。

堪，因而天灾易于为虐，造成饥荒。唐朝末年，地主阶级疯狂兼并土地。一个罢官的小县令，可以不费力气地霸占“良田万顷”①。一个“资镪未满”的小地主，也能够轻易“拓腴田数百亩”②。大起义前夕，连朝廷都承认：“富者有连阡之田，贫者无立锥之地。”③加之蝗旱，灾荒频仍，兼之以刘允章《直谏书》中所论列的“八苦”等人祸，小块地农民，虽然“雨雪朝耕苦”，灾祸难逃，“见说经荒后，田园半属人”④。而封建政府的赋税杂差，仍不能免。“疲氓赋重全家尽”⑤，不得不汇入逃户、奴客大军。然而即令如此，也未必都能够带来影复的幸运，“久歉家僮散”⑥。挣扎于死亡边缘的老百姓，财富分配如此悬殊的社会状况，十分自然地成了农民平均主义产生的社会基础和思想动机。

显而易见，针对这种现实状况，农民的平均主义是针锋相对的，旗帜鲜明的，感人肺腑的，击中要害的。这“是对极端的社会不平等，对富人和穷人之间、主人和奴隶之间、骄奢淫逸者和饥饿者之间的对立的自发反应”⑦，“在反对旧专制制度的斗争中，特别是反对旧农奴主大土地占有制的斗争中，平等思想是最革命的思想”⑧。

“每个原理都有其出现的世纪”（马克思）。农民平均主义之首先由唐末农民战争揭橥，与中国历史发展阶段紧相关联，是一个时代问题。

反暴政、反奴役是中国封建社会前期农民战争的战斗口号和特点。它是对某一历史时期经济关系领域浓烈的奴隶制残余或农奴制压迫，以及反映和适应这些特点的国家暴力的特别残酷性质而实行的武器批评。

晚唐时期，中国封建社会发展到一个转折的关键时刻。延续了许多世纪的“均田”形式的国家土地所有制瓦解了，租庸调为两税法所替代；农奴堡坞衰落了，租佃制田庄日益繁盛。“客皆注家籍”的时代过去了，有相

---

① 皇甫玫：《三水小牍》下。

② 高彦休：《唐阙史》上《赵江阴政事》。

③ 《旧唐书》卷一九上，《懿宗本纪》。

④ 《全唐诗》卷六七九，崔涂《南涧耕叟》。

⑤ 《全唐诗》卷六六三，罗隐《送王使君赴苏台》。

⑥ 《全唐诗》卷六七四，郑谷《访姨兄王斌渭口别墅》。

⑦ 《马克思恩格斯选集》第3卷，第146页。

⑧ 《列宁全集》第13卷，第217页。

对独立性的小农普遍勃兴。诸如此类，标志着中国封建生产方式的充分展开，并且走向它的转化。

长期以来，封建国家土地所有制的存在，是一个客观事实。它作为广大地主私人土地所有制的补充物和阶级斗争的缓冲器，曾经起过赈济、安抚和蒙蔽劳动人民的作用。汉代朝廷往往"假民公田"，豪强兼并，被斥为"分田劫假"①。唐代继续均田制度，富户侵夺，朝廷即可"官收租佃"②。国家往往作为"最高的地主"（马克思），运用法权手段，出面干预地主私家的土地兼并行为。尽管这种做法不一定有效，而且也具有法权虚构性质，但它给人以假象，似乎私人土地都有个法律限界，而国家也果然采取"均平给授"。因之对土地财富分配不公平的愤怒和诉之于公众的欲念，就受到压抑、削弱和阻塞。随着均田制度的崩溃，土地兼并势力滋长得极为迅速。小块地自耕农和契约佃农也都卷入去了。自耕农人身自由，小块地独立占有和经营。契约佃农人身也自由，偿付一定实物租也可以自由支配那份租地。他们都是一种"自由所有权"（马克思）或占有权。然而在大土地所有制的威胁侵渔下，迅速破产了。自耕农不得不"卖鬻田庐"、"执契担囊"、"乞为奴仆"、"私属"。契约佃农虽然没有土地所有权的丧失问题，然而逋债不偿，景况更惨，鬻妻卖子，降为"奴客"。这样，"自由所有权"和占有权在社会土地所有制上的比重不断缩小，是一个不以人们意志为转移的严峻趋势。"户蓄群黎"，已成为晚唐地主田庄的明显特点。所以杨炎从现实出发，"不以丁身为本"，而"以贫富为差"，借以求得解决国库赋入的危机。但也由于这样，丁中授田的原则终止了，丁中赴庸的义务也结束了，代之以土地及其他动产、不动产差别的赤裸裸对立。社会财富的再分配以及它的观念形态产生了一大变化。"以贫富为差"原则的颁行，同时也就预示着：土地分配的两极化必将以更大的速度和规模推进。

农业是当时的决定性生产部门。土地是这一部门的生命线，而土地已经迅速为大中小地主所吞噬。"田之在民，其渐由此"③。两税法——实物租为外壳的资产税，恰好是封建朝廷将均田土地赠予地主私家，地主

① 《汉书·食货志》。

② 《册府元龟》卷四九五，《邦计部·田制》天宝十一载（752年）诏书。

③ 苏辙：《栾城集·后集》卷一五，《民赋叙》。

私家又毫无愧色地完成转手任务的立法宣言，是这二种地主土地所有制（国有、家有）合并的最后完成。同时也是自由小农严重减少，地主大土地所有制极端膨胀的政治产物。正因如此，土地这宗资产的重要性以及贫富对立的底蕴，便以前所未有的程度暴露和展现出来。

人们对社会经济关系的认识，不但受每一特定时期政治经济状况的制约，而且也受人们认识顺序的制约。人的认识总是由浅入深，由表及里循序进行。先前，土地及其他资产总是深藏不露。堡坞农奴制时期，宗主豪强只要占有劳动人手，也就掌握了一切。农奴主不是依靠地租折大小，而是依靠僮奴、部曲的数目来计量他的财富。农奴主占有劳动人手，又是披着一层温情脉脉的宗族面纱，“一宗将近万室，烟火连接，比屋而居”①。这种居住状况、宗族关系，必然要使被剥削者的阶级意识受到冲淡。与此同时，人们对这种经济关系的认识，又必然会先认识那些最突出、最敏感的部分。按照生产关系的有机结构，生产资料的占有是核心部分，也就是最内部的成分。产品分配与人身直接关系则是外延和表面的部分。农奴制经济时期，强烈的人身压迫，劳动地租，既是经济关系的特点，又是经济关系的表象，因而历史形态与逻辑思维就互相一致。随着岁月的流逝，一方面是经济关系的外层逐渐剥离，内核逐渐裸露；另一方面是人们的认识能力也逐渐提高了。两税法的实行，最终把土地的政治经济价值空前地提高了，使它在经济关系领域的亮度格外地炫人眼目了。陆贽说：

> 两税之立……惟以资产为宗。……曾不悟资产之中，事情不一：有藏于襟怀囊箧，物虽贵而人莫能窥；有积于场圃囷仓，直虽轻而人以为富；有流通蕃息之货，数虽寡而计日收赢；有庐舍器用之资，价虽高而终岁无利。
>
> 夫物之不可掩藏而易以阅视者，莫著乎田宅。……今制度弛紊，疆理隳坏，恣人相吞，无复畔限。富者兼地数万亩，贫者无容足之居。依托强豪，以为私属。②

这是一个直观主义的批评。它无非证明：两税法这种资产税是非常之不合理。“田宅”这宗资产又是非常的突出，而且是小农沦落的灾难根

---

① 《通典·食货典·田制》，引《关东风俗传》。

② 《陆贽集》卷二二，《均节赋税恤百姓》。

源。然而朝廷不杜绝这一祸根,却以之充为两税的基石。这样,陆贽的一切非难,集中一句话,就是对土地问题的批判。所以两税法颁布后的社会弊病的症结,就在于土地兼并的疯狂状态。世代耕地为生的小农,虽然纷纷卷入"私属"旋涡,但他们仍能鲜明地进行祖辈一代人均田制下或自由耕作时期牧歌式生活与现实苦难生活的对比。而对比也正是小农的自我教育。先前,"依附关系在政治方面和经济方面,除了普通臣民对国家都不能没有的臣属关系以外,不必再有什么更加苛刻的形式"。① 现在,一旦沦为"私属"、"奴客","终年服劳"之外,要付出高于官税十、二十倍的私租,遭受"峻于州县"的种种"役罚"的凌辱。活生生的现实生活,直觉地为他们提供答案,答案现成,就是那句话:"以贫富为差。"资产不均,导致万千灾难,已是再明白不过的了。既然如此,他们的阶级意志与本能,由杰出的领袖人物集中、升华,并且用殷红的血迹写在战旗之上——平均。就是这个最响亮的字眼,时代的最强音,掀起似火如荼的暴动。

1978 年 3 月初稿

1979 年春二稿

原载《厦门大学学报(哲社版)》1979 年第 2 期

① 《资本论》第 3 卷,第 925 页。

两宋农民战争
"等贵贱,均贫富"口号初探

宋代农民战争的旗帜上,曾经大书特书这样两句豪言壮语:

吾疾贫富不均,今与汝均之。①

法分贵贱贫富,非善法也。我行法,当等贵贱,均贫富。②

北宋初年,王小波在起义时对群众进行了这样的号召。一百多年后,北宋末年,钟相在酝酿起义时又对群众进行了同样的宣传。③ 它们各距北宋始末二三十年,像长夜惊雷,轰鸣在长江流域。这是偶然的吗?如果不是,那么它们的内在原因及其社会意义又是什么呢?本文想就此试作初步的探讨。

一

建隆元年(960 年),赵匡胤建立宋朝。这个重新统一全国的王朝,由波澜壮阔的唐末农民战争所促成。正是这个朝代,工商庶族地主夺得了政治的绝对统治地位,在两税法资产税的普遍刺激下,土地进一步商品化,租佃制田庄到处兴起,客户(佃农)阶层迅速增加。这一切又刺激着地主阶级对土地的贪欲。试看宋太祖"杯酒释兵权"时的一段谈话:

---

① 曾巩:《隆平染》卷二〇,《妖寇传·王小波传附李顺传》。

② 徐梦莘:《三朝北盟会编》卷一三七,建炎四年(1130 年)二月十七日。

③ 据《三朝北盟会编》载,钟相于起义前二十多年,即已做了这种宣传。

人生如白驹之过隙，所以好富贵者，不过多积金银，厚自娱乐，使子孙无贫乏耳。汝曹何不释去兵权，择便好田宅市之，为子孙立永久之业，多置歌儿舞女，日饮酒相欢，以终其天年。①

在这里，“谁有地，谁就有权有势”的神圣原则被表达得明白无遗。“好田宅”乃是“永久之业”，在他们眼中，田地“有则仕宦出处自如，可以行志；不仕则仰事俯育，粗了伏腊，不致丧失气节。有田方为福”②。所以宋朝自始便“田制不立”③，“不抑兼并”④，对地主阶级兼并土地采取纵容政策。当然，这可以说是庶族地主土地贪欲的一个必然表现。但这不够，在某种意义上，可以说这又是宋代最高统治者对整个地主阶级采取的一个赎买政策。通过它借以争取广大地主对陈桥兵变的认可，使他们支持新王室。

特权贵族是封建制度的固有产物。唐末以阀阅相尚的士族地主刚刚覆灭，此时，宋朝的新勋臣、新高门就又涌现。建隆元年（960 年），诏即置“形势税簿”，固然为便于征税，但已与“贫户弱者”明显划清阶级界线⑤。庆历三年（1043 年），编制“勋臣姓名”册⑥。这些官僚地主，官高禄厚，族望显赫⑦。官户、形势户的迅速扩大和巩固，表明有宋一代大土地所有制的恶性膨胀及其过早成熟，预示着阶级矛盾的日趋尖锐。太宗雍熙三年（986 年），就有人指出：“富者弥望之田，贫者无卓锥之地。有力者无田可种，有田者无力可耕。雨露降而岁功不登，寒暑迁而年谷无获。富者益以多畜，贫者无能自存。”⑧宋廷在这种现状面前束手无策。滥加贿买的结果是科举越来越宽，“取士不问家世”⑨，诱引“五尺童子，斐然皆有意于公卿”⑩。结果，工商地主纷纷厕身官户，官僚地主愈来愈众。他们是宋代

① 司马光：《涑水纪闻》卷一。
② 周煇：《清波杂志》卷一一。
③ 《宋史》卷一七三，《食货志》上一。
④ 王明清：《挥麈后录余话》卷一，《祖宗兵制名枢廷备检》。
⑤ 王应麟：《玉海》卷二二，《户口》；《庆元条法事类》卷四七，《赋役门一》。
⑥ 李心传：《建炎以来系年要录》卷一九一，绍兴三十一年七月戊戌。
⑦ 王明清：《挥麈前录》卷二，《本朝族望之盛》。
⑧ 李焘：《续资治通鉴长编》卷二七，雍熙三年七月甲午。
⑨ 郑樵：《通志》卷二五，《氏族略》。
⑩ 苏洵：《嘉祐集》卷九，《上皇帝书》。

统治阶级的当权派，是压迫剥削广大人民的主要势力。

宋朝继续实行两税法。宋初，曾在全国范围内统一税额，亩税一斗①。北宋中等田地大约岁收一石②，其剥削率为十分之一，或低于此限。看起来这并不苛重，但一经“支移”、“折变”、“加耗”以及五代十国苛杂的“沿纳”种种征收渠道，额外剥削就远远超过征收正额。此外，还有为数不清的无名率敛。李觏的《有感》一诗云：“官家的的要宽征，古时什一今更轻。州县酷嫌民渐富，几多率敛是无名。”③林勋在《本政书》中认为宋代的剥削量比唐代重七倍④。官府诛剥之外，私人地主又一贯利用诡名子户、诡名挟佃、减落户等种种手段隐漏赋税。因之庞杂的赋税重担就大多落在广大农民肩上。至道二年（996年），李顺农民军乍败，在铁的事实面前，宋太宗被迫承认：“贫富不均，讼端四起。”表示要设法“均税”⑤。可是事态继续发展。大中祥符六年（1013年），真宗再次承认：“今天下税赋不均，富者地广租轻，贫者地蹙租重。由是富者益富，贫者益贫，兹大弊也。”⑥宋廷为此虽然采取措施，仍然无济于事。无怪乎丁谓制《景德会计录》，田况制《皇祐会计录》，都主张均税。嘉祐中孙琳创立方田法，也旨在税收上补苴罅漏。

宋代实行农村五等户制。职役轻重依户等高低分摊，除官户享受免役特权外，似乎重役归地主阶级。其实不然，地主阶级仍能舞文弄法，以避职役。邵雍在洛阳，宅契用司马光户名，园契用富弼户名，庄契也用他人户名，一一取得豁免权利。由于地主的转嫁，结果是“徭役及下户”⑦，直到“差稍有家活，客户充役勾当”⑧。熙丰以后，地主阶级内部围绕变法、反变法问题展开了地租再分配的争辩。职役的差募之争进行了几十年，赋役形态也有几蕃变动。但是地主阶级隐漏赋税，逃避职役，农民阶

① 沈括：《梦溪笔谈》卷九，《人事》。

② 李焘：《续资治通鉴长编》卷二七〇，熙宁八年十一月庚辰。

③ 李觏：《李直讲文集》卷三六，《有感》。

④ 罗大经：《鹤林玉露》卷七，《本政书》。

⑤ 李焘：《续资治通鉴长编》卷三九，至道二年五月辛丑。

⑥ 李焘：《续资治通鉴长编》卷八〇，大中祥符六年六月甲子。

⑦ 李觏：《李直讲文集》卷三五，《哀老妇》。

⑧ 欧阳修：《欧阳文忠全集》卷一一五，《义勇指挥使代贫民差役奏状》。

级地少税多役重的状况仍同前期一样，没有实质性的变化。

显然，北宋一代在生产资料（田宅）占有，人身的直接关系（职役），以及社会产品分配（赋税）各个方面，在地主、农民阶级之间，都产生了巨大差别。“以贫富为差”的两税法条文被地主阶级及其政府践踏和抛弃了，“赋役不均”①成为普遍现象。南宋初人王洋在《正得失札》中一语道破：“前朝害政之方不一而止，然总要而言，不离于倒置而止耳。前朝之倒置在诸法度，譬如人身，残其血气之道也。”②

农民是“赋役不均”的严重受害者。宋初，国家的重新统一，新朝代初期例行的发展生产措施，都为小农阶级的发展带来好处。真宗年间，也有过一蕃“户口蕃庶，田野日辟”③的景象。但好景不长，随着地主大土地所有制的膨胀，和宋廷困于冗官、冗兵、冗费而加强攫夺，以及地主阶级巧为转嫁赋税的结果，小农阶级陷入灾难深渊。其中尤以职役负担为残酷。司马光说：

> 臣尝行于村落，见农民生具之微，而问其故，皆言不敢为也。今欲多种一桑，多置一牛，蓄二年之粮，藏十匹之帛，邻里已目为富室，指抉以为衙前矣。况敢益田畴、葺庐舍乎！④

宋代的大量事实证明：职役是赋役压迫中的主要环节。按照规定，衙前、里正、耆长、户长、乡书手等等，必须由大中小地主负担。然而由于充役者往往要赔偿损失，许多地区就规定凡物力在二百贯以上的农户，即应轮充衙前，“夫为王民，自瓮盎釜甑以上计之，而不能满二百千，则何以为民”⑤！因此，“其合差役之家，类多贫苦”。⑥ 一旦轮充，往往几人应役（纲运、酒务、官府临时差遣），长途跋涉，多方破费。其结果是，微弱的自耕小农业因劳力阙如而荒弃，单薄的家资因靡费严重而枯竭。破产、逃亡、转死沟壑，便构成农民应役的悲惨图景。纵使他们尚未衰败到这种境地，那也只能在力求家资不满二百贯、诈老诈少，在百端规避的苦难生涯

① 《宋史》卷一七三，《食货志》上一。

② 王洋：《东牟集》卷九。

③ 《宋史》卷一七三，《食货志》上一。

④ 司马光：《司马文正公传家集》卷四一，《论衙前札子》。

⑤ 苏轼：《苏轼文集》卷四八，《上韩魏公论场务书》。

⑥ 郑獬：《郧溪集》卷一二，《论安州差役状》。

中啼饥号寒。仁宗、神宗之际,已经有人浩叹:“耕而自为者,十无一二”[①]。甚至“名为主户,而其实则不及客户”[②]。

自耕农阶层的萎缩,为客户的发展拓宽了资源。宋代客户,有其特定的时代含义,他们“乃乡墅不占田之民,借人之牛,受人之地,佣而耕者”。[③] 早在雍熙三年(986 年),时任邓州节度使的赵普,上书宋太宗说:“五县中四县居山,验彼人家,三分内二分是客”[④]。局部地区的客户数量已很惊人。过了半个世纪,皇祐四年(1052 年),李觏又指出:“今之浮客,佃人之田、居人之地者,盖多于主户矣。”[⑤]继之是“千夫之乡,耕人之田者九百夫”[⑥],主客户是一比九了。据欧阳修估量,当时有地百顷的地主,便养客数十家,其中分成的佃客十多家,余外的是出屋租寄居(南宋人称之为屋佃),从事末作佣力的浮客[⑦]。二者相加,数字应当十分庞大。大量的客户集中乡间,使他们的境况愈益不妙。马克思曾经针对希腊、罗马的人口与生产以及奴役关系做出一个精辟论断:

> 为了保存自己的文明,它们就只能有为数不多的公民,否则,它们就得遭受那种把自由民变为奴隶的沉重体力劳动的折磨。由于生产力不够发展,公民权要由一种不可违反的一定的数量对比关系来决定。[⑧]

宋代客户众多,每况愈下,个中秘密,盖在于此。按照生产资料与劳动力的有机配置,在缺乏先进农艺科学的自然经济条件下,地主田庄吸收劳动人手和耕地的尽可能分割,有着一个天然的界限:(一)地主必须为客户提供牛畜、种子、稼器、住宅、口粮等生产、生活资料。越出可能范围,他就不能无限地吸收佃客。(二)小块地的分割,必须在其产量于扣除田租、

① 陈舜俞:《都官集》卷二,《太平有为策·厚生第一》。

② 吕南公:《灌园集》卷一四,《与张户曹论处置保甲书》。

③ 石介:《徂徕集》卷八,《录微者言》。

④ 邵伯温:《邵氏闻见前录》卷六。

⑤ 李觏:《李直讲文集》卷二八,《寄上孙安抚书》。

⑥ 陈舜俞:《都官集》卷二,《太平有为策·厚生第一》。

⑦ 欧阳修:《欧阳文忠全集》卷五九,《原弊》,“产租”当是“屋租”之误。

⑧ 马克思:《强迫移民——科苏特和马志尼——流亡者问题》,《马克思恩格斯全集》第 8 卷,第 619 页。

牛租、稼器租、屋租、再生产所需种子之外，至少要为佃客及其家人提供一个最低消费份额，并以当时一户劳力耕作的能力为界限。正由于：“匹夫匹妇男女耦耕，力不百亩。”[①]所以百顷地主，佃客十余户，“而有畲田”[②]。在这一经济规律作用之下，随着客户竞争的发展，便导致“添租划佃”制度的出现。这一制度的产生，应不迟于神宗熙宁年间[③]。

“添租划佃”制度的残酷性质，不仅逼迫佃客增加租额，扩大被剥削率，同时还标志着佃权的不稳定以及永佃权的终止。这丝毫不意味着佃客的自由化，相反，它象征着佃客地位的下降。由于种种原因，宋代佃客身份趋于多类型化，形成种种不自由。“这种不自由，可以从实行徭役劳动的农奴制减轻到单纯的代役租”[④]。这样的序列有夔州路的典型农奴制，经过江南、西川的半农奴制，到黄河流域的自由佃农。[⑤] 基于佃农的不同身份，文献中也就有多种简称，诸如客户、庄客、庄佃、佃客、屋佃、牛客、小客、地客、世业客、旁户、佃火、佃仆、佃奴等等。

自耕农和客户在“赋役不均”的受害之外，社会地位也很卑贱。宋代的每个等级，各自具有“在国家中的特殊法律地位”[⑥]。富者贵，贫者贱。早在太平兴国八年（983 年）正月十五日，宋太宗应孔丘后人的请求，诏令全国城乡道路竖立木牌，大书“贱避贵”条文，“违者论如法”[⑦]。此外，在服饰、住宅、言语、习俗、名字各方面，贵贱各有法律区别。一篇虽属晚出的《词诉约束》规定：传呼时，第一个程序是士、农（实际指务农地主）、工、商，“吏人不得单呼士人姓名，须称某人省元”。第二个程序“方及杂人：如技术、师巫、游手、末作、牙侩、舡艄、妓乐、路岐、干人、僮仆等”[⑧]。农民、手工业者兼业杂活，在宋代颇为流行。因之他们自属杂人之列。客户的

---

① 陈舜俞：《都官集》卷二，《太平有为策·厚生第一》。

② 欧阳修：《欧阳文忠全集》卷五九，《原弊》。

③ 邵伯温：《邵氏闻见前录》卷一八，年代据《宋史·李若谷传》。

④ 马克思：《资本论》，《马克思恩格斯全集》第 25 卷，第 890 页。

⑤ 分见《宋会要辑稿·食货》卷一之二四、卷一三之二一；李焘：《续资治通鉴长编》卷三九七，元祐二年三月。

⑥ 《俄国社会民主党的土地纲领》，《列宁全集》第 6 卷，第 93 页注。

⑦ 《宋会要辑稿·仪制》卷五之三。

⑧ 黄震：《慈溪黄氏日钞》卷七八。

地位则更为低下，从神宗元丰年中起，田主殴杀佃客，减一等罪，只配邻州，“杀人者不复死矣”①。元祐五年(1090年)七月，朝廷再次重申元丰敕令②。可见自北宋中期开始，佃客的人身安全已不受法律保障。这是有宋一代的一个历史性变化。

显然可见，工商庶族地主由于唐末农民战争的推拥而独占政治舞台之后，很快地就凝固在官户形势族望的躯壳里，把农民迅即淹没在“赋役不均”的汪洋中，把两税法“以贫富为差”的准则撕得粉碎。在大土地所有制基石上树立起来的政治法权制度和经济制度，是劳动者的一副严酷枷锁。稍有见识的地主分子都觉察到：“盖其法之弊有甚害者，行于贫而不行于富，行于贱而不行于贵。”③贫贱富贵的悬殊和对立，尖锐而清晰。但是社会生产力总是要为自己开辟前进的道路。与“赋役不均”这一生产关系压力相对立，是农民手工业者所代表的生产力应力。自耕农为维护和挽救小块地农业和家庭手工业相结合的小农经济，佃耕农民为改善自身的经济地位和法律权益，不能不进行多种多样的经常性斗争。由贫富不均、贵贱不等所产生的压力，碰到的必然是相反相成的应力——等贵贱，均贫富。

二

顺岷江，下长江，出三峡，环洞庭，这一江湖大曲折地带，是宋代南北两大农业经济区域的分界线，也是南北客户不同类型的连接部，因而是社会经济矛盾、阶级矛盾和主佃矛盾最典型、最突出、最集中的环节，理所当然地就成为“等贵贱，均贫富”口号的策源地。

岷江流域的成都平原、峨眉平原，自古以来，号称天府之国。河渠纵横，土地肥沃，物产富饶。唐朝末年，当农民军横扫中原时，僖宗皇帝却携来大批勋门世族。后唐入蜀，又带来一批北方豪强。这些“豪宗巨家”，恣

---

① 李心传：《建炎以来系年要录》卷七五，绍兴四年四月丙午。

② 李焘：《续资治通鉴长编》卷四四五，元祐五年七月乙亥。

③ 王洋：《东牟集》卷九，《正诡名法札子》。

意“务广田宅，夺人良田”①。他们和当地的豪门大族逐渐结合起来，形成一股生产者依附性强烈的社会势力。在这里，大地主拥有众多的客户。客户“相承数世”，向地主“岁输租庸”（产品、劳动混合租），因而被称为“旁下客户”（或简称旁户）②。由于大土地所有制特别发展，成都十县，“客户数倍”于主户③。峨眉平原的地主也占有“阡陌连接”的广大土地，对待客户，“鞭笞驱役，视如奴仆”④。

建隆四年（963年），宋灭后蜀。朝廷按例行做法，将降王勋臣调京，从而引起成都、峨眉平原地主土地所有制的一次小小调整⑤，但并不可能对它有所损伤。反之，在往后宋廷不抑兼并政策的纵容下，西川的大土地所有制进一步发展。大地主家往往“役属至数千户”⑥，田地绳连，“豪居大宅，覆沟侵陌”⑦。只有少量田地的自耕农，则绳枢瓮牖，茅屋蓬门，“一不熟即转死沟壑”⑧。至于旁户的景况就更为悲惨，他们世代为虏，胼胝劳作，地主的代言人也不得不承认：“户下小客，最受辛勤。”⑨贫贱富贵形成极为鲜明而又尖锐的对照。

成都平原的西面边缘，青城、熊耳诸山剑戟森列。岷江飞泻而下，涌经都江堰，奔向百里平原。堰南青城县属永康军，一半山区，一半平原。味江蜿蜒于青城山区，沿流分布青城、味江二处茶场。山地硗确，山民农茶兼营。青城山是宗教圣地，又是山栖胜境。因此，寺观林立，别业相望。僧俗地主在这里占尽山色，霸尽田地，使尽威风。石介《记永康军老人说》：“不知有宪法律度，能绳大奸酋猾。畏豪强兼并之家，如被制服奴使，夺其土疆，暴其妻室，不敢与争，亦不知有理所。”⑩到了太宗淳化年间，

① 《新五代史》卷六四，《后蜀世家》。文同《丹渊集》卷四〇，《华阳县君杨氏墓志铭》。

② 《宋会要辑稿·食货》卷六九之六六—六七。

③ 吕陶：《净德集》卷四，《奉使回奏十事状》。

④ 苏洵：《嘉祐集》卷五，《田制》。

⑤ 《宋代蜀文辑存》卷二六，杨天惠《正法院常住田记》。

⑥ 《宋太宗实录》卷七八，至道二年八月丙寅。

⑦ 天启《成都府志》卷四六，阮昌龄《录民词》。

⑧ 李焘：《续资治通鉴长编》卷一六八，皇祐二年六月。

⑨ 李焘：《续资治通鉴长编》卷九六，天禧四年闰十二月庚午。

⑩ 石介：《徂徕集》卷九。

“赋税不均”更为严重①,农民纷纷“失家田业”②,而官府此时偏又禁茶③,农茶俱竭,农民走投无路。正是在这个严峻时节,贫富不均极其严重的青城山区,成了宋代以“均贫富”为口号的农民战争策源地。

长江过峡,穿越夔州路。在峡前渝州南川县,直到神宗熙宁初,当地夷人李、王、梁头人家,“各有地客数千家”,他们驱掠汉民,强占田地,奴役家属,“谓之纳身”④。往东峡谷一带,客户身份更低。皇祐四年(1052年)颁布的当地官庄客户逃移法,明令客户迁离可以追回。尔后枝牵蔓引,演变为典型的农奴制:(一)客户全家服役;(二)典卖田宅,客户随田;(三)人身偿债,抑勒为地客;(四)客户身死,遗孀不许改嫁;(五)客女婚嫁,不得自主。⑤ 这是当年中国最落后的经济关系。农民“憔悴饥饿,殆如猿猱”⑥。阶级状况如此恶劣,也就解答了:为什么李顺农民军能在此地曾经得到那么热烈的支持。早在农民军鏖战成都平原时,峡路漕卒就酝酿入川,参战于江陵⑦。淳化五年(994 年),张余率领的一支农民军,出嘉州,沿长江水陆两路东进。他们所到之处,大获夔州人民的支持,“旌旗蔽江”,声势雄壮,不幸最后败在夔州城下⑧。

荆湖北路主客户增长情形列表

州军	《太平寰宇记》			客户%	《元丰九域志》			客户%	《宋史·地理志》
	主户	客户	合计		主户	客户	合计		主客户
江陵	36174	27273	63447	43	56314	133608	189922	70.3	85801
鄂州	15509	17294	32803	52.7	53150	72107	125257	57.6	96769
安州	4276	8312	12588	66	25524	35102	60626	57.9	59186
鼎州	* 12240	* 3451	15691	21.6	33064	8096	41160	19.7	58297

① 《宋代蜀文辑存》卷二四,张俞《送张安道赴成都序》。

② 曾巩:《隆平集》卷二〇,《妖寇传·王小波传附李顺传》。

③ 苏辙:《栾城集》卷三六,《论蜀茶五事状》。

④ 李焘:《续资治通鉴长编》卷二一九,熙宁四年正月壬辰。

⑤ 《宋会要辑稿·食货》卷六九之六八—六九。

⑥ 度正:《性善堂集》卷六,《重庆府到任条奏便民五事》。

⑦ 《宋史》卷二六八,《张逊传》。

⑧ 正德《夔州府志》卷八,《名宦》。

续表

州军	《太平寰宇记》			客户%	《元丰九域志》			客户%	《宋史·地理志》
	主户	客户	合计		主户	客户	合计		主客户
澧州	*6136	*5810	11946	48.6	19403	39270	58673	66.9	81673
陕州	2983	1418	4401	32.2	12609	32887	45496	72.3	40980
岳州	*6298	*8292	14590	56.8	50605	46079	96684	47.7	97791
归州	1127	1435	2562	56	6877	2761	9638	286	21058
辰州					5669	3244	8913	36.4	10730
沅州					7051	3514	10565	33.3	9659
诚州					9734	741	10475	7.1	18692
合计	84733	72185	158328	45.7	280800	377409	658209	57.3	580636

注:(1)《太平寰宇记》代表前期,《元丰九域志》代表中期,《宋史·地理志》代表后期。
(2)《太平寰宇记》带*数字,据《丛书集成》影宋残本补入。

出三峡,环洞庭,为荆湖地区。滨湖的东北部,特别是江陵一带,为唐末农民军的鏖兵之地。士族歼亡,土旷人稀。入宋以后,随着时间的推移,情况逐渐有所改变。

从上表可以看出:(一)中期户数为前期的416%,表明建国一世纪后,荆湖已经逐渐改变其地旷人稀现象;(二)《宋史·地理志》户数系崇宁三年数字,较中期有所下降,原因不明。可能是灾荒逃流或地主隐瞒户口所致;(三)客户增加迅速,尤其是日后成为杨么农民军活动区域的各州府,客户的绝对增长率都很高,江陵为490%,鼎州235%,澧州676%,峡州2319%,岳州556%,以及南路的潭州531%。这些州府加上辰州(缺前期),客户总户数为445348户,主户353324户,相比为121%,客户增加得更快。这意味着至迟到北宋中期,此地大土地所有制也相当规模地发展起来了。

楚地阔无边,苍茫万顷连。耕牛未尝汗,投种去如捐。①

这是荆湖平原区粗放农业的写照。湘鄂西山区,则长期盛行刀耕火

① 苏轼:《苏东坡集·续集》卷二,《荆州十首》。

种的畲耕农业[①]。生产状况是阶级关系的物质基础。南宋初，王炎的《上林鄂州书》是这方面的一个典型材料：

每亩所输于官者，役钱以四百八十文为率，苗米以一斗为率，而计其所得于田者，膏腴之田，一亩收谷三斛；下等之田，一亩二斛。若有田不能自耕，佃客税而耕之者，每亩所得一斛一斗而已。有牛具粮种者，主客以四六分，得一斛二斗。无牛具粮种者，又减一分也。且以三斛计之，秋熟之时，粜谷一斛，得钱二百五十文，是二斛之谷，方能办一亩役钱。余有一斛，用以输米一斗。凡诸色费用，皆取办于是。若以四角为亩，每亩所收，尽以输纳，犹不能足。况下等所收不多，佃客耕之者，其入尤少，民何以堪其责哉？[②]

所以不厌其详地引录这些材料，是因为它提供了荆湖北路广大自耕农的一般收支概貌。它告诉我们：此地粗放农业亩产不高，而役钱则甚重。早在熙宁九年（1076 年）八月，荆湖路察访蒲宗孟已奏知朝廷：荆湖二路"元敷役钱太重"[③]。南宋初年沿纳北宋役钱数额，建炎二年（1128 年）五月一度令增三分，次年复旧。是则四百八十文当即沿纳之额。此役钱一项，即了下田亩产之谷。两税苗米一斗，仅为役钱谷量十分之一，再次证明职役是小农经济的拦路虎。小农如无力自耕，收入更差，困难更大。这是所谓正赋原额。还有其他苛敛，"折变则有一折、两折、三折，收籴则有均籴、敷籴、补籴，散引则有麴引、盐引、茶引，受纳则有一加、再加、倍加"[④]。科米则有正耗、补欠、和籴、斛面等，自一石及五六石。征钱则有大礼、免夫、纲夫、赡军等，自一贯及七八贯[⑤]。农民水深火热，官府不肯撒手，剥削对象——税户的界限则又不断下移，"一钱粒粟，即名税户"。[⑥] 为此，农民或举债了税，或卖地逃离，或杀婴减丁，或献地为客。

随着大土地田庄的发达，荆湖富豪辈出。郢州张祥，"名田藏镪，金银

---

① 张淏：《云谷杂纪》卷四。

② 王炎：《双溪文集》卷二，《上林鄂州书》。

③ 李焘：《续资治通鉴长编》卷二七七，熙宁九年八月壬子。

④ 胡安国：《恤民论》，引自胡寅：《斐然集》卷二五，《先公（胡安国）行状》。

⑤ 熊克，《中兴小纪》卷九。

⑥ 薛季宣：《浪语集》卷二〇，《论民力》。

布帛，皆以亿计”[①]，浑称张十万。江陵张拱之，“富雄州里”[②]；鼎州余某，“岁收谷十万石”[③]，约有田地十几二十万亩之多；湘阴邓氏，“纨绔僮奴，谷量牛马”[④]。大田庄必然广招客户。由于此处人手紧张，田主“田既籍没，则所种之客，随其地主，又复他去”，[⑤]这是随田客户。湘鄂西山区，多民族杂居，主佃关系更加复杂，有辰州、沅州的地客制[⑥]，诚州的给田劳役制[⑦]，南北二路又普遍存在僮奴制[⑧]。

杨么农民军的目击者胡宏，曾对当地的客户状况做过重要述评：

> 荆湘之间，有主户不知爱养客户，客户力微无所赴诉者。往年鄂守庄公绰言于朝，请买卖土田，不得载客户于契书，听其自便。朝廷颁行其说。湘人群起而窃议，莫不咎庄公之请。争客户之讼，有至十年不决者。某因躬耕之际，稽诸天道，察诸人情，则贵贱之相待，高下之相承，盖理之自然也。蜂屯蚁聚，亦有君臣之义，况人为方物之灵乎？是以自都甸至于州，自州至于县，自县至于都保，自主户至于客户，递相听从，以供王事，不可一日废也。则岂可听客户自便，使主户不得系属之哉！
>
> 夫客户依主户以生，当供其役使，从其约束者也。而客户或禀性狼悖，不知上下之分；或习学末作，不力耕桑之业；或肆饮博而盗窃，而不听检束；或无妻之户，诱人妻女而逃；或丁口蕃多，衣食有余，稍能买田宅三五亩，出立户名，便欲脱离主户而去。凡此五者，主户诉于官，当为之痛治，不可听其从便也。[⑨]

这是一份封建卫道士的客户判词。

胡宏从理学家的立场出发，竭力论证客户身份隶属的合理性。这就

---

① 洪迈：《夷坚志》支景卷一，《张十万女》。

② 洪迈：《夷坚志》支戊卷四，《张拱之银》。

③ 洪迈：《夷坚志》甲志卷七，《查市道人》。

④ 释德洪：《石门文字禅》卷二二。

⑤ 洪适：《盘州文集》卷四九，《荆门军奏便民五事状》。

⑥ 李焘：《续资治通鉴长编》卷二八九，元丰元年四月庚戌。

⑦ 洪迈：《容斋四笔》卷一六，《渠阳蛮俗》。

⑧ 罗愿：《鄂州小集》卷五，《鄂州到任五事劄子》。

⑨ 胡宏：《五峰集》卷二，《与刘信叔书》。

从另一侧面有力地证明:荆湖客户绝非自由佃农,地主大田庄还备有种种农奴制锁链以飨其耕者。其所罗列的客户五大罪行,则又证明:客户不甘俯首听命,并敢于向皮鞭进行挑战。他们正在抗争,以反对种种不自由(所谓"不知上下之分"、"不听检束"),并争取与经济变动("习学末作"、"买田宅")相应的独立性("出立户名")。这个独立性固然是宋代社会生产力的新芽,但被卑贱的社会地位所束缚压抑。胡宏往下又说,田主视客户为"牛羊"、"奴狗",因之"枵然丧其乐生之心"。所以他怀以忡忡不安之情,开给地主们以麻药处方,借以安抚杨么农民军失败之后尚在骚动不宁的反抗者。

僮奴是社会底层。他们多半由人口贩子掠自岭外,除了从事家内劳动,也还得为主人的农、商、手工业以及差役辛劳。荆湖还盛行杀人祭鬼恶俗,僮奴又往往是这血与火祭坛上的人牲。

显而易见,贫困与卑贱是束缚荆湖劳动者(尤其是广大客户)的两大绳索,是他们起而抗争的时代主题。史载"村坊无赖"、[①]"农亩渔樵之人"[②],是杨么农民军的主要群众,一旦暴动,就一定要把这个时代主题谱为雄壮的战歌。

"聊向村家问风俗,如何勤苦尚凶饥"(王安石《郊行》)——农民"世服田亩",缺乏文化,他们的答案只能是也应当是来自农村这所天然学校。

在历史长河的冲刷下,"一宗将近万室"的农奴制庄园瓦解了,而为租佃制田庄所取代。荆湖乡间,固然有"古姓聚成村"[③],有"团落之间杂数十百家者"[④],但也有"每十余里,有村僮数家"[⑤]的荒村小聚。农村称村庄,农舍称庄舍,农民称庄户、庄农等等,便成为习用称呼。由于客户游民的大量涌现,村庄的居民成分因之发生变化。秦汉豪宗,六朝世族,聚族共炊,赈赡九族,是千百年来的陈风旧俗。现在不同了,"我富而族贫,则耕田佃地,荷车负担之役,皆其族人"。头脑顽固的怀古派愤愤不平:"今

---

① 鼎澧逸民:《杨么事迹》上。

② 胡宏:《五峰集》卷二,《上光尧皇帝书》。

③ 苏轼:《苏东坡集·续集》卷二,《荆州十首》。

④ 吕南公:《灌园集》卷一四,《与张户曹论处置保甲书》。

⑤ 陆游:《渭南文集》卷四七,《入蜀记》。

尔百姓多逆人理，不知族属。”①同宗共财的假面具为时代所抛弃，这是历史的一个进步。随着农奴部曲制度的终止，小农经济的勃兴，庄墅建筑设计学也发生了变革。田主宅院周近，不再围绕以部曲坞堡或奴客斗室，而需“置立庄屋，招诱丁多之人居之，或有火烛窃盗，可以即相救应”②。变化多大啊！原来由家兵守卫着的别业，一变而为诱致庄农客户为之御盗的庄院。这是人们社会关系的一大变化，是地主阶级性能的一大变化。这是盔甲锃亮、弓箭在手豪人蜕化为算筹在手、求田问舍田主的一个变化。在岁月长河的激荡下，温情脉脉的宗族面纱褪色了，烟火万家的族居聚落稀疏了。只有这样，广大农民才能够从日常生活中，从直观体验中，认识自身的成长，正视贫富的不均，怒目贵贱的悬殊。小农阶级意识的积累极其缓慢，越过几百年的陈年岁月，终于也有了临界状态，它也已为宋代的田野风光所证明：

今畎坴之上，圭荜之人，有一亩之园，环堵之室，必索绹乘屋，筑理藩垣，植桑麻。虽勤而不舍者，已之有也。③

这是宋代生产力水平的奇葩！当年，小私有思想是农民阶级意识的核心，是他们捍卫、拯救和发展小块地经济，免遭地主大土地所有制吞噬、淹没而进行斗争的精神力量。

在中国远古时期，到处存在过农村公社。随着生产力的发展，土地公用制度最早瓦解。但它“公共分使”④山林水源的习惯，耦耕互助风气和祠祀田祖仪式，直到宋代都还没有消失。岷江流域春耕时节，“农夫合耦以相助”⑤。陕南山区，烧畲时日，农民“数百里如期而集”，“由来递互作生涯”⑥。荆湖乡间，“相助耕耘”⑦也是几百年来的遗风，到了宋代，仍在

① 陈耆卿：《嘉定赤城志》卷三七，《风土门·天台令郑至道谕俗七篇》。

② 袁采：《袁氏世范》卷三，《山居须置庄佃》。

③ 华镇：《云溪居士集》卷一五，《守令论》下。

④ 陈傅良：《止斋文集》卷四四，《桂阳军劝农文》。

⑤ 苏轼：《苏轼文集》卷一一，《眉州远景楼记》。

⑥ 王禹偁：《小畜集》卷八，《畲田词》。

⑦ 《隋书》卷七三，《公孙景茂传》。

发挥作用。"火下(佃火)牛畜,迭相助借"[①]"彼此换工,惟在心齐"[②]。畲火俚歌,社瓮酩酊,更是荆湖农村浓烈的祀社气氛。由此可见,农村公社残余的"换工"、"助借"习俗,对备受地主阶级压迫剥削因而穷困潦倒的农民,发挥了在生产斗争中的积极作用。耨鼓声声,畲歌阵阵,催动着耕男织女向大自然进军。"公共分使"山林水源的老传统,为农民提供了不可或缺的天然牧场、燃料、建材、坟地、农业和饮食用水诸条件。"惟在心齐"的团结精神和侠义行为,"使被压迫阶级即农民甚至在中世纪农奴制的最残酷条件下,也能有地方性的团结和抵抗的手段"[③]。的确,钟相早年便"结集乡社"[④]进行活动。起义后,周伦又"自称统管乡社水陆兵马"[⑤]。洞庭湖之滨,连村结寨,农民军依然坚持五个周年。不但这样,小农乡村还是一个田宅、家畜、牧地、手工艺、耕织技术与设备、社会关系以及风俗习惯的同量群体,户户都处在差不多同样的状态中生活。存在决定意识,农民积年累月地、慢慢地从村社遗习、乡村生活方式中形成他们朴素的原始的均等观念、民主思想和团结精神。这种由农村生活孕育的农民意识形态,既经产生,便一如小块地与大地产、茅屋与豪居大宅互相悬殊那样,必然与赋役不均、贵贱不等形成对抗。一旦农民将批评的武器转为武器的批评,"等贵贱、均贫富"的庄严呼喊必然惊雷一声,撕裂荆湖长空。

三

"等贵贱,均贫富"口号激发起万千农民的战斗热情,这一口号因而获得大胆实践。

沈括看过李顺案款,其《梦溪笔谈》卷二十五《杂志》说:

> 顺初起,悉召乡里富人大姓,令具其家所有财粟,据其生齿足用

---

① 陈傅良:《止斋文集》卷四四,《桂阳军劝农文》。

② 罗愿:《鄂州小集》卷一,《鄂州劝农》。

③ 恩格斯:《家庭、私有制和国家的起源》,《马克思恩格斯选集》第4卷,第153页。

④ 《宋会要辑稿·兵》卷一〇之三六。

⑤ 李心传:《建炎以来系年要录》卷八五,绍兴五年二月丙戌。

之外，一切调发，大赈贫乏。

黄休复的《茅亭客话》中，也记载李顺农民军夺取富家的“财帛”，发掘“地窖”①。

杨么起义期间一度在荆湖任职的李纲，其《梁溪全集》卷七十三《乞发遣水军吴全等付本司招捉杨么奏状》说：

> 体访得杨么元系钟相残党，以妖术鼓惑愚民。其立说谓从之者，无税赋差科，无官司法令，愚民乐从。

《宋会要辑稿·刑法》三载杨么农民军失败后，宋高宗于绍兴五年(1135年)八月二十四日下了一道追地诏书，其中说：

> 访问昨来作过首领，多是占据民田，或虽不占据，而令田主出纳租课。

显然可信：李顺农民军夺取富豪的资财，赈救贫民。杨么农民军则又前进了一大步，在占领区内，夺取地主的土地，废除朝廷的赋税差科。这两支农民军所到之处，又都推翻地主的衙门及其法令，打烂宋朝在当地的政治经济制度，代以大蜀、大楚农民军事政权，予封建统治者以极为沉重的打击。

农民军的每一胜利，都是被压迫者的盛大喜庆！

广大农民是封建社会生产力的主力军。在其起义前夜，都濒于饥饿死亡。王小波、李顺起义前，西川“民贫，失家田业”。钟相、杨么起义前，夔峡荆湖环数百里饥困憔悴的农民手工业者，归依钟相，“结集乡社”，“求福禳灾”。求福，是祈求“田(农业)蚕(手工织业)兴旺”；禳灾，不外是“应有病患，不药自安”。② 迷信是弱者的幻想，呼天吁地无助于命运的改善。王小波、钟相拔地一吼，“千里相臂跃”。西川的“害物赎货辈，皆为白刃烁”③，农民军既使自己又使广大贫苦劳动人民重新获得生存条件。洞庭湖滨，戈矛蔽日，痛诛五等人(官吏、儒生、僧道、巫医、卜祝)。④ “谓劫财为均平”⑤，夺取生活、生产资料。数年间，农民军陆耕水战，占领区里“村

① 黄休复：《茅亭客话》卷六，《金宝化为烟》、《奢侈不久》。

② 鼎澧逸民：《杨么事迹》上。

③ 张泳：《乖崖文集》卷二，《悼蜀四十韵并序》。

④ 胡寅：《斐然集》卷一七，《致张德远》。

⑤ 徐梦莘：《三朝北盟会编》卷一三七，《建炎四年二月十七日》。

乡有酒坊，村家有猪羊鸡鸭之类”[①]，到处生机洋溢。生产有所发展，生产力得到拯救，历史车轮又能缓缓向前滚动。

如果说唐末农民战争的英烈曾将平均口号大书于自己的旗帜上，从而揭开了中国封建社会农民战争的新序幕，那么宋代的这两支农民军，则是在其占领区里，用自己的双手描绘了农民均等思想转化为物质力量的动人图景，从而在更加现实的基础上开辟了农民战争的新境界，显示了沉睡的农民群众一旦为阶级决战所激动，便能够创造出奇迹来。

阶级对抗是封建社会的基本存在，是一切人眼帘之前的荦荦大端。北宋建国之后，阶级矛盾始终紧张。多少儒家学究，发怀古之幽情，拾先哲之牙慧，上起太祖时张澹上《井田制度户籍沿革数》，下逮南宋初年林勋上《本政书》，万千议论，空谈连篇。地主改革派王安石虽前进了一步，但也只在社会一潭死水上击起涟漪，昙花一现，稍纵即逝。农民的状况仍不可能有重大变化。农民，只有农民起义军发出“等贵贱，均贫富”的撼山呼喊，是对几千年来的上富尊贵政治思想体系的大胆挑战，是对下贫抑贱的地主阶级的无畏反击，是空前的历史绝唱，这是中国农民战争史的奇葩瑰宝。

间接表现是农民战争历史作用的一个经常形态。胡宏在其《与刘信叔(锜)书》中提到庄绰向朝廷请求改善荆湖客户地位的建议，无疑是钟相、杨么农民军历史作用的一种体现。

大约在绍兴十二年(1142年)年初[②]，庄绰上任知鄂州，当时荆湖南北路的形势仍很紧张。杨么农民军虽然几年前已被官军镇压下去，鼎、澧一带又有人与慈利县雷德进的余部暗中联络，肆图再举。武冈军苗族头人也在抗争。江汉平原大旱，流民顺江而东，一路骚动。鉴于这种情势，这年夏天，他便在“到任半年具裕民五事”中，提出废除随田佃客制度，“听其自便”的请求。高宗以为“其间颇可采”，因之将其建请颁于荆湖。虽然

① 鼎澧逸民：《杨么事迹》上。

② 庄绰知鄂时间，据李心传《建炎以来系年要录》卷一四六，绍兴十二年七月癸丑记事：“郡守条上五事”，“如庄绰所上”。熊克《中兴小纪》卷三六，《绍兴二十四年八月辛巳记事》：“初，诏守臣到任半年，具裕民五事。”可知是绍兴十二年(1142年)年初事。程俱《北山小集》卷一〇，《送庄大夫绰赴鄂州守》可以参看。

遭到荆湖地区人士的纷纭争讼窃议，这一顺应经济发展潮流，有利于缓和阶级矛盾，稳定宋、金沿边地区秩序的合理主张，终于在绍兴二十三年(1153年)六月，朝廷以立法形式宣布：“民户典卖田地，毋得以佃户姓名，私为关约，随契分付。得业者，亦毋得勒令耕佃。”①涓滴穿石，荆湖农民的阶级斗争，最后促成了随田佃客制度的历史性改革。

农民军试图拯救的是小农经济。小农业和家庭手工业相结合是中国封建生产方式的广阔基础，也是封建大土地所有制的必要补充。有宋一代，小农经济方兴未艾。地主田庄虽日益扩大发展，却不足成为吞并一切的唯一经济形式，偶发的稀疏的独立手工业部门的发展和市镇商品经济初潮，也远未能成为家庭手工业与小农业结合体的分解剂。农谚说：“多虚不如少实，广种不如狭收。”恰好证明：“农之治田，不在连阡跨陌之多，惟其财力相称，则丰穰可期也。”②田埂栽桑，桑下种苎，“一岁三收，中小之家，只此一件，自可了纳赋税，充足布帛也。”③这就是小农只要有一定的条件，便可以维持和发展他们的小块地经济。例如元祐年间高太后听政，命令将江西的官田分割立庄，定立税额，转给原佃农民“使为永业”。这些获得土地永业权的农民，生产积极性高涨，“便终岁竭力其间，所收往往多于税田。故输官之余，可以自给”。④ 不难想象，当年在荆湖农民军占领区内夺取了地主田地的农民群众，也一定大大发挥生产积极性，所以陆耕水战，屡次战败大批官兵，坚持数年之久。其深藏着的原因，盖在于此。但是小农业的发展创造不出能够更新社会性质的新生产力，它只能盘桓于封建生产方式的樊篱之内。因而它的繁荣，归根结底是封建经济的繁荣。所以按小农经济的独立性讲，它诅咒和反抗大土地所有制及赖其树立起来的政治经济制度，但并不因此也诅咒和反抗私有制度。它暴露和批评地主阶级的剥削恶行，但从来不保证它也不剥削他人。可见“等贵贱，均贫富”口号不是公有性质的口号，而是私有性质的口号；不是引向未来的口号，而是面对现实的口号。它是小农斗争性和局限性的统一物。

---

① 李心传：《建炎以来系年要录》卷一六四，绍兴二十三年六月庚午。

② 陈旉：《农书》上。

③ 陈旉：《农书·种桑法》。

④ 陆九渊：《象山全集》卷八，《与苏宰》。

杨么农民军占据地主的土地，实现土地所有权的斗争转移，是极其勇敢的行动。或者他们勒令田主缴纳租课，“地租的占有是土地所有权借以实现的经济形式”①，因而同样也是夺地行动。在夺地之后，采取自耕或变相租佃的形式以从事经营，是社会经济关系的直接模仿。北宋已经出现田主（地权所有者）——佃主（土地持有者）——佃客（土地耕作者）三层关系。农民军勒令田主纳租，田主当然依靠佃客以取得产品，因而新三层关系可能是，农民军（地权所有者）——田主或佃主（土地持有者）——佃客（土地耕作者）。这种形式深刻地反映了在产品地租盛行时，“这种直接生产者获得再去直接剥削别人劳动的手段的可能性也已经存在”②。

这不足为奇，这是历史和逻辑辩证统一的道路。靖康元年（1126 年）严州遂安县倪从庆起义，后来投降时，有“首领、甲头三十四人，并人仆一十八人”③，农民军首领并没有废除主仆关系。因此，杨么农民军也就不可能超越现实摒弃剥削行为。对比有益。康与之的《昨梦录》描写北宋末年西京山中的一个理想国，人人“信厚和睦”，财“不私藏，与众均之”，“计口授田，以耕以蚕，不可取衣食于他人耳”！表面上，这个黄河流域的大同世界，遥对长江流域的钟相乡社，时间相当，其形近似。实质上却截然不同，康与之笔下的是儒家学派井田制下的大同理想的新版，钟相口中的是农民起义军改造现实社会的斗争方案。这个方案到了日后农民军占领区内，就鲜明地暴露出农民经济固有的深刻的内部矛盾，最初的均等还原为现实的不均等。所以“等贵贱，均贫富”口号在经济学上根本不通，却在历史上非常革命。因为在当年，只有农民起义军才具有打击地主阶级并试图改革现实的真正决心和气魄，只有他们敢于为自己的理想赴汤蹈火，不惜牺牲一切！

值得注意的是，早在绍兴二年（1132 年）四月十一日，高宗已下诏向范汝为农民军及福建建、剑、汀州和邵武军，以及五年（1135 年）八月二十四日除向杨么农民军，又外加向荆湖南路郴州，广南东路循、梅、潮、惠、英、广、韶、南雄州，江南西路虔、吉、抚州和南安、临江军诸处农民军追地。

---

① 马克思：《资本论》，《马克思恩格斯全集》第 25 卷，第 714 页。

② 马克思：《资本论》，《马克思恩格斯全集》第 25 卷，第 896 页。

③ 叶梦得：《石林奏议》卷三，《奏发遣倪从庆等三十四人赴行在状》。

两次诏书明确指出，各处农民军采取同一形式夺地①。在囊括大半个南中国广大范围内，互不联系的各支农民军竟不约而同地以同一形式，向地主夺地，原因何在？

阶级斗争诸特点受制于生产方式发展规律。在封建社会前期，生产水平较低，奴隶制的残余，农奴制的束缚，普遍地使生产者的人身依附十分牢固，自由小农的财产关系还经常处于国有土地所有制的调剂之下，在这种时候，甘受奴役的现象就会在奴隶、农奴和依附农间正常发生，丧失自由身份也就会成为小农关切的时代课题。为沉重的人头税和徭役所困扰，为徒附僮奴的悲惨景况所慑服的穷苦小农，最好的田地对他们也不具有多大价值。一旦暴动，“无攻城徇地之计”，除了“贪财物”而“大掠”以外，夺地耕植，于史无征。② 但是随着封建生产方式的转变，在社会生产力有了提高，劳动者身份有了改变，商品经济有了发展，土地制度彻底商品化等条件作用下，小农经济的发展，不但已有可能，而且为现实生活证明其有利可图而又大有发展前途。在这种情况下，暴动的农民在排除发展小农经济的障碍时，土地以空前的亮度，成为重要目标而受到最广泛的重视。北宋一个劳动力的土地耕作量在三十至五十亩之间③，折中为四十亩。荆湖下田亩收二斛（即一石，为宋代中田亩产量），年得谷四十石。人日食二升，足供五人一年口粮。荆湖小农一家常为夫妇养二男一女④共五口（五口之家，又是历代小农家口约数）。以纯家用计，劳动力效能、地积、产量与家庭人口的配置所形成的小农经济结构，恰好为生产力水平所允许，其生产成果符合当年小农一家的最低消费量。要是他再投入妻子或少男稚女的劳力，率同家人，驱策耕牛勤事劳作，以发展其经济，唯一暴露出来的问题就只能是：(1)必须扩大耕地，(2)提高生产垫支能力。后一个问题，历史文献显示，宋代的小农常常以极大的勤奋，深耕与施肥，以增加土地肥力，节衣缩食以多留种子，祁寒暑雨，尽力搞好田间管理，借以

① 《宋会要辑稿·刑法》卷三之四七。

② 《后汉书》卷四一，《刘玄刘盆子列传》。

③ 陈舜俞：《都官集》卷二，《太平有为策·厚生第一》；沈括：《梦溪笔谈》卷九，《人事》。

④ 苏轼：《苏轼文集》卷四九，《与朱鄂州书》。

补救。宋祁《录田父语》说：

> 夫春膏之蒸，夏阳之暴，我且踦跂竭作，扬芟碎中，以趋天泽。秋气含收，冬物盖藏，我又州处不迁，亟屋除田，以复地力。[①]

这是方兴未艾的小农经济而勤劳的农民形象。所以土地就成为维护和发展小农经济的突出的时代问题。具有优越自然条件的江南各地农民军普遍奋起武装夺地，便是合乎生产方式发展规律的一个阶级斗争本质现象。

杨么农民军宣传并实行“无税赋差科，无官司法令”，同时又曾向荆湖地方衙门表示要“割州县如溪峒故事”[②]。溪峒系宋代对汉族以外民族聚居区的称呼。北宋朝廷对溪峒头人一向采取羁縻政策，“赋役未行中国法”[③]，让他们自理。杨么农民军既废除宋廷残民以逞的政治经济制度，夺地耕战，又进而要求象溪峒一样自己治理，展示了农民军尝试按照小农阶级意愿巩固占领区的完整图景。然而这是一种不切实际的政治幼稚病，试图排除大土地所有制，独立发展小农经济，既不为南宋朝廷所允许，也不符合客观经济规律。封建社会中不可能有自耕自食无剥削的桃花源世界。贫富分化是小农经济的前途，小农均等思想，在反对大地主鱼肉小农时具有巨大意义，越过这一界限，特别是小农经济向前发展之后，它就丧失作用，并将为经济发展的步履所抛弃。

可见农民起义“剥夺剥夺者”的结果，并不能实现均等的理想。不是主张均等化的主观愿望支配实际的斗争实践，而是客观的历史进程，去纠正起义口号。这是一个矛盾。这个矛盾来之并不突然。农民是小私有者，因此他就拥有一定程度的物力、财力和劳力，但由于“地方和地方之间，总会有生活条件方面的某种不平等存在”[④]，这些条件又会千差万别。例如土地是小农经济的主要条件。“土地自身有价值”，肥瘦、位置都各不相同，当时“俚谚有之曰：近家无瘦地，遥田不富人”[⑤]。因此，作为抽象的一般农民——同是劳动者、被剥削者和起义参加者——就互相平等，作为

---

① 宋祁：《景文宋公集》(残本)卷九八。

② 李心传：《建炎以来系年要录》卷七七，绍兴四年六月乙未。

③ 王象之：《舆地纪胜》卷七五，《荆湖北路辰州·诗》引陶弼句。

④ 恩格斯：《给奥·倍倍尔的信》，《马克思恩格斯选集》第3卷，第31页。

⑤ 陈旉：《农书》上。

现实的具体农民——他的体力、智力、财力、本人及其家属的需要，一一不同——就只能互相不平等。这样，小块地所有制就预定了，必须从斗争的激情还原为现实手段，理想主义还原为现实主义。

“山重水复疑无路，柳暗花明又一村。”在漫漫长夜的中国封建社会中，千千万万农民起义军抛头颅，洒热血，前赴后继，都不曾能够实现自己的斗争宏图。历史证明：吮吸封建奶汁成长的小农，不可能抛开自己的母体。只有今天的社会主义中国，才为农民群众开辟了崭新的前进道路。

原载中国农民战争史研究会编《中国农民战争史研究》第二辑，上海人民出版社 1982 年版

后　　记

抽著即将正式出版。长年积累的散篇文章，选编成册，既便于自己翻检，温故知新，也便于那些有兴趣的读者索阅，共享成果。为此内心至为欣慰。耄耋之年，亲见自己人生的这一乐事，能不心潮澎湃！每忆那些借书难、抄书难、写书更不易的日子，如在眼前。岁月飞离，人生苦短。

厦门大学历史系张侃教授、林枫教授、水海刚教授等对拙著的出版十分关心，大力支持，允予忝列中国社会经济史新探索丛书。厦门大学出版社薛鹏志主任亲担责编，精心擘画；录排人员工作努力，特别是将原来篇末注条，一一转排为脚注，耐心细致，做到准确无误，令人感动。在此一并敬致衷心谢忱。

傅宗文　谨志

2020年10月30日